U0851529

城市轨道交通
供电系统调试试验技术

中铁电气化局集团有限公司　主编

中国铁道出版社有限公司

2020年·北　京

内 容 简 介

本书针对当前轨道交通应用的电气设备特点进行编写，共四篇 30 章。第一篇电气设备单体试验调试共 17 章，主要介绍了城市轨道交通供电系统主要高压电气设备单体试验的内容及试验方法；第二篇电气分系统调试共 9 章，主要介绍了电气分系统的调试内容和流程；第三篇整所启动调试共 2 章，介绍了整所受电启动过程中需要测试的内容和接触网短路试验的测试流程；第四篇调试试验资质和组织措施共 2 章，分别介绍了试验资质的相关要求以及检测过程组织内容和主要安全防范措施。

本书适用于城市轨道交通供电系统相关工作人员参考使用。

图书在版编目(CIP)数据

城市轨道交通供电系统调试试验技术/中铁电气化局集团有限公司主编．—北京：中国铁道出版社有限公司，2020．7

ISBN 978-7-113-26838-1

Ⅰ．①城… Ⅱ．①中… Ⅲ．①城市铁路—供电系统—调试方法 Ⅳ．①U239．5

中国版本图书馆 CIP 数据核字(2020)第 072287 号

书　　名：城市轨道交通供电系统调试试验技术

作　　者：中铁电气化局集团有限公司

责任编辑：孙　楠　　**编辑部电话：**(010)51892546　　**电子信箱：**tdpress@126.com

封面设计：郑春鹏

责任校对：焦桂荣

责任印制：高春晓

出版发行：中国铁道出版社有限公司(100054，北京市西城区右安门西街 8 号)

网　　址：http://www.tdpress.com

印　　刷：三河市兴博印务有限公司

版　　次：2020 年 7 月第 1 版　2020 年 7 月第 1 次印刷

开　　本：787 mm×1 092 mm 1/16　**印张：**16　**字数：**396 千

书　　号：ISBN 978-7-113-26838-1

定　　价：150.00 元

版权所有　侵权必究

凡购买铁道版图书，如有印制质量问题，请与本社读者服务部联系调换。电话：(010)51873174

打击盗版举报电话：(010)51873659，传真(010)63549480

前　言

当前我国城市轨道交通发展一日千里，新技术、新材料、新设备、新工艺层出不穷。轨道交通供电系统是一个集大型装备、信息技术、计算机技术、自动化技术于一体的庞大的高新技术密集的系统。为保证轨道交通的可靠性、可用性、可维修性和安全性并时刻处于可控状态，供电系统的设备调试工作占据了重要地位。如果存在任何故障导致供电中断，都会影响城市交通的正常运输秩序，给市民带来不便，给国民经济造成损失。因此轨道交通供电系统在建成后能否顺利投入运行，以及投入运行后能否保证各种电气设备运行稳定、性能良好，做好电气试验工作非常重要。

本节根据标准《电气装置安装工程　电气设备交接试验标准》(GB 50150)和《继电保护和电网安全自动装置检验规程》(DL/T 995)，针对当前轨道交通应用的电气设备特点，电气设备调试工程可分为三个阶段进行，分别是电气设备单体调试、电气分系统调试和电气整套启动调试。电气设备单体调试包括绝缘试验和特性试验两部分，其目的是检测设备的制造质量和现场安装质量是否达到设计的需要，是否满足国家的有关标准和规范的规定。电气分系统调试的目的是检查供电系统的各个子系统功能是否完整和可靠，是否满足设计文件要求。电气整套启动测试的目的是检验系统的整套功能是否满足运营需要，各项功能是否能够正确实施。

全书共四篇，第一篇电气设备单体试验调试共分 17 章，主要介绍城市轨道交通供电系统主要高压电气设备单体试验的内容及试验方法；第二篇电气分系统调试共分 9 章，主要介绍电气分系统的调试内容和流程；第三篇整所启动调试分 2 章，介绍整所受电启动过程中需要测试的内容和接触网短路试验的测试流程；第四篇调试试验资质和组织措施共分 2 章，分别介绍试验资质的相关要求以及检测过程组织内容和主要安全防范措施。

本书编委会及编者如下：

编委会主任：苏保卫　刘　炀　郭　戈

编委会副主任：吴胜翔　胡志华　封海舰　楚树桥　周启斌　屈　明
吕　朝　吴向阳　夏文忠　刘贺江　于小军　奚金柱
李书全　殷军建　艾广宁　刘建华　周宏强　向　猛

编者：

第一篇第 1 章由屈明、白绍伟编写；第一篇第 2 章由马闯、李少龙编写；
第一篇第 3 章由陆阳、兴佰祥编写；第一篇第 4 章由王岩、李朝阳编写；

第一篇第 5 章由杨健、景存凯编写；第一篇第 6 章由王东东、时松编写；
第一篇第 7 章由刘建华、王乐编写；第一篇第 8 章由宋博、杨宏光编写；
第一篇第 9 章由郭乾、崔峙聪编写；第一篇第 10 章由范晓波、张晖编写；
第一篇第 11 章由张志成、李平编写；第一篇第 12 章由周宏强、张贺编写；
第一篇第 13 章由宁伟、邢宝鹏编写；第一篇第 14 章由李健、张晓宁编写；
第一篇第 15 章由刘维、高晶晶编写；第一篇第 16 章由魏佳、聂子淇编写；
第一篇第 17 章由李瑞、翟鑫宇编写；第二篇第 1 章由楚树桥、星成武编写；
第二篇第 2 章由绳振团、吕晓冬编写；第二篇第 3 章由王永茂、宋汉唐编写；
第二篇第 4 章由呼海明、王钦臣编写；第二篇第 5 章由葛浩楠、崔向阳编写；
第二篇第 6 章由张朝军、杨晨巍编写；第二篇第 7 章由刘麦战、安新民编写；
第二篇第 8 章由艾广宁、唐志强编写；第二篇第 9 章由吕朝、薛金峰编写；
第三篇第 1 章由楚树桥、王竟达编写；第三篇第 2 章由周启斌、路建荣编写；
第四篇第 1 章由杨天悦、翟福杰编写；第四篇第 2 章由封海舰、王玥编写。

全书插图由喻茗雪、刘禹彤、刘真、孙申易、宋文、郝雪飞、张宏卫、王白玉、杨丹、赵勇、陈宏共同绘制。

本书在编写过程中，得到业内各界人员的支持和帮助，在此，向支持本书编写工作的杨建国、魏海虹、封玉德、赵国伟、熊军、李世伟、吴命利、田宇、邹永志、陈丕刚、梅晓海、刘长业、宫淑丽、刘长鸣、陈洪光、刘国平、霍晓东、赵飚、杨天悦、白青林、李文博、王东亮、裴红林、桂文标、刘小龙、杨焰鑫、章鼎然、仝疆勤、姜贺彬、李敏、陈峰、周聚杰、郭思红、张国蓬、孙树光、何佳雷、包海涛、石琼、余永胜、王磊、刘星林、李智明、安英民、李梅、李强、张俊、张忠良、殷东卫、吴畏、侯文君、胡铁磊、申君容、唐科表示感谢！

本书有较强的专业针对性，由于时间有限，书中难免有不足之处，读者在阅读过程中如果发现需要修改和补充之处，欢迎提出宝贵建议和意见。

中铁电气化局集团有限公司
2020 年 2 月

目　录

第一篇　电气设备单体试验调试

第二篇　电气分系统调试

第三篇 整所启动调试

第四篇 调试试验资质及组织措施

第一篇　电气设备单体试验调试

第1章　变压器试验工艺

1.1　变压器绕组直流电阻测试

1.1.1　试验目的

变压器绕组直流电阻测量是变压器试验中一个重要的试验项目。直流电阻试验,可以检查出绕组内部导线的焊接质量,引线与绕组的焊接质量,绕组所用导线的规格是否符合设计要求,分接开关、引线等载流部分的接触是否良好,三相电阻是否平衡等。直流电阻试验的现场实测中,发现了诸如变压器接头松动、分接开关接触不良、挡位错误、绕组断线等许多缺陷,对保证变压器安全运行起到了重要作用。

1.1.2　操作程序

1.1.2.1　试验工序流程图(图 1-1-1)

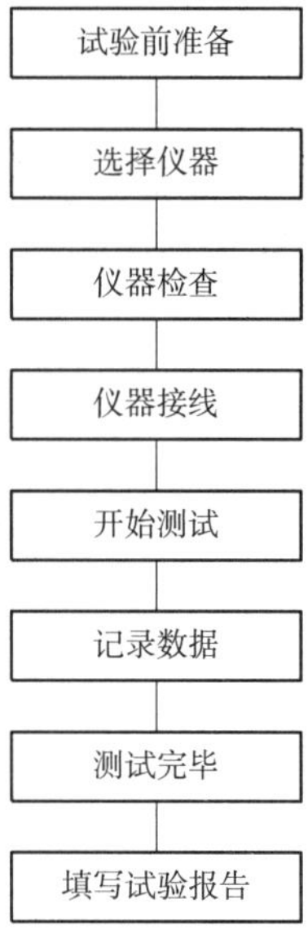

图 1-1-1　变压器绕组直流电阻测试工艺流程

1.1.2.2　试验准备

(1)试验组织(表 1-1-1)

表 1-1-1　人员组织

序　号	项　　目	单　　位	数　　量	备　　注
1	工作负责人	人	1	全面负责
2	试验员	人	2	试验

(2)仪器、设备及材料配置(表 1-1-2)

表 1-1-2　设备及材料配置

序　号	名　　称	型　　号	技术规格	单　位	数　量	备　　注
1	变压器直阻测试仪	SR330	0.2 级	台	1	直阻测试
2	温湿度计			个	1	记录环境
3	试验连线			条	4	接地
4	产品出厂试验报告			份	1	试验对比
5	原始记录表格			份	1	记录数据

1.1.2.3　电气数据测量

(1)试验条件

变压器绕组直阻试验应在被试物安装就位后进行，试验前拆除相应接线并做好标记，试验时应按表 1-1-1、表 1-1-2 做准备。试验现场应有稳定的交流电源和可靠的接地点。

(2)选择仪器

变压器直阻测试仪；干湿温度计。

(3)仪器检查

试验前必须对仪器做必要的检查工作，首先检查外观应完好无损，状态标识在有效期之内，然后作通电检查，保证仪器设备状态良好。

(4)接线

将直流电阻测试仪电压测量夹子、电流测量夹子分别接至变压器高压侧线圈 AB、BC、AC 两端，直流电阻测试仪可靠接地，测量变压器高压侧线间直流电阻值。

将直流电阻测试仪电压测量夹子、电流测量夹子分别接至变压器低压侧线圈 a_0、b_0、c_0 两端，直流电阻测试仪可靠接地，测量变压器低压侧线圈直流电阻值，如图 1-1-2 所示。

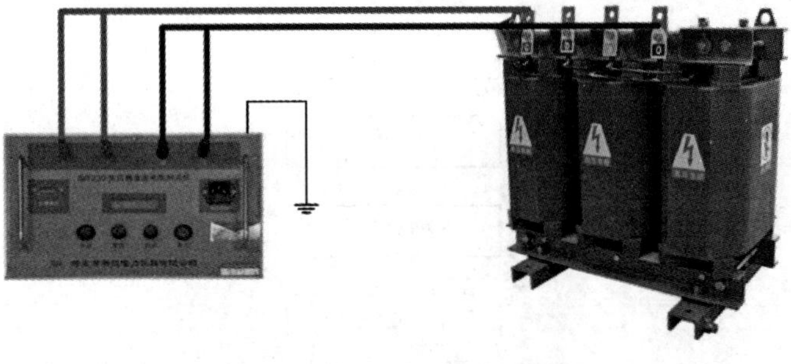

图 1-1-2　三相变压器线圈直流电阻测试接线

(5)测试

由一名试验员操作仪器，另一名负责记录。

使用变压器直流电阻测试仪进行测量，测量开始前，将变压器挡位变换到待测挡位，将测试线的夹子夹在绕组的两个测量点之间，按下启动测试键，仪器自动选择电流进行充电，充电稳定后显示测量读数，记录测量读数。测试完毕后，按复位键对线圈进行充分放电，然后才可以拆除测试导线，但使用时一定要注意在测试中不能断开回路，防止线圈产生的反电势损坏仪器。

多挡位变压器，应最后测量运行挡位。

(6)记录

测试时应作详细记录。记录内容包括：试验时间、试验地点、温度、湿度、仪器型号、编号、被试设备铭牌、测试数据。记录采用专门的原始记录表格，记录测试数据时应复述，操作人确认后方可记录。

1.1.2.4　试验结束

(1)测试完毕后，工作负责人应对原始记录进行审核，内容包括：记录内容是否漏项、测试数据有效数字、单位是否正确、记录人、试验人签字是否完整；计算三相绕组直流电阻的相互差值确定其是否符合标准规程的要求，对于不合格项应查找原因或重测，确认设备问题后填写《试验问题通知单》。全部检查无误后，审核人应签字。

(2)如被试设备不做其他项目测试，应准确恢复拆除的所有外部引线，并经工作负责人确认。

1.1.2.5　填写试验报告

测试完毕后，应及时将原始数据录入电子版试验报告妥善保存。待全部检测项目完成后一并打印纸质试验报告按照规定程序审核、签发和保存。

1.1.3　试验标准

电力变压器试验标准

(1)测量应在各分接的所有位置上进行。

(2)1 600 kV · A 及以下三相变压器，各相绕组相互间的差别不应大于 4%，无中性点引出的绕组，线间各绕组相互间差别不应大于 2%；1 600 kV · A 以上变压器，各相绕组相互间差别不应大于 2%，无中性点引出的绕组，线间相互差别不应大于 1%；线间差或相间差百分数的计算公式为：

$$\Delta R_{x}=\frac{R_{max}-R_{min}}{R_{av}}\times 100\% \tag{1-1-1}$$

对线电阻而言：

$$R_{av}=\frac{1}{3}(R_{AB}+R_{BC}+R_{AC}) \tag{1-1-2}$$

对相电阻而言：

$$R_{av}=\frac{1}{3}(R_{AO}+R_{BO}+R_{AO}) \tag{1-1-3}$$

式中　ΔR_{X}——线间差或相间差的百分数(%)；

R_{max}——三线或三相实测值中的最大电阻值(Ω)；

R_{min}——三线或三相实测值中的最小电阻值(Ω)；

R_{av}——三线或三相实测值的平均值(Ω)。

(3)当变压器的直流电阻超过(2)时，应与同温下产品出厂实测数值比较，相应变化不大于 2%；在不同温度下电阻值按照下面公式换算：

$$R_2 = R_1 \times \frac{T + t_2}{T + t_1} \tag{1-1-4}$$

式中　R_1、R_2——温度在 t_1、t_2时的电阻值(Ω)；

T——计算用常数，铜导线取 235，铝导线取 225。

1.1.4　注意事项

(1)测试前确认被测变压器的所有外部连接线已完全断开，防止测试过程中把电源误送到其他设备造成其他设备的损害和带电。

(2)在大容量变压器测试过程中禁止被测设备与试验设备断开，防止在断开处产生反向电动势损坏试验设备，测试过程中禁止人员触摸变压器和进行变压器换挡操作。

(3)测试完成必须充分放完电后才能撤离设备，防止在放电过程中产生逆电势损坏设备。

1.2　变压器变比测试

1.2.1　试验目的

变压器的变比试验是验证变压器能否达到规定的电压变换效果，变比是否符合变压器技术条件或铭牌所规定的数值的一项试验，其目的是检查各绕组的匝数、引线装配、分接开关指示位置是否符合要求；整流变压器的变比试验还需验证变压器变比及角度偏差(±7.5°)是否符合变压器技术条件或设计所规定的要求。

1.2.2　操作程序

1.2.2.1　试验工序流程图(图 1-1-3)

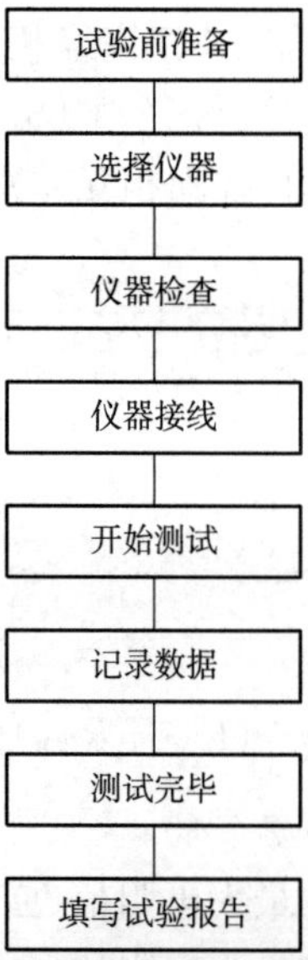

图 1-1-3　变压器变比测试工艺流程

1.2.2.2　试验准备

(1)试验组织(表 1-1-3)

表 1-1-3　人员组织

序　号	项　　目	单　　位	数　　量	备　　注
1	工作负责人	人	1	全面负责
2	试验员	人	2	试验

(2)仪器、设备及材料配置(表 1-1-4)

表 1-1-4　设备及材料配置

序　号	名　　称	型　　号	技术规格	单　位	数　量	备　　注
1	全自动变比电桥	SR-2000	1～2000,0.05 级	台	1	变比测试
2	特种变比测试仪	BZJT	0.9～100,0.2 级	台	1	特种变比测试
3	温湿度计			个	1	记录环境
4	试验连线			条	2	接地
5	产品出厂试验报告			份	1	试验对比
6	原始记录表格			份	1	记录数据

1.2.2.3　电气数据测量

(1)试验条件

变压器变比试验应在被试物安装就位后进行,试验前拆除相应接线并做好标记。试验现场应有稳定的交流电源和良好的接地点。

(2)选择仪器

采用全自动变比电桥测试。

(3)仪器检查

试验前必须对仪器做必要的检查工作,首先检查外观应完好无损,状态标识在有效期之内,然后作通电检查,保证仪器设备状态良好:对于变比测试仪,开机后机器开始自检,将 A-a、B-b、C-c 短接,设变比=1、组别“00”,测试误差应为 0。

(4)接线

将变比测试仪高、低压侧测试线分别接到变压器高、低压侧线圈端子上,变比测试仪可靠接地,进行测量,图 1-1-4 为动力变压器变比测试接线图。

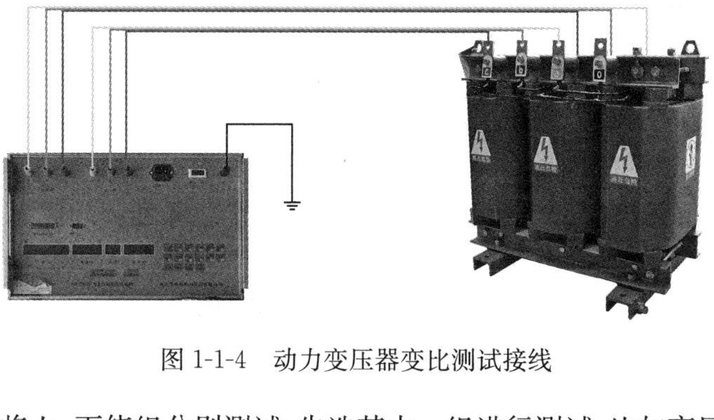

图 1-1-4　动力变压器变比测试接线

整流变压器需将上、下绕组分别测试,先选其中一组进行测试,比如高压侧 A/B/C 对应低压侧 $A_1/B_1/C_1$,试验完成后再进行高压侧 A/B/C 对应低压侧 $A_2/B_2/C_2$ 测试。

(5)测试

首先接通电源,仪器自检完毕后,设置变比、组别,分接位百分数。对于三相变压器按照铭牌设置组别。然后选择"三相连续"键,再按"开始"键仪器自动测试,依次读取测试数据,测试完毕后,记录该测试分接位置下所对应的各相变比误差。

(6)记录

测试时应作详细记录。记录内容包括:试验时间、试验地点、温度、湿度、仪器型号、编号、被试设备铭牌、测试数据。记录采用专门的原始记录表格,记录测试数据时应复述,操作人确认后方可记录。

1.2.2.4 试验结束

(1)测试完毕后,工作负责人应对原始记录进行审核,内容包括:记录内容是否漏项、测试数据有效数字、单位是否正确、记录人、试验人签字是否完整;核对变比误差、角度偏差是否符合设计和标准规程要求,对于不合格项应查找原因或重测,确认设备问题后填写《试验问题通知单》。全部检查无误后,审核人应签字。

(2)如被试设备不做其他项目测试,应准确恢复拆除的所有外部引线,并经工作负责人确认。

1.2.2.5 填写试验报告

测试完毕后,应及时将原始数据录入电子版试验报告妥善保存。待全部检测项目完成后一并打印纸质试验报告按照规定程序审核、签发和保存。

1.2.3 试验标准

电力变压器试验标准

(1)所有分接的电压比应符合电压比的规律。

(2)测试值与制造厂铭牌数据相比,应符合下列规定。

电压等级在 35 kV 以下,电压比小于 3 的变压器电压比允许偏差应为±1%;其他所有变压器额定分接下电压比允许偏差不应超过±0.5%,其他分接的电压比应在变压器阻抗电压值(%)的 1/10 以内,且允许偏差应为±1%。

(3)检查变压器的三相接线组别和单相变压器引出线的极性,应符合下列规定。

变压器的三相接线组别和单相变压器引出线的极性应符合设计要求;变压器的三相接线组别和单相变压器引出线的极性应与铭牌上的标记和外壳上的符号相符。

1.2.4 注意事项

(1)测试前确认变比电桥的高压端和低压端,禁止高低压接线端接反。

(2)测试前确认与变压器所有的连接线已拆除,禁止因变压器的接线柱接地而损坏试验设备。

(3)测试过程中选好变压器的分接挡位和接线方式,测试完成后认真检查分析试验结果,确认变比误差在标准规定允许的范围内。

1.3 变压器绝缘电阻测试

1.3.1 试验目的

测量变压器的绝缘电阻,能有效地检查出变压器绝缘整体受潮,部件表面受潮或脏污,以及贯穿性的集中性缺陷，如瓷件破裂、引线接壳、器身内有金属接地等缺陷。

1.3.2　操作程序

1.3.2.1　试验工序流程图(图 1-1-5)

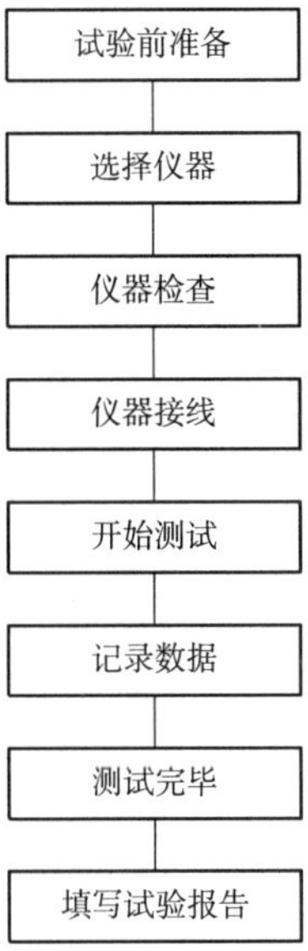

图 1-1-5　变压器绝缘电阻测试工艺流程

1.3.2.2　试验准备

(1)试验组织(表 1-1-5)

表 1-1-5　人员组织

序　号	项　　目	单　　位	数　　量	备　　注
1	工作负责人	人	1	全面负责
2	试验员	人	2	试验

(2)仪器、设备及材料配置(表 1-1-6)

表 1-1-6　设备及材料配置

序　号	名　　称	型　　号	技术规格	单　位	数　量	备　　注
1	兆欧表	AVO	2 500 V	台	1	绝缘测试
2	温湿度计			个	1	记录环境
3	试验连线			条	2	接地
4	产品出厂试验报告			份	1	试验对比
5	原始记录表格			份	1	记录数据

1.3.2.3　电气数据测量

(1)试验条件

变压器绝缘测试应在变压器安装就位后进行，试验前拆除相应接线并做好标记，并擦除绝缘表面脏污，对地放电 5 min，试验时应按表 1-1-5、表 1-1-6 做准备。

(2)选择仪器

变压器的绝缘电阻测试可选择 AVO 兆欧表,该仪器测试电压可选。

(3)仪器检查

试验前必须对仪器做必要的检查工作,检查外观应完好无损,状态标识在检定/校准周期之内,保证仪器设备状态良好。

(4)接线

将变压器高压绕组侧接线端子全部短封,低压绕组侧接线端子全部短封并通过测试线可靠接地,兆欧表测试引线分别接到变压器高、低压侧,测量高压绕组对低压绕组及地的绝缘电阻值,图 1-1-6 为变压器高压绕组对低压绕组及地绝缘电阻测量接线图。

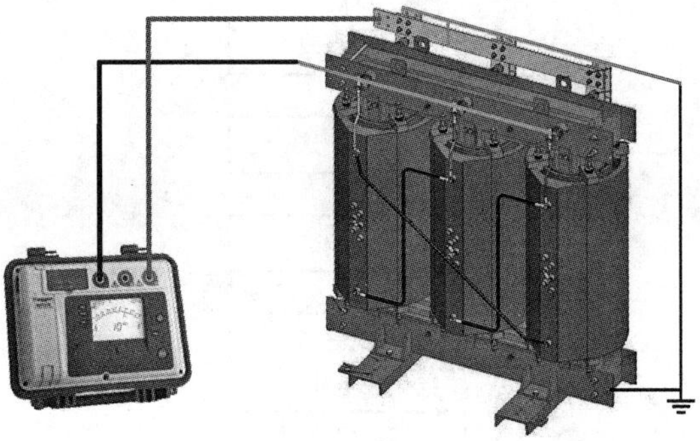

图 1-1-6　变压器高压绕组对低压绕组及地绝缘电阻测量接线

将变压器低压绕组侧接线端子全部短封,高压绕组侧接线端子全部短封并通过测试线可靠接地,兆欧表测试引线分别接到变压器低、高压侧,测量低压绕组对高压绕组及地的绝缘电阻值,图 1-1-7 为变压器低压绕组对高压绕组及地绝缘电阻测量接线图。

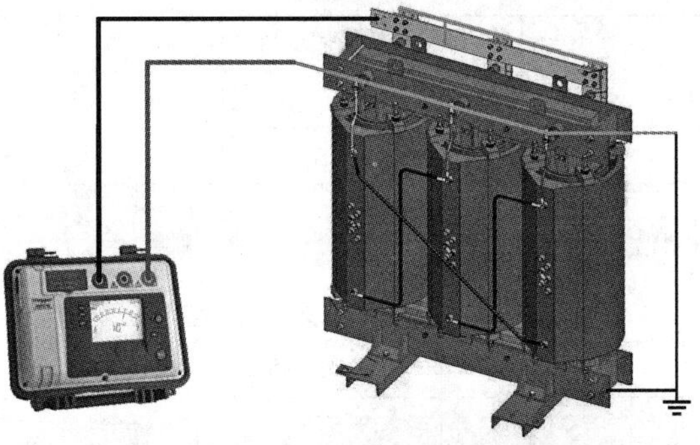

图 1-1-7　变压器低压绕组对高压绕组及地测量绝缘电阻接线

整流变压器测量高压绕组对低压绕组及地绝缘电阻时应将低压侧Ⅰ、Ⅱ绕组同时接地,测量低压绕组对高压绕组及地绝缘电阻时应同时将另一低压绕组端子全部短封接地。

(5)测试

①应将兆欧表放在绝缘垫上,操作人应站在绝缘垫上,工作负责人负责安全防护。

②按“测试”键,60 s 时,记录绝缘电阻的数值(记录试验时环境温度、湿度)。

③读取数值后,按“停止”键停止测试,测试仪自动放电。

④绝缘电阻须测试高压绕组对低压绕组及地、低压绕组对高压绕组及地、铁芯对地和夹件

对地的绝缘。对于多绕组变压器,绕组间的绝缘电阻均应测量。

(6)记录

测试时应作详细记录。记录内容包括:试验时间、试验地点、温度、湿度、仪器型号、编号、被试设备铭牌、测试数据。记录采用专门的原始记录表格,记录测试数据时应复述,操作人确认后方可记录。

1.3.2.4　试验结束

(1)测试完毕后,工作负责人应对原始记录进行审核,内容包括:记录内容是否漏项、测试数据有效数字、单位是否正确、记录人、试验人签字是否完整;核查各项绝缘电阻是否符合标准规程的要求,对于不合格项应查找原因或重测,确认设备问题后填写《试验问题通知单》。全部检查无误后,审核人应签字。

(2)试验完毕或重复试验时,必须将被试品对地充分放电至少 5 min。如被试设备不做其他项目测试,应准确恢复拆除的所有外部引线,并经工作负责人确认。

1.3.2.5　填写试验报告

测试完毕后,应及时将原始数据录入电子版试验报告妥善保存。待全部检测项目完成后一并打印纸质试验报告按照规定程序审核、签发和保存。

1.3.3　试验标准

(1)变压器绝缘电阻不应低于产品出厂试验值的 70%或不低于 10 000 MΩ(20 ℃)。

(2)电压等级为 35 kV 及以上且容量在 4 000 kV·A 及以上时,应测量吸收比,吸收比与产品出厂值相比应无明显差别,在常温下不应小于 1.3,当 R_{60} 大于 3 000 MΩ(20 ℃)时,吸收比可不做考核要求。

(3)同期同类型变压器同类绕组的绝缘电阻不应有明显异常。

(4)同一变压器绝缘电阻测量结果,一般高压绕组测量值应大于低压绕组测量值。

1.3.4　注意事项

(1)测试前要对被测设备进行放电和污垢处理,残余电荷和被测设备表面的脏污都会影响被测值的偏大或偏小,引起测得的绝缘电阻不准确。

(2)根据测量的设备选好兆欧表的电压等级。

(3)绝缘测量时一定要拆除与被测设备相连的连接线,防止高压串到其他设备上造成设备和人员的伤害。

(4)绝缘电阻测完后要对被测设备进行放电,防止被测设备残存电压造成人员伤害。

1.4　变压器工频交流耐压测试

1.4.1　试验目的

工频交流耐压试验是检验变压器绝缘强度最直接、最有效的方法,对于发现变压器主绝缘的局部缺陷,如绕组主绝缘受潮、开裂或者在运输过程中引起的绕组松动,引线距离不够以及绕组绝缘上附有着脏物等缺陷十分有效。

1.4.2 操作程序

1.4.2.1 试验工序流程图(图 1-1-8)

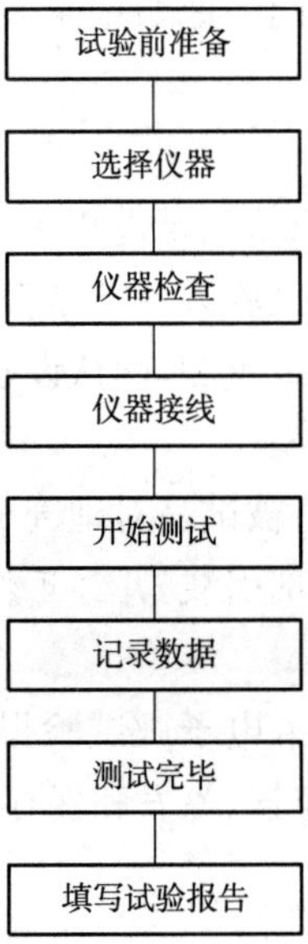

图 1-1-8 变压器工频交流耐压测试工艺流程

1.4.2.2 试验准备

(1)试验组织(表 1-1-7)

表 1-1-7 人员组织

序 号	项 目	单 位	数 量	备 注
1	工作负责人	人	1	全面负责
2	试验员	人	2	试验

(2)仪器、设备及材料配置(表 1-1-8)

表 1-1-8 设备及材料配置

序 号	名 称	型 号	技术规格	单 位	数 量	备 注
1	干式试验变压器	BDYD	10 kVA/100 kV	套	1	耐压测试
2	试验变压器控制箱	BDYD	0～200 V/30 A	套	1	耐压测试
3	耐压测试仪	CC2672C	0-5 000 V	台	1	耐压测试
4	温湿度计			块	1	记录环境
5	试验连线			条	2	接地
6	绝缘垫			块	1	绝缘
7	产品出厂试验报告			份	1	试验对比
8	原始记录表格			份	1	记录数据

1.4.2.3　电气数据测量

(1)试验条件

变压器交流耐压试验应在其他试验完成后进行，试验现场应有稳定的电源和良好的接地点。试验准备按表 1-1-7、表 1-1-8 进行。该项试验属于破坏性高压试验，试验前应做好安全防护，设置防护围栏，围栏上应悬挂“止步，高压危险！”警示牌。

(2)选择仪器

选用耐压试验仪器的基本原则：应根据试品的电压等级要求进行选择，5 000 V 以上应选用试验变压器，5 000 V 及以下应选用耐压测试仪。

(3)仪器检查

试验前必须对仪器做必要的检查，检查外观应完好无损，状态标识在有效期之内，保证仪器设备状态良好。

(4)接线

将变压器高压绕组侧接线端子全部短封，低压绕组侧接线端子全部短封并通过测试线可靠接地，试验变压器与操作箱按说明书接线，将试验变压器高压测试引线接到变压器高压侧，图 1-1-9 为变压器高压绕组交流耐压试验接线图。

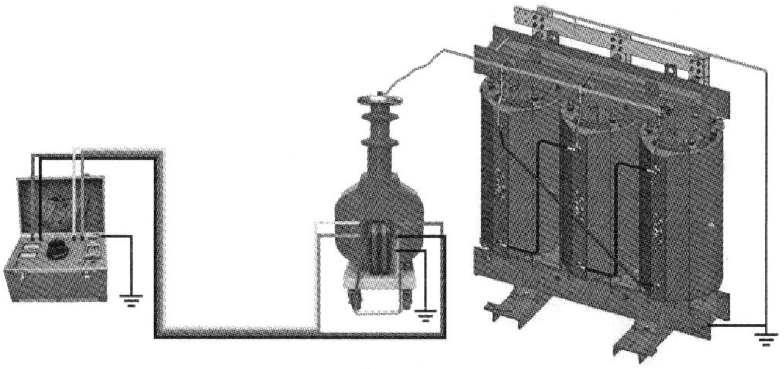

图 1-1-9　变压器高压绕组交流耐压试验接线

将变压器低压绕组侧接线端子全部短封，高压绕组侧接线端子全部短封并通过测试线可靠接地，耐压测试仪按说明书接线，测试仪高压测试引线接到变压器低压侧，图 1-1-10 为变压器低压绕组交流耐压试验接线图。

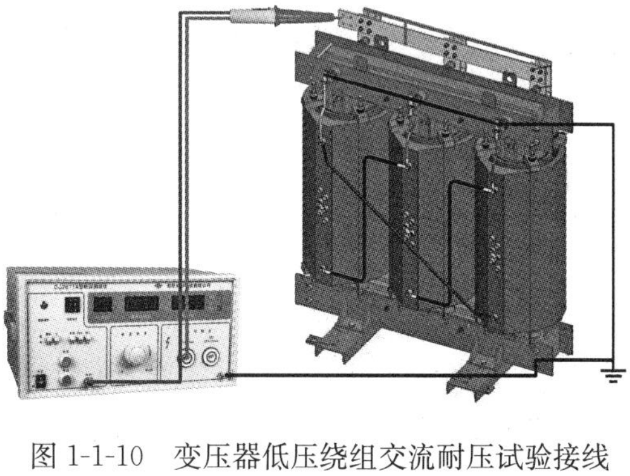

图 1-1-10　变压器低压绕组交流耐压试验接线

(5)测试

电气设备交流耐压试验操作方法：

①连接试品，检查调压器是否在零位，零位开关是否正常。

②接通电源后，试验负责人发出“将要合闸”命令，其他人员退行至护卫栏以外，指定操作人员合上闸刀开关，开机，操作者一只手应放在开关板旁边，另一手调整调压器旋钮升压，施加电压时应从足够低的数值开始，以防止瞬变过程引起过电压的影响，然后应缓慢地升高电压以便能在仪表上能准确读数，但也不能太慢，以免试品在接近试验电压 U 时耐压的时间过长。当电压升高至 75%U 时以每秒 2%U 的速度上升即可满足要求。升到试验电压 U 后开始计

时(一般要求 1 min),时间到后,迅速均匀地降压但不能突然分断电源以免产生操作过电压而导致设备损坏或得到不确定的试验结果。调压器旋回零位后,断开电源。试验过程中,其他试验人员应站在安全地带并注意被试设备有无异常声音和弧光,如有异常现象,应高声呼喊“降压”,操作人应立即停止试验查找原因。

③试验完毕,被试品充分放电,并将放电棒挂在高压输出端,宣布“高压已断开”。方可进行换线连接,准备下一次试验。

④低压侧绕组的交流耐压试验操作方法

做好安全防护后,使用耐压测试仪连接被试绕组,合上电源开关,开机,升压试验 1 min,停止试验。

(6)记录

测试时应作详细记录。记录内容包括:试验时间、试验地点、温度、湿度、仪器型号、编号、被试设备铭牌、测试数据。记录采用专门的原始记录表格,记录测试数据时应复述,操作人确认后方可记录。测试数据包括:试验电压、持续时间、试验结果。

1.4.2.4 试验结束

(1)测试完毕后,工作负责人应对原始记录进行审核,内容包括:记录内容是否漏项、测试数据有效数字、单位是否正确、记录人、试验人签字是否完整;核查各项绝缘电阻是否符合标准规程的要求,对于不合格项应查找原因或重测,确认设备绝缘有问题后填写《试验问题通知单》。全部检查无误后,审核人应签字。

(2)如被试设备不做其他项目测试,应准确恢复拆除的所有外部引线,并经工作负责人确认。

1.4.2.5 填写试验报告

测试完毕后,应及时将原始数据录入电子版试验报告妥善保存。待全部检测项目完成后一并打印纸质试验报告按照规定程序审核、签发和保存。

1.4.3 试验标准(表 1-1-9)

表 1-1-9 电力变压器交流耐压试验电压标准(kV)

系统标称电压		≤1	10	35
交流耐受电压	油浸电力变压器	—	28	68
	干式电力变压器	2	28	56

1.4.4 注意事项

(1)变压器交流耐压试验必须在其他绝缘试验均合格后才能进行。

(2)测试前拆除所有与变压器连接的外部连线,防止高压送到其他设备造成设备损害和危及人员安全。

(3)测试前确认安全范围,拉好安全警戒带,向外悬挂“止步,高压危险!”警示牌并派专人防护,以防其他人员误入高压区。

(4)测试过程中测试人员应穿好绝缘靴,戴好绝缘手套,站在绝缘垫上进行操作,测试过程中精力集中,发现有异常情况立即切断电源。放电后再检查原因。

(5)试验变压器与试品的连接应用直径足够大的导体,以避免过多的放电和电晕。

(6)试验变压器接地连接应短且牢固,以避免对试验回路中发生闪络时电压变化。

(7)试验前,应断开温度传感器与温控仪的插头,试验完毕后及时恢复。

1.5　温控仪调试方法

1.5.1　试验目的

变压器温控仪调试能够验证温度的测量、显示及相应的各种报警、跳闸信号的输出是否正确。

1.5.2　操作程序

1.5.2.1　试验工序流程图(图 1-1-11)

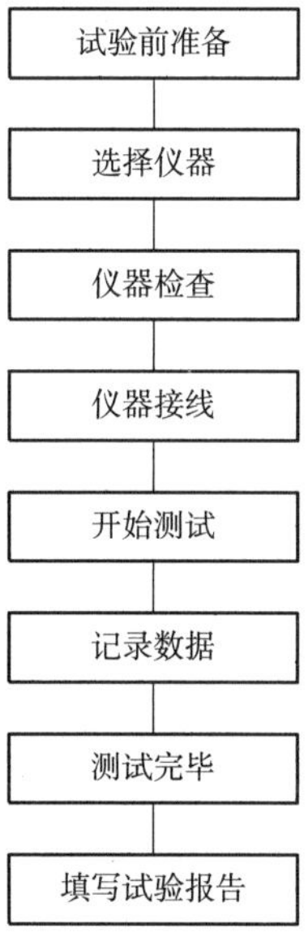

图 1-1-11　温控仪调试工艺流程

1.5.2.2　试验准备

(1)试验组织(表 1-1-10)

表 1-1-10　人员组织

序　号	项　　目	单　　位	数　　量	备　　注
1	工作负责人	人	1	全面负责
2	试验员	人	2	试验

(2)仪器、设备及材料配置(表 1-1-11)

表 1-1-11　设备及材料配置

序　号	名　　称	型　　号	技术规格	单　位	数　量	备　　注
1	直流电阻器	ZX92		台	3	温控测试
2	温湿度计			块	1	记录环境

续上表

序　号	名　称	型　号	技术规格	单　位	数　量	备　注
3	产品出厂试验报告			份	1	试验对比
4	设计定值单			份	1	定值核对
5	原始记录表格			份	1	记录数据

1.5.2.3　电气数据测量

(1)试验条件

该项试验应在被试物安装就位后进行。试验应按表 1-1-10、表 1-1-11 做准备。试验时温控仪应有稳定的控制电源。

(2)选择仪器

直流电阻器(ZX92)三台。

(3)仪器检查

试验前必须对仪器做必要的检查工作,检查外观应完好无损,状态标识在有效期之内,保证仪器设备状态良好。

(4)接线

断开温控仪传感器插头,插上与之配套的直阻箱插头,将直流电阻器测试转接头直接接入温控仪,通过调节电阻值验证温控仪温度指示及报警、跳闸继电器动作是否符合变压器运行规定和设计定值要求,图 1-1-12 为温控仪调试接线图。

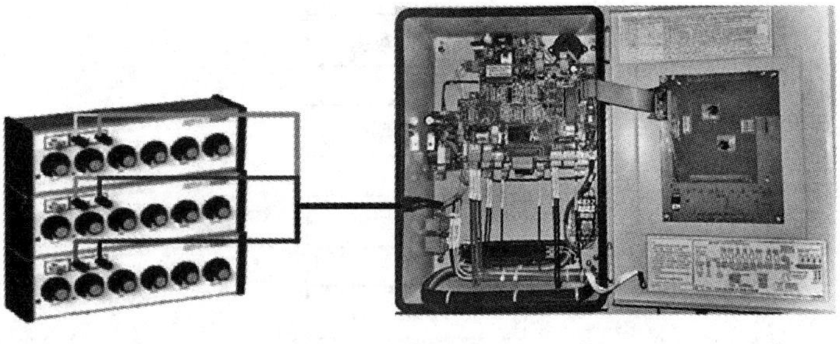

图 1-1-12　温控仪调试接线

(5)测试

①外观检查:

传感器插头接入后上电观察温度显示正常。

②刻度检查:

用直流电阻箱代替铂电阻,依次调整电阻值,检查温度显示与对应的标准电阻是否符合铂电阻随温度变化的规律。

③动作与信号的检查:

调整电阻箱使温度显示达到报警和跳闸整定值,检查报警、调整相应的动作情况。

a. 90 ℃(对应 134.70 Ω)风机启动:调整电阻箱使温度显示达到 90 ℃查看风机是否启动。查看继电器的动作是否一致,风机灯光的显示是否正确。

b. 130 ℃(对应 149.83 Ω)超温告警及信号:调整电阻箱使温度显示达到 130 ℃查看是否有报警信号。查看继电器动作是否一致,报警铃声是否正常。

c. 150 ℃(对应157.33 Ω)超温跳闸及信号:调整电阻箱使温度显示达到150 ℃查看是否有跳闸信号发出,确认出口动作是否正常。

d. 温度超上限报警:调整电阻箱使温度显示达到204 ℃查看温控仪是否有报警发出。

e. 温度超下限报警:调整电阻箱使温度显示达到−4 ℃查看温控仪是否有报警发出。

f. 拔下传感器插头查看温控仪是否有开路报警。

(6)记录

测试时应作详细记录。记录内容包括:试验时间、试验地点、温度、湿度、仪器型号、编号、被试设备铭牌、测试数据。记录采用专门的原始记录表格,记录测试数据时应复述,操作人确认后方可记录。

1.5.2.4　试验结束

(1)测试完毕后,工作负责人应对原始记录进行审核,内容包括:记录内容是否漏项、测试数据有效数字、单位是否正确、记录人、试验人签字是否完整;核查测试结果是否符合标准规程的要求,对于不合格项应查找原因或重测,确认设备问题后填写《试验问题通知单》。全部检查无误后,审核人应签字。

(2)如被试设备不做其他项目测试,应准确恢复拆除的所有外部引线,并经工作负责人确认。

1.5.2.5　填写试验报告

测试完毕后,应及时将原始数据录入电子版试验报告妥善保存。待全部检测项目完成后一并打印纸质试验报告按照规定程序审核、签发和保存。

1.5.3　试验标准

温度的准确值应符合制造厂的规定。

1.5.4　注意事项

(1)注意标准电阻箱的接线应与温控说明书中的接线方式保持一致。

(2)检查测量探头插放的位置应正确。

第 2 章　10(35) kV 开关柜试验工艺

2.1　二次回路绝缘耐压试验

2.1.1　试验目的

开关柜二次回路的绝缘和交流耐压试验是考核开关柜内大于 60 V 以上电压等级的二次回路绝缘状况的方法。试验时应做好安全措施，回路中不能承受高压的元件也应短封接地或抽出隔离开关。

2.1.2　操作程序

2.1.2.1　试验工序流程图(图 1-2-1)

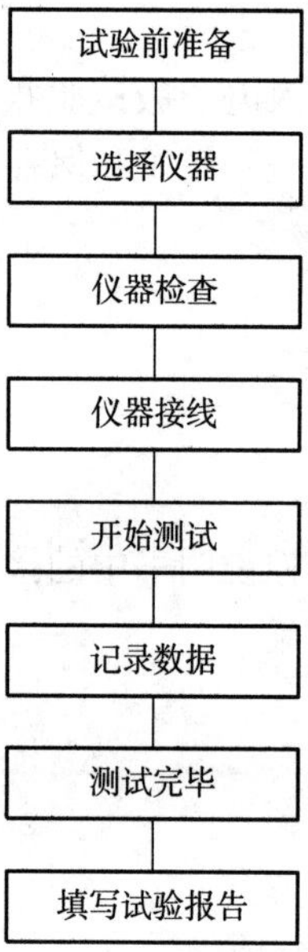

图 1-2-1　开关柜二次回路绝缘耐压试验工艺流程

2.1.2.2　试验准备

(1)人员组织(表 1-2-1)

表 1-2-1　人员组织

序　号	项　　目	单　　位	数　　量	备　　注
1	工作负责人	人	1	全面负责
2	试验员	人	2	试验

(2)仪表、设备及材料配置(表 1-2-2)

表 1-2-2　设备及材料配置

序　号	名　　称	型　　号	技术规格	单　位	数　量	备　　注
1	兆欧表	AVO	500 V/2 500 V	台	1	绝缘测试
2	耐压测试仪		0～5 000 V	台	1	耐压测试
3	试验连线			条	10	
4	温湿度计			个	1	试验环境
5	绝缘垫			块	1	绝缘
6	细铁丝			条	20	耐压测试
7	原始记录表格			份	1	记录数据
8	产品出厂试验报告			份	1	测试对比

2.1.2.3　电气数据测量

(1)试验条件

该项试验之前,应按照二次保护及测控装置技术说明书的要求拔出插件,分别短接交流电流回路端子、交流电压回路端子、直流电源回路端子、控制回路端子、信号回路端子。断开与其他保护回路的弱电关联回路。

试验工作的人员及设备按表 1-2-1、表 1-2-2 做准备。该项试验属于破坏性高压试验,试验前应做好安全防护,设置防护围栏,围栏上应悬挂“止步,高压危险!”标志牌。

(2)选择仪器

①选用 500 V 绝缘电阻表测量各回路的绝缘电阻。

②选用耐压测试仪器分别对各回路进行耐压测试。

(3)仪器检查

试验前必须对仪器做必要的检查工作,检查外观应完好无损,状态标识在有效期之内,保证仪器设备状态良好。

(4)接线

接线前应拆除被试设备的外部连线。用专用地线作良好接地,并接好放电棒。经工作负责人确认方可开始试验。选择一个回路试验,则其他回路需要互联接地。

绝缘测试时,将兆欧表测试线两端分别接至二次回路短接后的引出线和接地端,进行测量,图 1-2-2 为二次回路绝缘试验图。

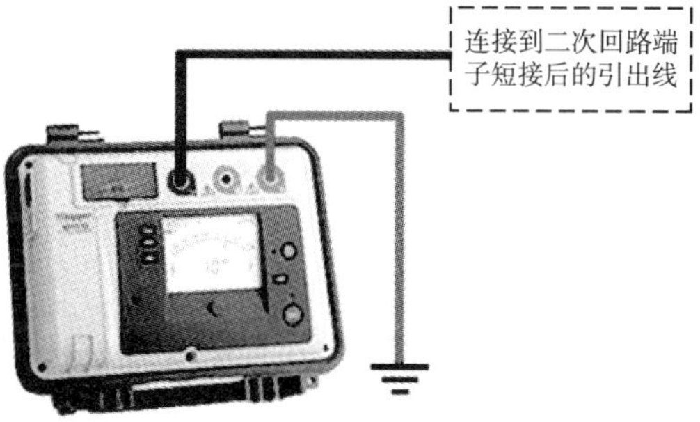

图 1-2-2　二次回路绝缘试验

耐压试验时，将耐压测试线两端分别接至二次回路短接后的引出线和接地端，进行测量，图 1-2-3 为二次回路耐压试验图。

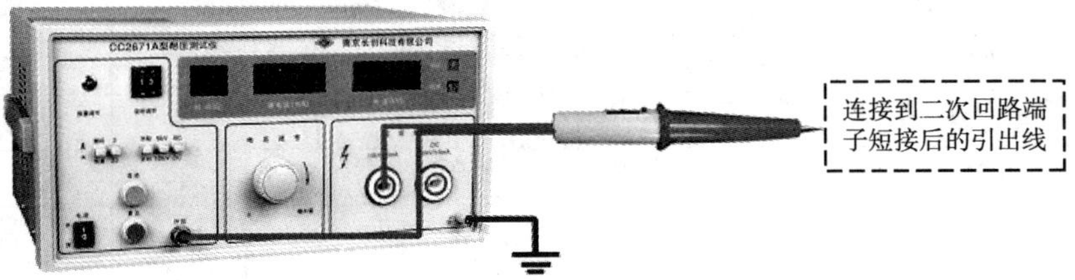

图 1-2-3　二次回路耐压试验

(5)测试

①首先用 500 V 兆欧表测试绝缘电阻，绝缘电阻应大于 20 MΩ，然后进行耐压测试。

②连接试品，检查调压旋钮是否在零位。

③接通电源后，试验负责人发出“将要合闸”命令，其他人员退出防护围栏以外，指定操作人员合上电源开关，开机，一人连接好探头和测试部位并按住外控按键，然后另一人速度均匀地将电压升至试验标准电压。开始计时(一般要求 1 min)，时间到后，迅速均匀地将试验电压降至零，断开电源。试验过程中，其他试验人员应站在安全地带注意被试设备有无异常声音和弧光，如有异常现象，应高声呼喊“降压”，操作人应立即停止试验查找原因。

④试验完毕，充分放电，并将放电棒挂在高压输出端，才可宣布“高压已断开”。可进行换线连接，准备下一次试验。

(6)记录

测试时应作详细记录。记录内容包括：试验时间、试验地点、温度、湿度、仪器型号、编号、被试设备铭牌、测试数据。记录采用专门的原始记录表格，记录测试数据时应复述，操作人确认后方可记录。测试数据包括：试验电压、持续时间、试验结果。

2.1.2.4　试验结束

(1)测试完毕后，工作负责人应对原始记录进行审核，内容包括：记录内容是否漏项、测试数据有效数字、单位是否正确、记录人、试验人签字是否完整；核查测试结果是否符合标准规程的要求，对于不合格项应查找原因或重测，确认设备问题后填写《试验问题通知单》。全部检查无误后，审核人应签字。

(2)如被试设备不做其他项目测试，应准确恢复拆除的所有外部引线，并经施工班组工作配合人员和工作负责人确认。

2.1.2.5　填写试验报告

测试完毕后，应及时将原始数据录入电子版试验报告妥善保存。待全部检测项目完成后一并打印纸质试验报告按照规定程序审核、签发和保存。

2.1.3　试验标准

二次绕组之间及其对外壳的工频耐压试验电压标准应为 1 000 V。

2.1.4　注意事项

(1)测试前拆除开关柜与外部设备之间的连线，防止高压通过外部连线传送到其他设备造成设备损害和危及人员安全。

(2)测试前确认安全范围,拉好安全警戒带,挂好警戒标牌“高压危险”。并派专人防护以防其他人员误入高压区。

(3)测试过程中测试人员应穿好绝缘靴,戴好绝缘手套,站在绝缘垫上进行。测试过程中精力集中,发现有异常情况赶紧切断电源。放电后再检查原因。

2.2　主回路绝缘耐压试验

2.2.1　试验目的

开关柜主回路的绝缘和交流耐压试验是考核开关柜母线、绝缘子、套管、开关连同互感器的绝缘状况的方法。

2.2.2　操作程序

2.2.2.1　试验工序流程图(图 1-2-4)

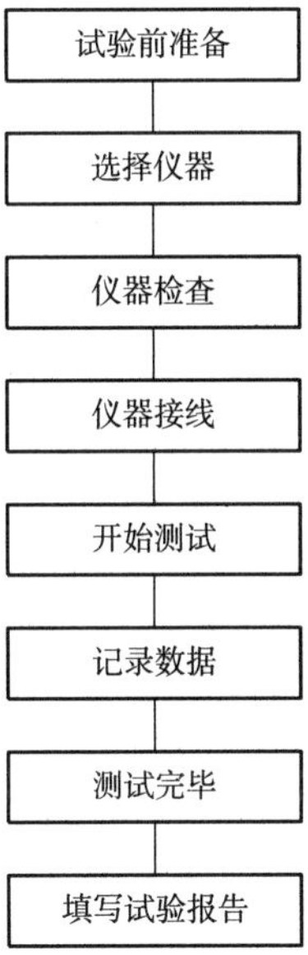

图 1-2-4　主回路绝缘耐压试验工艺流程

2.2.2.2　试验准备

(1)人员组织(表 1-2-3)

表 1-2-3　人员组织

序　号	项　　目	单　　位	数　　量	备　　注
1	工作负责人	人	1	全面负责
2	试验员	人	2	试验

(2)仪表、设备及材料配置(表 1-2-4)

表 1-2-4　设备及材料配置

序　号	名　　称	型　　号	技术规格	单　位	数　量	备　　注
1	兆欧表	AVO	500 V/2 500 V	台	1	绝缘测试
2	干式试验变压器	BDYD	10 kV · A/100 kV	套	1	耐压测试
3	试验变压器控制箱	BDYD	0～200 V/30 A	套	1	耐压测试
4	试验连线			条	10	
5	温湿度计			个	1	试验环境
6	绝缘垫			块	1	绝缘
7	细铁丝			条	20	耐压测试
8	原始记录表格			份	1	记录数据
9	产品出厂试验报告			份	1	测试对比

2.2.2.3　电气数据测量

(1)试验条件

该项试验时开关应具备电动和手动操作条件，检查开关柜与外部连接的高压电缆已经全部断开并且与带电体有足够的安全距离，检查连接在母线上的避雷器已经全部拆除。

若是 GIS，电缆、避雷器或电压互感器的插座处应用专用绝缘塞子封堵。

若试验变压器的容量不满足整体测试，可以将母线分段进行。将待试开关柜手车全部推入运行位置，将开关合闸。试验某一相时，其他两相要接地。

试验现场应有稳定的电源和良好的接地点，试验准备按表 1-2-3、表 1-2-4 进行，该项试验属于破坏性高压试验，试验前应做好安全防护，设置防护围栏，围栏上应悬挂“止步，高压危险！”警示牌。

(2)选择仪器

①选用 2 500 V 兆欧表对主回路进行绝缘电阻测量。

②电气设备交流耐压试验选用交流耐压试验变压器。

(3)仪器检查

试验前必须对仪器做必要的检查工作，检查外观应完好无损，状态标识在有效期之内，保证仪器设备状态良好。

(4)接线

将升压变放置在开关柜的后部，施加电压的连接点宜选择在母线上。设置好防护围栏，并向外悬挂“止步，高压危险！”的警示牌。

接线前应拆除被试设备的外部连线，用专用地线作良好接地，并接好放电棒，经工作负责人确认后方可开始试验。

绝缘测试时，将主回路 B、C 相短封接地，兆欧表测试线两端分别接至主回路 A 相和接地端，测量 A 相对 B、C 相及地的绝缘电阻值，试验完毕，依次进行 B、C 相绝缘试验，图 1-2-5 为开关柜的绝缘试验接线图。

耐压测试时，将主回路 B、C 相短封接地，试验变压器与操作箱按说明书接线，将试验变压器高压测试引线接到接至主回路 A 相，进行主回路 A 相耐压试验，试验完毕，依次进行 B、C 相耐压试验，图 1-2-6 为开关柜的耐压试验图。

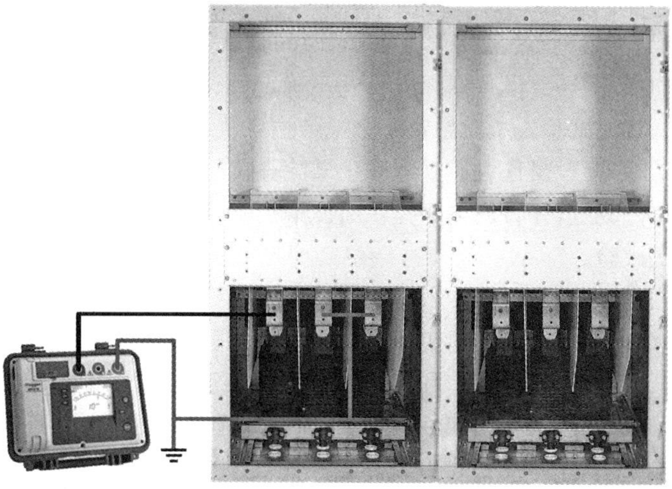

图 1-2-5　开关柜的绝缘试验接线

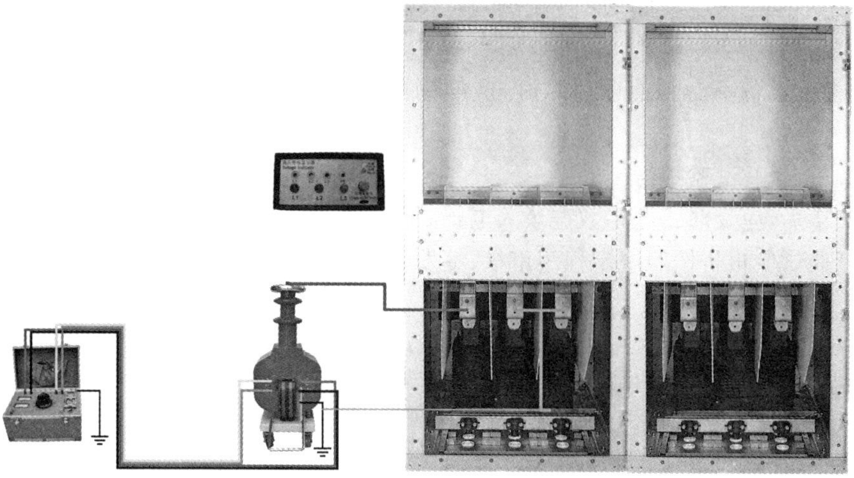

图 1-2-6　开关柜的耐压试验接线

(5)测试

①操作人员应站在绝缘垫上操作,或穿绝缘靴、戴绝缘手套操作。

②连接试品,检查调压器是否在零位,零位开关是否正常。

③接通电源后,试验负责人发出“将要合闸”命令,其他人员退到防护围栏以外,指定操作人员合上闸刀开关,开机,操作者一只手应放在开关板旁边,另一手速度均匀地以 2～3 kV/s 将电压升至被试系统的 15％电压,操作员通知负责人观察带电显示应没有指示,再逐渐升高电压至被试系统的额定电压的 45％,通知负责人观察带电显示应有明显指示,检查开关柜相应的闭锁电磁锁应可靠工作。检查完毕,负责人命令降压,断开电源,放电接地后,将不能承受高电压的传感器回路相应元件短封接地。之后试验负责人再次发出“将要合闸”命令,其他人员退行至护栏以外,指定操作人员合上闸刀开关,开机,操作者一只手应放在开关板旁边,另一手调整调压器旋钮升压,施加电压时应从足够低的数值开始,以防止瞬变过程引起过电压的影响,然后应缓慢地升高电压以便能在仪表上能准确读数,但也不能太慢,以免试品在接近试验

电压 U 时耐压的时间过长。当电压升高至 $75\%U$ 时以每秒 $2\%U$ 的速度上升即可满足要求。升到试验电压 U 后开始计时(一般要求 1 min),时间到后,迅速均匀地降压但不能突然分断电源以免产生操作过电压而导致设备损坏或得到不确定的试验结果。调压器旋回零位后,断开电源。试验过程中,其他试验人员应站在安全地带注意被试设备有无异常声音和弧光,如有异常现象,应高声呼喊"降压",操作人应立即停止试验查找原因。

④试验完毕,充分放电,并将放电棒挂在高压输出端,才可宣布"高压已断开"。可进行换线连接,准备下一次试验。

(6)记录

测试时应作详细记录。记录内容包括:试验时间、试验地点、温度、湿度、仪器型号、编号、被试设备铭牌、测试数据。记录采用专门的原始记录表格,记录测试数据时应复述,操作人确认后方可记录。测试数据包括:试验电压、持续时间、试验结果。

2.2.2.4 试验结束

(1)测试完毕后,工作负责人应对原始记录进行审核,内容包括:记录内容是否漏项、测试数据有效数字、单位是否正确、记录人、试验人签字是否完整;核查测试结果是否符合标准规程的要求,对于不合格项应查找原因或重测,确认设备问题后填写《试验问题通知单》。全部检查无误后,审核人应签字。

(2)如被试设备不做其他项目测试,应准确恢复拆除的所有外部引线,并经工作负责人确认。

2.2.2.5 填写试验报告

测试完毕后,应及时将原始数据录入电子版试验报告妥善保存。待全部检测项目完成后一并打印纸质试验报告按照规定程序审核、签发和保存。

2.2.3 试验标准

工频交流耐压试验电压见 GB 50150—2016 附录 D。

2.2.4 注意事项

(1)进行交流耐压试验时,互感器二次绕组应短封接外壳及地;电压传感器回路中不能承受高压的元件也应短封接地。

(2)测试前拆除所有与外部连接的高压电缆,并将高压头放置足够的安全带电距离后短封接地,防止高压送到其他设备造成设备损害和危及人员安全。

(3)测试前确认安全范围,拉好安全警戒带,挂号警戒标牌"止步,高压危险"。并派专人防护以防其他人员误入高压区。

(4)测试过程中测试人员应穿好绝缘靴,戴好绝缘手套,站在绝缘垫上进行。流互耐压时二次应短封接地,测试过程中精力集中,发现有异常情况赶紧切断电源。放电后再检查原因。

2.3 开关柜五防功能检查

2.3.1 试验目的

检查开关柜是否符合五防功能的正确要求。

2.3.2　操作程序

2.3.2.1　试验工序流程图(图 1-2-7)

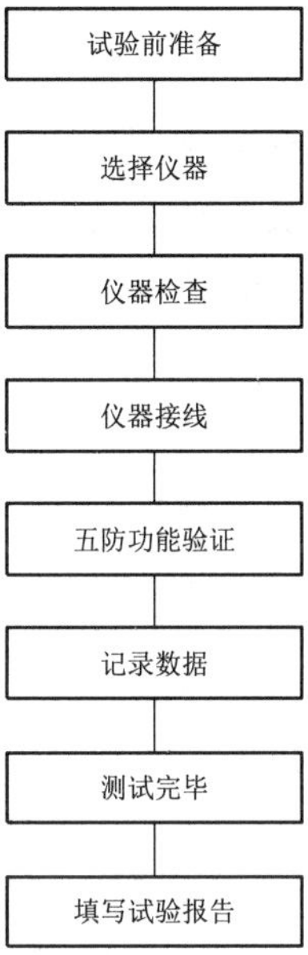

图 1-2-7　开关柜五防功能检查工艺流程

2.3.2.2　试验准备

(1)人员组织(表 1-2-5)

表 1-2-5　人员组织

序　号	项　　目	单　　位	数　　量	备　　注
1	工作负责人	人	1	全面负责
2	试验员	人	2	试验

(2)仪表、设备及材料配置(表 1-2-6)

表 1-2-6　设备及材料配置

序　号	名　　称	型　　号	技术规格	单　位	数　量	备　　注
1	万用表	F17B		块	1	
2	试验连线			条	5	
3	温湿度计			个	1	
4	产品出厂说明书			份	1	
5	原始记录表格			份	1	记录数据
6	产品出厂试验报告			份	1	测试对比

2.3.2.3　电气数据测量

(1)试验准备

试验时应按表 1-2-5、表 1-2-6 做准备。试验现场应有稳定的交流电源和可靠的接地点。

(2)测试

①防止误入带电间隔检查

检查开关柜柜门连锁的可靠性,地刀不在合位时,前后柜门可靠被闭锁。或检测柜内带电时电磁锁工作的可靠性。

②防止误分误合断路器检查

手车在非正常位置时不能合闸,只有合闸允许时断路器才能合闸。

开关在合闸位置时,不会由于误碰设备而引起非正常分闸。

隔离开关在非正常位置时,断路器不能合闸。

③防止带负荷拉隔离车检查

断路器合闸位置,本体手车不能摇进摇出。

相应的断路器在合闸位,隔离车不能摇进摇出。

④防止带接地刀闸送电检查

地刀在合闸位置时,手车不能摇进。

对侧地刀在合闸位置时,本侧开关不能合闸。

母线接地开关在接地位置时,本段母线上的进出线开关不能合闸。

⑤防止带电合接地刀闸检查

手车在运行位时,地刀不能合闸。

模拟线路有电时,地刀不能合闸。

模拟母线有电时,接地车不能够推入。

(3)记录

测试时应作详细记录。记录内容包括:试验时间、试验地点、温度、湿度、仪器型号、编号、被试设备铭牌、测试数据。记录采用专门的原始记录表格,记录测试数据时应复述,操作人确认后方可记录。

2.3.2.4 试验结束

(1)测试完毕后,工作负责人应对原始记录进行审核,内容包括:记录内容是否漏项、测试数据有效数字、单位是否正确、记录人、试验人签字是否完整;核查测试结果是否符合标准规程的要求,对于不合格项应查找原因或重测,确认设备问题后填写《试验问题通知单》。全部检查无误后,审核人应签字。

(2)如被试设备不做其他项目测试,应恢复正常运行状态。

2.3.2.5 填写试验报告

测试完毕后,应及时将原始数据录入电子版试验报告妥善保存。待全部检测项目完成后一并打印纸质试验报告按照规定程序审核、签发和保存。

2.3.3 试验标准

开关柜的五防要求。

2.3.4 注意事项

(1)测试前应认真看图纸、设备说明书以熟悉该开关柜五防连锁的设置方法。

(2)测试时,操作开关不能用蛮力,防止损坏连锁机构。

2.4　主回路直流电阻测试

2.4.1　试验目的

检查主回路的直流电阻，是判断回路中的各元件如母线、开关、电流互感器是否可靠连接的重要措施。

2.4.2　操作程序

2.4.2.1　试验工序流程图(图 1-2-8)

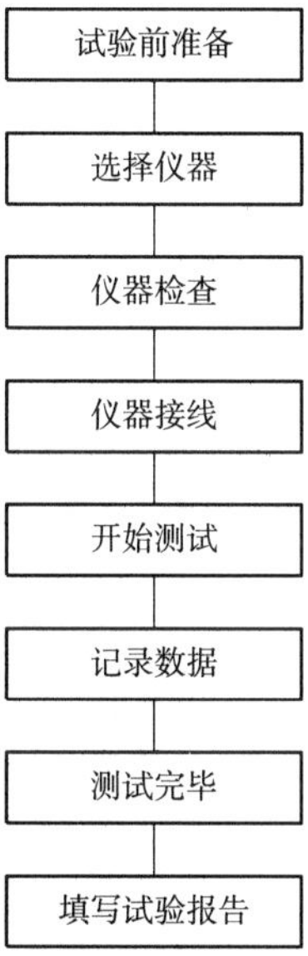

图 1-2-8　主回路直流电阻测试工艺流程

2.4.2.2　试验准备

(1)人员组织(表 1-2-7)

表 1-2-7　人员组织

序　号	项　　目	单　　位	数　　量	备　　注
1	工作负责人	人	1	全面负责
2	试验员	人	2	试验

(2)仪表、设备及材料配置(表 1-2-8)

表 1-2-8　设备及材料配置

序　号	名　　称	型　　号	技术规格	单　位	数　量	备　　注
1	直流双臂电桥	QJ44	0.001～11 Ω,0.2 级	台	1	直阻测试
2	微欧计		100 A	台	1	直阻测试
3	试验连线			条	10	
4	温湿度计			个	1	试验环境

续上表

序　号	名　称	型　号	技术规格	单　位	数　量	备　注
5	原始记录表格			份	1	记录数据
6	产品出厂试验报告			份	1	测试对比

2.4.2.3　电气数据测量

(1)试验条件

测试之前应将开关柜手车推入到运行位置并合闸。对于 GIS,应将三工位开关合于运行位,将断路器合闸后用专用的电流插头插入电缆插座。

(2)选择仪器

根据试验要求,选择微欧计进行试验。

(3)仪器检查

试验前必须对仪器做必要的检查工作,检查外观应完好无损,状态标识在有效期之内,保证仪器设备状态良好。

(4)接线

从相邻柜的电缆连接处测量每相的导电回路电阻,将高压开关柜(GIS 开关柜)断路器推入运行位合闸,将微欧计测试电压线、电流线接至相邻高压开关柜(GIS 开关柜)A 相端子处,测量 A 相主回路电阻值,测试完成依次测量 B、C 相,图 1-2-9 高压开关柜主回路直流电阻测试接线图。

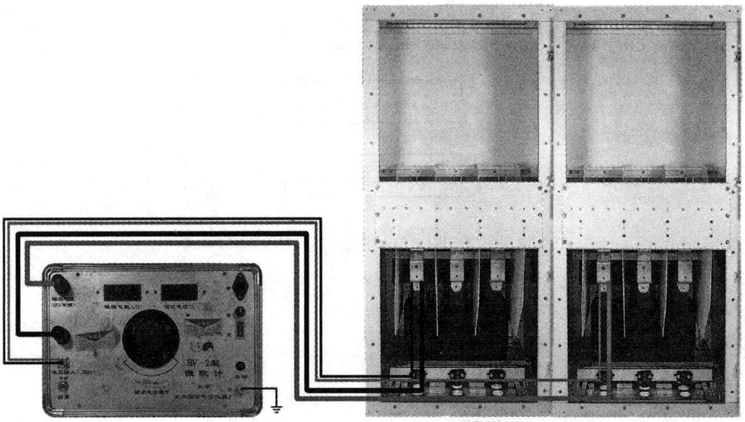

图 1-2-9　高压开关柜主回路直流电阻测试接线

(5)测试

①测量时应注意测量点的位置要相同,以保证测量数据的可比性;

②接通测试仪电源,启动“开始”按钮;

③待数值稳定后记录测试结果,电流输出为零后断开电源。

(6)记录

测试时应作详细记录。记录内容包括:试验时间、试验地点、温度、湿度、仪器型号、编号、被试设备铭牌、测试数据。记录采用专门的原始记录表格,记录测试数据时应复述,操作人确认后方可记录。

2.4.2.4　试验结束

(1)测试完毕后,工作负责人应对原始记录进行审核,内容包括:记录内容是否漏项、测试数据有效数字、单位是否正确、记录人、试验人签字是否完整;核查测试结果是否符合标准规程的要求,对于不合格项应查找原因或重测,确认设备问题后填写《试验问题通知单》。全部检查无误后,审核人应签字。

(2)如被试设备不做其他项目测试,应恢复正常运行状态。

2.4.2.5　填写试验报告

测试完毕后,应及时将原始数据录入电子版试验报告妥善保存。待全部检测项目完成后一并打印纸质试验报告按照规定程序审核、签发和保存。

2.4.3　试验标准

电阻值及测试结果应符合产品技术条件的规定。

2.4.4　注意事项

(1)接线时应用弹性较大的线夹,牢固夹在触头最近端,且用力拧线夹,以破坏线夹与断路器接触面的氧化膜,减小接触电阻。

(2)采用微欧计测试时,仪器应可靠接地,在测试过程中,不可断开测试线,以防损坏仪器。

第3章　电流互感器试验工艺

3.1　电流互感器绕组的绝缘电阻试验

3.1.1　试验目的

测量电流互感器绕组的绝缘电阻主要的目的是检查其绝缘是否有整体受潮或老化的缺陷。

3.1.2　操作程序

3.1.2.1　试验工序流程图(图1-3-1)

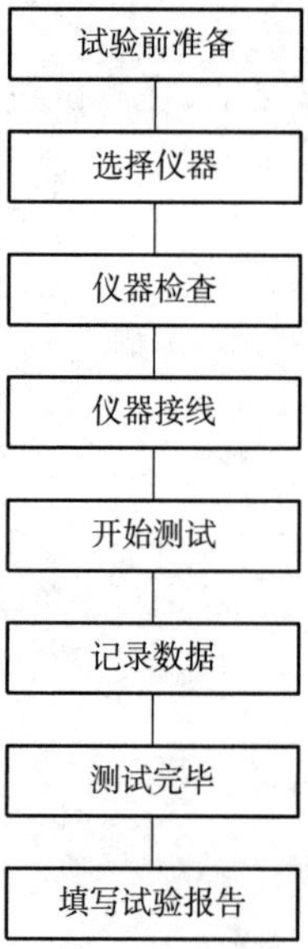

图1-3-1　电流互感器绕组绝缘电阻试验工艺流程

3.1.2.2　试验准备

(1)试验组织(表1-3-1)

表1-3-1　人员组织

序　号	项　　目	单　　位	数　　量	备　　注
1	工作负责人	人	1	全面负责
2	试验员	人	2	试验

(2)仪器、设备及材料配置(表1-3-2)

表 1-3-2　设备及材料配置

序　号	名　　称	型　　号	技术规格	单　位	数　量	备　　注
1	兆欧表	AVO	500 V/2 500 V	台	1	绝缘测试
2	试验连线			条	10	
3	细铁丝			条	10	耐压测试
4	干湿温度计			个	1	试验环境
5	原始记录表格			份	1	记录数据
6	产品出厂试验报告			份	1	测试对比

3.1.2.3　电气数据测量

(1)试验准备

电流互感器绝缘电阻应在安装就位后进行,试验前拆除相应接线并做好标记,并擦除绝缘表面脏物,对地放电 5 min,试验时应按表 1-3-1、表 1-3-2 做准备。

(2)选择仪器

电流互感器绝缘电阻测试选择测试电压可调节的兆欧表。兆欧表的测试电压应按下列规定执行:

①500 V 以下至 100 V 的互感器,采用 500 V;

②10 000 V 以下至 500 V 的互感器,采用 2 500 V;

③10 000 V 以上的互感器,采用 5 000 V。

(3)仪器检查

试验前必须对仪器做必要的检查工作,检查外观应完好无损,状态标识在有效期之内,保证仪器设备状态良好。

(4)接线

将电流互感器高压绕组侧接线端子短封,低压绕组侧接线端子全部短封并通过测试线可靠接地,兆欧表测试引线分别接到电流互感器高、低压侧,测量高压绕组对低压绕组及地的绝缘电阻值,图 1-3-2 为电流互感器高压绕组对低压绕组及地绝缘电阻测量接线图。

将电流互感器低压绕组侧接线端子全部短封,高压绕组侧接线端子全部短封并通过测试线可靠接地,兆欧表测试引线分别接到电流互感器低、高压侧,测量低压绕组对高压绕组及地的绝缘电阻值,图 1-3-3 为电流互感器低压绕组对高压绕组及地绝缘电阻测量接线图。

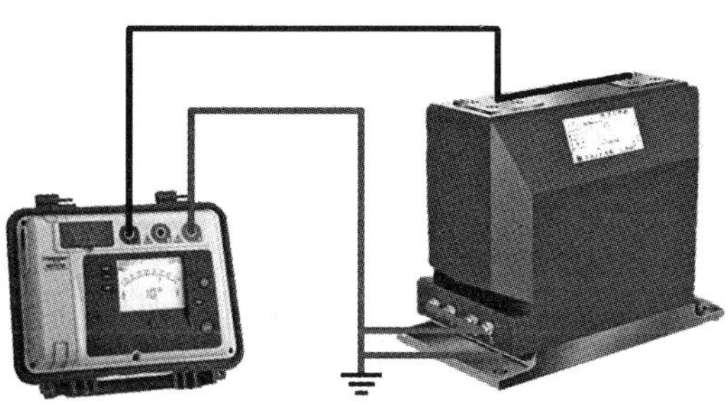

图 1-3-2　电流互感器高压绕组对低压绕组及地绝缘电阻测试接线

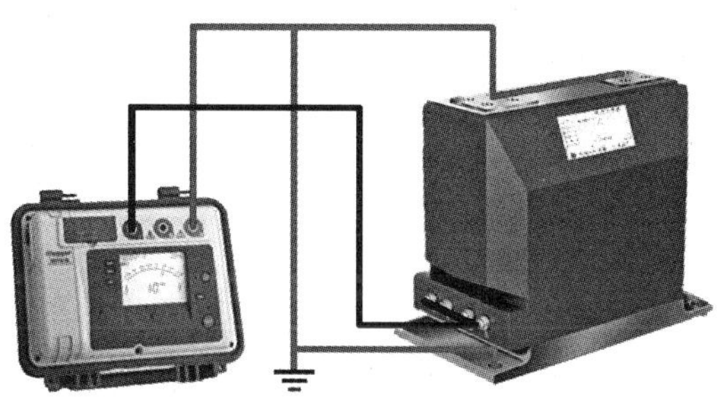

图 1-3-3　电流互感器低压绕组对高压绕组及地绝缘电阻测量接线

将电流互感器低压侧 $1S_1$、$1S_2$短封,其余二次绕组全部短封接地,测量一圈与其他二次绕组之间绝缘电阻值，测试完毕依次测量二圈、三圈等与其他二次绕组之间绝缘电阻值，图 1-3-4 为电流互感器二次绕组之间绝缘电阻测量接线图。

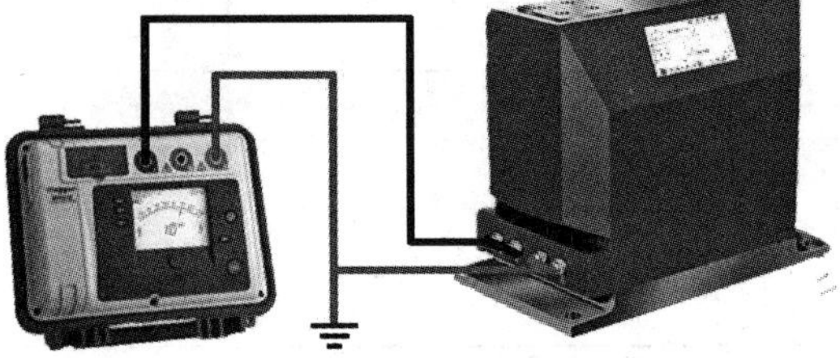

图 1-3-4　电流互感器二次绕组之间绝缘电阻测量接线

(5)测试

①进行测试前应将流互所有对外的连线拆除，一般来说，开关柜进场时已经将流互安装到柜子里，一次母线不好拆卸，试验时可带着一小段母线进行试验；如果 GIS 柜二次也不好拆卸的话，二次可以在端子排上试验，但试验时必须把端子连片打开。

②为了安全，应将兆欧表放在绝缘垫上，操作人应站在绝缘垫上，安全员负责安全防护。

③如果试验环境湿度较大泄漏较大时，可加等电位屏蔽线接于兆欧表“G”端。

④按“测试”键，60 s 时，记录绝缘电阻的数值(同时记录试验时环境温度、湿度)。

⑤读取数值后，停止测试充分放电。

⑥测试内容：一次绕组对二次绕组及外壳、各二次绕组对外壳、二次绕组之间。后两项取各次测试最低值。

(6)记录

测试时应作详细记录。记录内容包括：试验时间、试验地点、温度、湿度、仪器型号、编号、被试设备铭牌、测试数据。记录采用专门的原始记录表格，记录测试数据时应复述，操作人确认后方可记录。

3.1.2.4　试验结束

(1)试验完毕或重复试验时，必须将被试品对地充分放电至少 5 min。

(2)测试完毕后，工作负责人应对原始记录进行审核，内容包括：记录内容是否漏项、测试数据有效数字、单位是否正确、记录人、试验人签字是否完整；核查测试结果是否符合标准规程的要求，对于不合格项应查找原因或重测，确认设备问题后填写《试验问题通知单》。全部检查无误后，审核人应签字。

(3)如被试设备不做其他项目测试，应准确恢复拆除的所有外部引线，并经工作负责人确认。

3.1.2.5　填写试验报告

测试完毕后，应及时将原始数据录入电子版试验报告妥善保存。待全部检测项目完成后一并打印纸质试验报告按照规定程序审核、签发和保存。

3.1.3　试验标准

(1)测量一次绕组对二次绕组及外壳、各二次绕组间及其对外壳的绝缘电阻；绝缘电阻值不宜低于 1 000 MΩ。

(2)35 kV 电流互感器的绝缘电阻测量值与产品出厂试验值比较，应无明显差别。

3.1.4　注意事项

(1)测试前要对被测设备进行放电和污垢处理，残余电荷和被测设备表面的脏污都会影响被测电阻值的偏大或偏小，引起测得的绝缘电阻不准确。

(2)根据测量的设备选好兆欧表的电压等级。

(3)绝缘测量时一定要拆除与被测设备相连的连接线，防止高压串到其他设备上造成设备损坏和人员伤害。

(4)绝缘电阻测完后要对被测设备进行放电，防止被测设备残存电压造成人员伤害。

3.2　电流互感器绕组的直流电阻试验

3.2.1　试验目的

为了判断电流互感器绕组接头有无接触不良等现象，需要测量绕组的直流电阻。

3.2.2　操作程序

3.2.2.1　试验工序流程图(图 1-3-5)

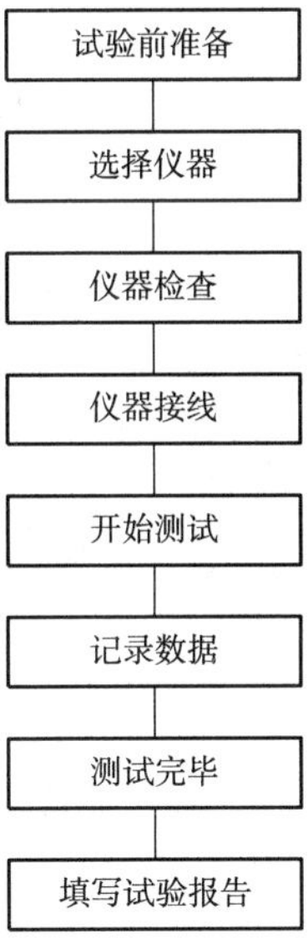

图 1-3-5　电流互感器绕组直流电阻试验工艺流程

3.2.2.2　试验准备

(1)试验组织(表 1-3-3)

表 1-3-3　人员组织

序　号	项　　目	单　　位	数　　量	备　　注
1	工作负责人	人	1	全面负责
2	试验员	人	2	试验

（2）仪器、设备及材料配置（表 1-3-4）

表 1-3-4 设备及材料配置

序 号	名 称	型 号	技术规格	单 位	数 量	备 注
1	直流双臂电桥	QJ44	0.001～11 Ω,0.2 级	台	1	直阻测试
2	试验连线			条	10	
3	干湿温度计			个	1	试验环境
4	原始记录表格			份	1	记录数据
5	产品出厂试验报告			份	1	测试对比

3.2.2.3 电气数据测量

（1）试验条件

试验前拆除相应接线并做好标记，试验时应按表 1-3-3、表 1-3-4 做准备。

（2）选择仪器

直流双臂电桥（QJ44），温湿度计。

（3）仪器检查

试验前必须对仪器做必要的检查工作，检查外观应完好无损，状态标识在有效期之内，保证仪器设备状态良好。

（4）接线

将直流双臂电桥测试端子 C_1、P_1 和 C_2、P_2 分别接至电流互感器一次侧 P_1、P_2 端子上，测量一次侧直流电阻值，图 1-3-6 为电流互感器一次绕组直流电阻测量接线图。

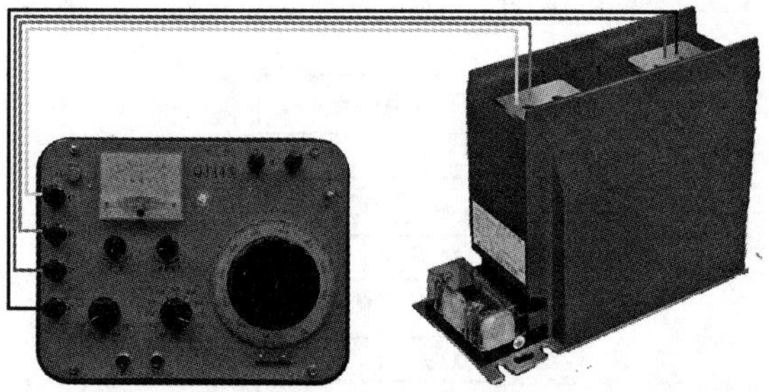

图 1-3-6 电流互感器一次绕组直流电阻测量接线

将直流双臂电桥测试端子 C_1、P_1 和 C_2、P_2 分别接至电流互感器二次侧 $1S_1$、$1S_2$ 端子上，依次测量二次侧直流电阻值，图 1-3-7 为电流互感器二次绕组直流电阻测量接线图。

图 1-3-7 电流互感器二次绕组直流电阻测量接线

(5)测试

由一名试验员操作仪器,另一名负责记录。

双臂电桥操作方法

①首先将检流计指针机械调整到零位。

②将“电源选择”开关置于相应位置,将检流计指针调到“0”位(电位调整零位)。

③估计被测电阻值大小,选择适当倍率位置,先按“B”钮,再接“G”钮测量,此时若检流计指针偏转幅度很大,应调整检测值,反复开、断“G”钮测量直至电桥平衡检流计指向零位。

④在测试过程中,双臂电桥的灵敏度旋钮应逐步调到最大位置,双臂电桥细调依靠滑线盘进行调整。

⑤当检流计调整到零位则被测电阻值应为:双臂电桥 R_x=倍率×(步进读数+滑线盘读数)

⑥测量完毕后,应先断开“G”按钮,然后断开“B”按钮。

(6)记录

测试时应作详细记录。记录内容包括:试验时间、试验地点、温度、湿度、仪器型号、编号、被试设备铭牌、测试数据。记录采用专门的原始记录表格,记录测试数据时应复述,操作人确认后方可记录。

3.2.2.4　试验结束

(1)测试完毕后,工作负责人应对原始记录进行审核,内容包括:记录内容是否漏项、测试数据有效数字、单位是否正确、记录人、试验人签字是否完整;核查测试结果是否符合标准规程的要求,对于不合格项应查找原因或重测,确认设备问题后填写《试验问题通知单》。全部检查无误后,审核人应签字。

(2)如被试设备不做其他项目测试,应准确恢复拆除的所有外部引线,并经工作负责人确认。

3.2.2.5　填写试验报告

测试完毕后,应及时将原始数据录入电子版试验报告妥善保存。待全部检测项目完成后一并打印纸质试验报告按照规定程序审核、签发和保存。

3.2.3　试验标准

电流互感器一次绕组的直流电阻值,同型号、同规格、同批次电流互感器绕组的直流电阻和平均值的差异不宜大于10%。当有怀疑时,应提高施加的测量电流,测量电流(直流值)不宜超过额定电流(方均根值)的50%。

3.2.4　注意事项

(1)测试前断开流互设备的外部连线,双臂电桥测试前一定要调零。

(2)测试时先按下电池“B”按钮,然后按“G”按钮,测试完后先松开“G”按钮,再松开“B”按钮。

(3)测试完后认真检查对比测试结果,对于不符合的流互应再次重复进行测试判断,并做好记录。

(4)测试完毕后,将电桥灵敏度调到最小,将检流计短路,关闭电源开关,长期不用,应将电池取出。

3.3　电流互感器伏安特性试验

3.3.1　试验目的

电流互感器励磁特性试验的目的是通过鉴别磁化曲线的饱和程度(只对继电保护有要求的二次绕组进行),以判别电流互感器的绕组有无匝间短路等缺陷。

3.3.2　操作程序

3.3.2.1　试验流程图(图 1-3-8)

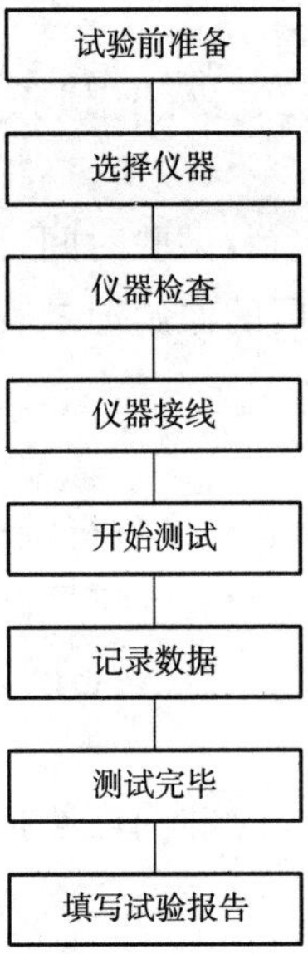

图 1-3-8　电流互感器伏安特性试验工艺流程

3.3.2.2　试验准备

(1)试验组织(表 1-3-5)

表 1-3-5　人员组织

序　号	项　　目	单　　位	数　　量	备　　注
1	工作负责人	人	1	全面负责
2	试验员	人	2	试验

(2)仪器、设备及材料配置(表 1-3-6)

表 1-3-6　设备及材料配置

序　号	名　　称	型　　号	技术规格	单　位	数　量	备　　注
1	互感器特性测试仪	SR/CTP		台	1	流互特性
2	试验连线			条	10	
3	干湿温度计			个	1	试验环境

续上表

序　号	名　　称	型　　号	技术规格	单　位	数　量	备　　注
4	绝缘垫			块	1	绝缘
5	原始记录表格			份	1	记录数据
6	产品出厂试验报告			份	1	测试对比

3.3.2.3　电气数据测量

(1)试验条件

该项试验应在被试物安装就位后进行,试验前拆除相应接线并做好标记,试验准备按表 1-3-5、表 1-3-6 进行。

(2)选择仪器

根据试验要求,选择 CT 综合特性测试仪。

(3)仪器检查

试验前必须对仪器做必要的检查工作,检查外观应完好无损,状态标识在有效期之内,保证仪器设备状态良好。

(4)接线

将互感器特性测试仪测试接线接至电流互感器保护圈端子上,其余二次端子短封接地,按标准规定的励磁特性测量点测量保护圈励磁特性曲线,依次进行,图 1-3-9 为 CT 伏安特性测试接线图。

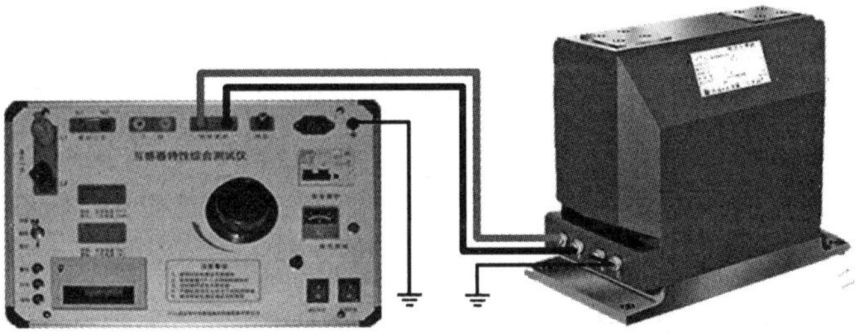

图 1-3-9　CT 伏安特性测试接线

(5)测试

①根据互感器铭牌上的参数以及实际测量出的绕组的电阻数值由下列公式计算出极限电动势 E_1。

$$E_1 = ALF \times I_{2n} \times \sqrt{(R_{ct}+R_2)^2+(X_{ct}+X_2)^2} \qquad (式 1\text{-}3\text{-}1)$$

式中 ALF——准确限值系数;

I_{2n}——额定二次电流,单位为安(A);

R_{ct}——二次绕组电阻,单位欧(Ω);

X_{ct}——二次绕组漏电抗(可按 0.1 Ω 估算),单位为欧(Ω);

R_2——额定输出对应负荷的有功分量,单位为欧(Ω);

X_2——额定输出对应负荷的无功分量,单位为欧(Ω)。

②试验接线完毕后,经工作负责人确认无误后方可调压。

③测量出对应 $0.6E_1$、$0.7E_1$、$0.8E_1$、$0.9E_1$、$1.0E_1$、$1.1E_1$ 下的励磁电流。

④判断测量的结果是否满足设计要求。例如二次额定电流为 1 A 的 10P20 的电流互感器，在二次绕组施加 1.0E_1时所测量得到的励磁电流 $I_0>0.1\times20\times1=2$ A 时，则判断该绕组的准确限值系数不合格。

(6)记录

测试时应作详细记录。记录内容包括：试验时间、试验地点、温度、湿度、仪器型号、编号、被试设备铭牌、测试数据。记录采用专门的原始记录表格，记录测试数据时应复述，操作人确认后方可记录。

3.3.2.4 试验结束

(1)测试完毕后，工作负责人应对原始记录进行审核，内容包括：记录内容是否漏项、测试数据有效数字、单位是否正确、记录人、试验人签字是否完整；核查测试结果是否符合标准规程的要求，对于不合格项应查找原因或重测，确认设备问题后填写《试验问题通知单》。全部检查无误后，审核人应签字。

(2)如被试设备不做其他项目测试，应准确恢复拆除的所有外部引线，并经工作负责人确认。

3.3.2.5 填写试验报告

测试完毕后，应及时将原始数据录入电子版试验报告妥善保存。待全部检测项目完成后一并打印纸质试验报告按照规定程序审核、签发和保存。

3.3.3 试验标准

(1)当继电保护对电流互感器的励磁特性有要求时，应进行励磁特性曲线测量。

(2)当电流互感器为多抽头时，应测量当前拟使用的抽头或最大变比的抽头。测量后应核对是否符合产品技术条件要求。

(3)当励磁特性测量时施加的电压高于绕组允许值(电压峰值 4.5 kV)，应降低试验电源频率。

(4)同型式电流互感器特性相互比较，应无明显差别。

3.3.4 注意事项

(1)测试前断开流互二次与其他保护装置的连接回路。

(2)升压过程中，中途不要下降，平稳上升。应两个人配合，一个人监视电流表，一人读取电压值。如果互感器二次接线没有完全断开，特别是接地端没有断开，注意试验电源零火线应仔细检查，应严格按照试验接线图接线和核对电源极性，防止合闸瞬间烧毁仪表。

3.4 电流互感器的变比和极性试验

3.4.1 试验目的

电流互感器的变比和极性要求检查结果要与铭牌和技术条件相符，防止电流互感器的变比和极性错误会使计量仪表指示错误和使带有方向性的继电保护误动作。

3.4.2　操作程序

3.4.2.1　试验工序流程图(图 1-3-10)

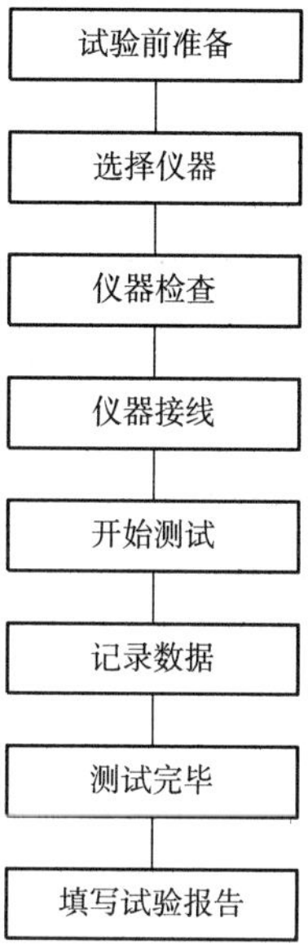

图 1-3-10　电流互感器变比和极性试验工艺流程

3.4.2.2　试验准备

(1)试验组织(表 1-3-7)

表 1-3-7　人员组织

序　号	项　　目	单　　位	数　　量	备　　注
1	工作负责人	人	1	全面负责
2	试验员	人	2	试验

(2)仪器、设备及材料配置(表 1-3-8)

表 1-3-8　设备及材料配置

序　号	名　　称	型　　号	单　位	数　量	备　　注
1	互感器特性测试仪	SR/CTP	台	1	流互特性
2	试验连线		条	10	
3	干湿温度计		个	1	试验环境
4	原始记录表格		份	1	记录数据
5	产品出厂试验报告		份	1	测试对比

3.4.2.3　电气数据测量

(1)试验条件

该项试验应在被试物安装就位后进行，试验前拆除相应接线并做好标记，试验准备按表 1-3-7、表 1-3-8 准备。

(2)选择仪器

选用 CT 综合测试仪。

(3)仪器检查

试验前必须对仪器做必要的检查工作，检查外观应完好无损，状态标识在有效期之内，保证仪器设备状态良好。

(4)接线

将互感器特性测试仪一次、二次测试端分别接至电流互感器 P_1P_2 和 $1S_11S_2$ 端子上，其余二次绕组短封接地，测量一圈变比和极性是否与设计、出厂要求相符，测试完毕依次测量剩余绕组是否正确，图 1-3-11 为电流互感器变比、极性测试接线图。

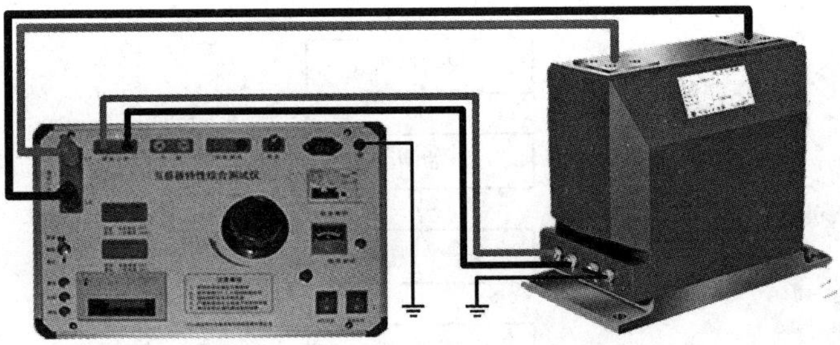

图 1-3-11　电流互感器变比、极性测试接线

(5)测试

①对于电流互感器的极性采用 CT 综合测试仪进行检查(也可以用电池点极性等其他有效方法，此处着重介绍 CT 综合测试仪测极性方法)：将测试仪面板上的转换开关打到极性处，按下右侧的红色测试按钮，若检流计指针右偏则为减极性，左偏则为加极性。

②电流互感器的变比测试用 CT 综合测试仪在互感器的一次侧施加电流，在面板上一次电流表处读取一次电流 I_1，在二次电流表读取二次电流 I_2，记录测量的一次值和二次值。

③降电流至零，切断电源，进行计算核对变比误差计算：

$$K=I_1/I_2 \tag{1-3-2}$$

$$\Delta K\%=(K-K_N)/K_N\times 100\% \tag{1-3-3}$$

式中　K——实测变比；

K_N——额定变比；

$\Delta K\%$——变比误差。

(6)记录

测试时应作详细记录。记录内容包括：试验时间、试验地点、温度、湿度、仪器型号、编号、被试设备铭牌、测试数据。记录采用专门的原始记录表格，记录测试数据时应复述，操作人确认后方可记录。

3.4.2.4　试验结束

(1)测试完毕后，工作负责人应对原始记录进行审核，内容包括：记录内容是否漏项、测试数据有效数字、单位是否正确、记录人、试验人签字是否完整；核查测试结果是否符合标准规程的要求，对于不合格项应查找原因或重测，确认设备问题后填写《试验问题通知单》。全部检查无误后，审核人应签字。

(2)如被试设备不做其他项目测试，应准确恢复拆除的所有外部引线，并经工作负责人确认。

3.4.2.5　填写试验报告

测试完毕后，应及时将原始数据录入电子版试验报告妥善保存。待全部检测项目完成后一并打印纸质试验报告按照规定程序审核、签发和保存。

3.4.3　试验标准

(1)检查互感器变比，应与制造厂铭牌值相符，对多抽头的互感器，可只检查使用分接头的变比。

(2)检查互感器的三相接线组别和单相互感器引出线的极性，必须符合设计要求，并与铭牌上的标记和外壳上的符号相符。

3.4.4　注意事项

(1)电流互感器变比测试中应将其他待测二次线圈短封，防止电流互感器二次在测试过程中开路产生高电压。

(2)电流互感器极性测试时注意 P_1P_2 和 S_1S_2 的方向，测试结果应与铭牌标记和设计要求相符。

3.5　电流互感器交流耐压试验

3.5.1　试验目的

主要考核电流互感器一次绕组的绝缘，从而检验出由于电流互感器中电磁线圈质量不良造成的绝缘方面的缺陷以及是否有整体受潮或老化的缺陷。

3.5.2　操作程序

3.5.2.1　试验工序流程图(图 1-3-12)

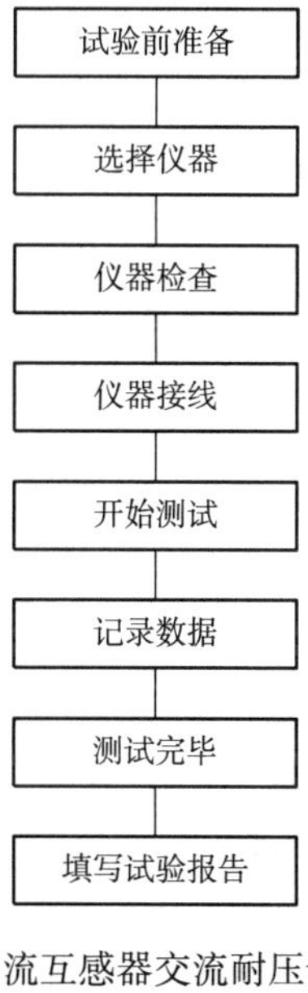

图 1-3-12　电流互感器交流耐压试验工艺流程

3.5.2.2　试验准备

(1)试验组织(表 1-3-9)

表 1-3-9　人员组织

序　号	项　　目	单　　位	数　　量	备　　注
1	工作负责人	人	1	全面负责
2	试验员	人	2	试验

(2)仪器、设备及材料配置(表 1-3-10)

表 1-3-10　设备及材料配置

序　号	名　　称	型　　号	技术规格	单　位	数　量	备　　注
1	干式试验变压器	BDYD	10 kV·A/100 kV	套	1	耐压测试
2	试验变压器控制箱	BDYD	0～200 V/30 A	套	1	耐压测试
3	耐压测试仪		0～5 000 V	台	1	耐压测试
4	试验连线			条	10	
5	细铁丝			条	10	耐压测试
6	干湿温度计			个	1	试验环境
7	绝缘垫			块	1	绝缘
8	原始记录表格			份	1	记录数据
9	产品出厂试验报告			份	1	测试对比

3.5.2.3　电气数据测量

(1)试验条件

该项试验应在其他试验完成后进行,试验现场应有稳定的电源和良好的接地点。试验准备按表 1-3-9、表 1-3-10 进行。该项试验属于破坏性高压试验,试验前应做好安全防护,设置防护围栏,围栏上应悬挂“止步,高压危险!”标志牌。

(2)选择仪器

选用交流耐压试验仪器的基本原则:应根据试品的电压等级要求进行选择,5 000 V 以上应选用试验变压器,5 000 V 及以下选用耐压测试仪。

(3)仪器检查

试验前必须对仪器做必要的检查工作,检查外观应完好无损,状态标识在有效期之内,保证仪器设备状态良好。

(4)接线

接线前应拆除被试设备的外部连线。用专用地线作良好接地,并接好放电棒。经工作负责人确认方可开始试验。

将电流互感器一次绕组侧接线端子短封,二次绕组侧接线端子全部短封并通过测试线可靠接地,试验变压器与操作箱按说明书接线,将试验变压器高压测试引线接到电流互感器一次侧,图 1-3-13 为变压器高压绕组交流耐压试验接线图。

将电流互感器二次侧绕组 $1S_1$、$1S_2$ 短封,其余二次绕组全部短封接地将耐压测试线两端分别接至 $1S_1$、$1S_2$ 和其余绕组端子处,进行二次绕组一圈的交流耐压试验,测试完毕依次测量二圈、三圈等,图 1-3-14 为电流互感器低压绕组交流耐压试验接线图。

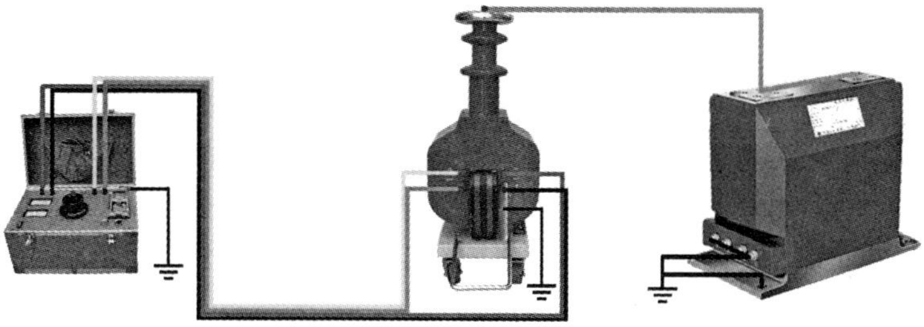

图 1-3-13　电流互感器高压绕组交流耐压试验接线

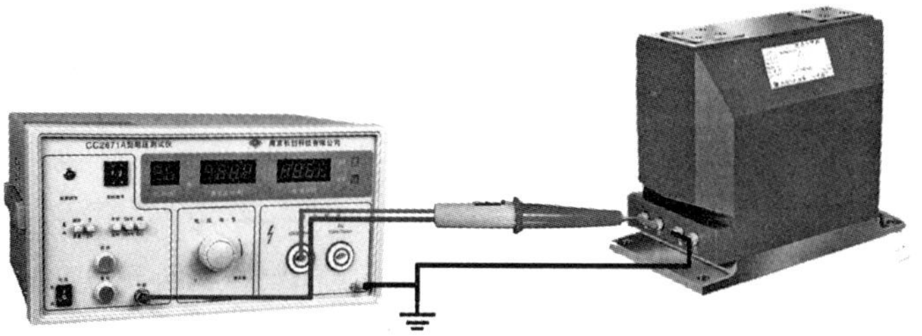

图 1-3-14　电流互感器低压绕组交流耐压试验接线

(5)测试

①操作人员应站在绝缘垫上操作,或穿绝缘靴、戴绝缘手套操作。

②连接试品,检查调压器是否在零位,零位开关是否正常。

③接通电源后,试验负责人发出“将要合闸”命令,其他人员推行护卫栏以外,指定操作人员合上闸刀开关,开机,操作者一只手应放在开关板旁边,另一手调整调压器旋钮升压,施加电压时应从足够低的数值开始,以防止瞬变过程引起过电压的影响,然后应缓慢地升高电压以便能在仪表上能准确读数,但也不能太慢,以免试品在接近试验电压 U 时耐压的时间过长。当电压升高至 $75\%U$ 时以每秒 $2\%U$ 的速度上升即可满足要求。升到试验电压 U 后开始计时(一般要求 1 min),时间到后,迅速均匀地降压但不能突然分断电源以免产生操作过电压而导致设备损坏或得到不确定的试验结果。调压器旋回零位后,断开电源。试验过程中,其他试验人员应站在安全地带注意被试设备有无异常声音和弧光,如有异常现象,应高声呼喊“降压”,操作人应立即停止试验查找原因。

④试验完毕,充分放电,并将放电棒挂在高压输出端,才可宣布“高压已断开”。可进行换线连接,准备下一次试验。

(6)记录

测试时应作详细记录。记录内容包括:试验时间、试验地点、温度、湿度、仪器型号、编号、被试设备铭牌、测试数据。记录采用专门的原始记录表格,记录测试数据时应复述,操作人确认后方可记录。测试数据包括:试验电压、持续时间、试验结果。

3.5.2.4　试验结束

(1)测试完毕后,工作负责人应对原始记录进行审核,内容包括:记录内容是否漏项、测试数据有效数字、单位是否正确、记录人、试验人签字是否完整;核查测试结果是否符合标准规程的要求,对于不合格项应查找原因或重测,确认设备问题后填写《试验问题通知单》。全部检查无误后,审核人应签字。

(2)如被试设备不做其他项目测试,应准确恢复拆除的所有外部引线,并经工作负责人确认。

3.5.2.5 填写试验报告

测试完毕后,应及时将原始数据录入电子版试验报告妥善保存。待全部检测项目完成后一并打印纸质试验报告按照规定程序审核、签发和保存。

3.5.3 试验标准

(1)电流互感器应进行一次绕组对外壳的工频交流耐压试验和二次绕组之间及其对外壳的工频交流耐压试验,试验电压见表 1-3-11。

表 1-3-11 电流互感器交流耐压试验电压标准(kV)

额定电压		10	35
1 min 工频耐受电压有效值(湿式/干式)	出厂	30/42	80/95
	交接	24/33	64/76

(2)二次绕组间及其对箱体(接地)的工频耐压试验电压标准应为 2 kV,可用 2 500 V 兆欧表测量绝缘电阻试验替代。

3.5.4 注意事项

(1)测试前拆除所有与电流互感器连接的外部连线,不具备条件时可以连同母线一起试验,确认带电区域,防止高压送到其他设备造成设备损害和危及人员安全。

(2)测试前确认安全范围,拉好安全警戒带,挂好警戒标牌"高压危险"。并派专人防护以防其他人员误入高压区。

(3)测试过程中测试人员应穿好绝缘靴,戴好绝缘手套,站在绝缘垫上进行。电流互感器耐压测试时二次应短封接地,测试过程中精力集中,发现有异常情况赶紧切断电源。放电后再检查原因。

第 4 章　电压互感器试验工艺

4.1　电压互感器绕组的绝缘电阻试验

4.1.1　试验目的

测量电压互感器绕组绝缘电阻的主要目的是检查其绝缘是否有整体受潮或老化的缺陷。

4.1.2　操作程序

4.1.2.1　试验工序流程图(图 1-4-1)

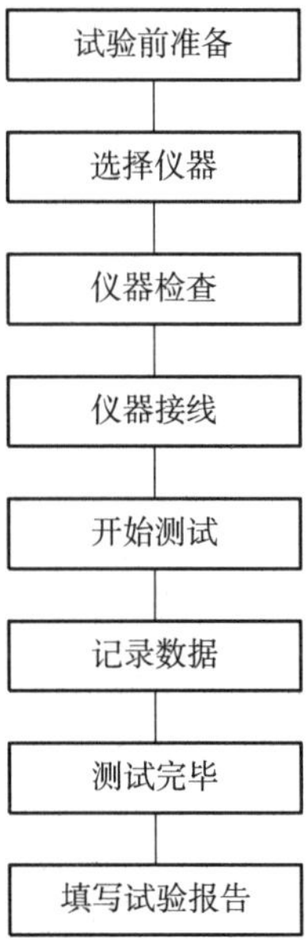

图 1-4-1　电压互感器绕组绝缘电阻试验工艺流程

4.1.2.2　试验准备

(1)试验组织(表 1-4-1)

表 1-4-1　人员组织

序　号	项　　目	单　　位	数　　量	备　　注
1	工作负责人	人	1	全面负责
2	试验员	人	2	试验

(2)仪器、设备及材料配置(表 1-4-2)

表 1-4-2　设备及材料配置

序　号	名　　称	型　　号	技术规格	单　位	数　量	备　　注
1	兆欧表	AVO	500 V/5 000 V	台	1	绝缘测试
2	试验连线			条	10	
3	细铁线			m	10	短封
4	原始记录表格			份	1	记录数据
5	产品出厂试验报告			份	1	数据对比

4.1.2.3　电气数据测量

(1)试验条件

电压互感器绝缘电阻应在安装就位后进行,试验前将电压互感器小车拉出高压柜外,打开二次接线盒,拆除相应接线并做好标记,并擦除绝缘表面脏物,对地放电 5 min,试验时应按表 1-4-1、表 1-4-2 做准备。

(2)选择仪器

电气设备绝缘电阻测试选择测试电压可调节的兆欧表。兆欧表的测试电压应按下列规定执行:

①500 V 以下至 100 V 的电压互感器,采用 500 V;

②10 000 V 以下至 500 V 的电压互感器,采用 2 500 V;

③10 000 V 以上的电压互感器,采用 5 000 V。

(3)仪器检查

试验前必须对仪器做必要的检查工作,检查外观应完好无损,状态标识在有效期之内,保证仪器设备状态良好。

(4)接线

将电压互感器高压绕组侧接线端子短封,低压绕组侧接线端子全部短封并通过测试线可靠接地,兆欧表测试引线分别接到电压互感器高、低压侧,测量高压绕组对低压绕组及地的绝缘电阻值,图 1-4-2 为电压互感器绕组绝缘电阻高对低及地测量接线图。

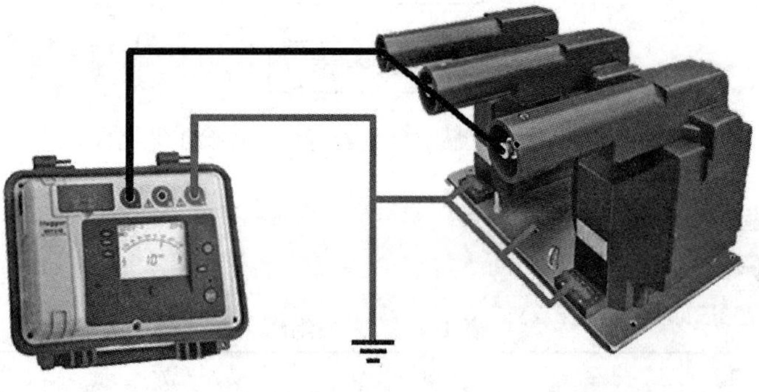

图 1-4-2　电压互感器绕组绝缘电阻高对低及地测量接线

将电压互感器低压绕组侧接线端子全部短封,高压绕组侧接线端子全部短封并通过测试线可靠接地,兆欧表测试引线分别接到电压互感器低、高压侧,测量低压绕组对高压绕组及地的绝缘电阻值,图 1-4-3 为电压互感器绕组绝缘电阻低对高及地测量接线图。

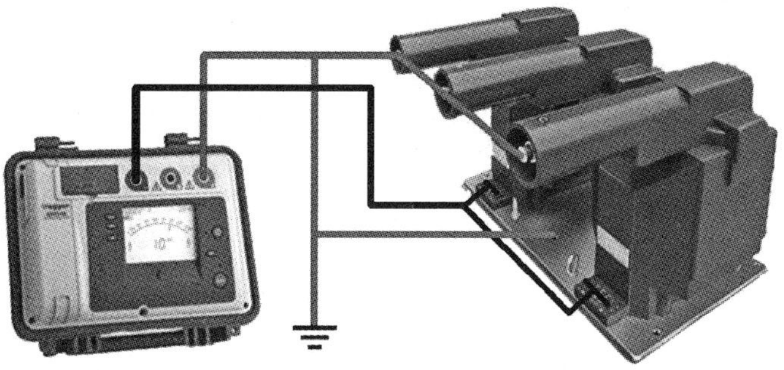

图 1-4-3　电压互感器绕组绝缘电阻低对高及地测量接线

(5)测试

①为了安全,应将兆欧表放在绝缘垫上,操作人应站在绝缘垫上,工作负责人负责安全防护。

②如果试验环境湿度较大泄漏较大时,可加等电位屏蔽线接于兆欧表“G”端。

③按“测试”键,60 s 时,记录绝缘电阻的数值(同时记录试验时环境温度、湿度)。

④读取数值后,停止测试充分放电。

⑤测试内容:一次绕组对二次绕组及外壳、各二次绕组对外壳、二次绕组之间。后两项取各次测试最低值。

(6)记录

测试时应作详细记录。记录内容包括:试验时间、试验地点、温度、湿度、仪器型号、编号、被试设备铭牌、测试数据。记录采用专门的原始记录表格,记录测试数据时应复述,操作人确认后方可记录。

4.1.2.4　试验结束

(1)试验完毕或重复试验时,必须将被试品对地充分放电至少 5 min。

(2)测试完毕后,工作负责人应对原始记录进行审核,内容包括:记录内容是否漏项、测试数据有效数字、单位是否正确、记录人、试验人签字是否完整;核查测试结果是否符合标准规程的要求,对于不合格项应查找原因或重测,确认设备问题后填写《试验问题通知单》。全部检查无误后,审核人应签字。

(3)如被试设备不做其他项目测试,应准确恢复拆除的所有外部引线,并经工作负责人确认。

4.1.2.5　填写试验报告

测试完毕后,应及时将原始数据录入电子版试验报告妥善保存。待全部检测项目完成后一并打印纸质试验报告按照规定程序审核、签发和保存。

4.1.3　试验标准

(1)测量一次绕组对二次绕组及外壳、各二次绕组间及其对外壳的绝缘电阻;绝缘电阻值不宜低于 1 000 MΩ。

(2)35 kV 及以上的电压互感器的绝缘电阻与产品出厂试验值比较,应无明显差别。

4.1.4　注意事项

(1)测试前要对被测设备进行放电和污垢处理,残余电荷和被测设备表面的脏污都会影响被测电阻值的偏大或偏小，引起测得的绝缘电阻不准确。

(2)根据测量的设备选好兆欧表的测量电压。

(3)绝缘测量时一定要拆除与被测设备相连的连接线，防止高压串到其他设备上造成设备损坏和人员伤害，测试时电压互感器一次和二次都要分别短封接地。

(4)绝缘电阻测完后要对被测设备进行放电，防止被测设备残存电压造成人员伤害。

4.2　电压互感器绕组的直流电阻试验

4.2.1　试验目的

测量高压绕组的直流电阻，主要是检查高压绕组是否有断线、短路或严重不良、接头松脱等缺陷。

4.2.2　操作程序

4.2.2.1　试验工序流程图(图 1-4-4)

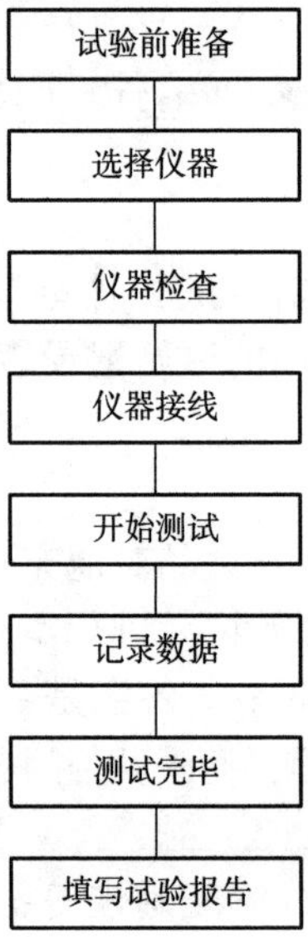

图 1-4-4　电压互感器绕组直流电阻试验工艺流程

4.2.2.2　试验准备

(1)试验组织(表 1-4-3)

表 1-4-3　人员组织

序　号	项　　目	单　　位	数　　量	备　　注
1	工作负责人	人	1	全面负责
2	试验员	人	2	试验

(2)仪器、设备及材料配置(表 1-4-4)

表 1-4-4　设备及材料配置

序　号	名　　称	型　　号	技术规格	单　位	数　量	备　　注
1	直流单臂电桥	QJ23	10～9 999 Ω,0.2 级	台	1	直阻测试
2	试验连线			条	10	
3	原始记录表格			份	1	记录数据
4	产品出厂试验报告			份	1	数据对比

4.2.2.3　电气数据测量

(1)试验条件

试验时应按表 1-4-3、表 1-4-4 做准备。

(2)选择仪器

直流单臂电桥(QJ23),温湿度计。

(3)仪器检查

试验前必须对仪器做必要的检查工作,检查外观应完好无损,状态标识在有效期之内,保证仪器设备状态良好。

(4)接线

接线前应拆除被试设备的外部连线,拆前应做好标记,防止错误恢复。将直流单臂电桥测量端依次接至电压互感器高压侧 AB、BC、AC 两端,分别测量一次绕组的直流电阻值,图 1-4-5 为 QJ23 电桥测量电压互感器一次线圈直流电阻接线图。

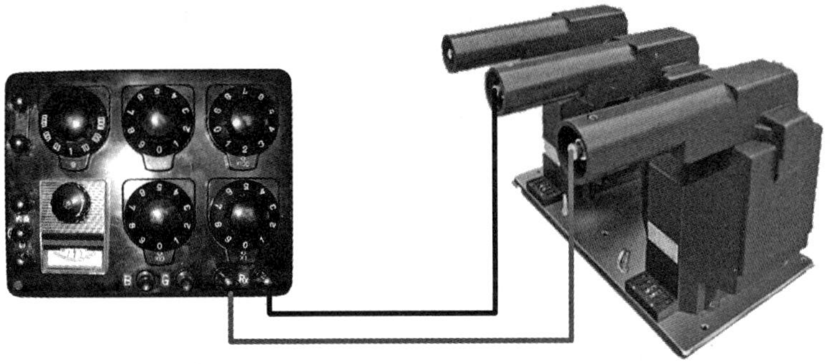

图 1-4-5　QJ23 电桥测量电压互感器一次线圈直流电阻接线

(5)测试

由一名试验员操作仪器,另一名负责记录。单臂电桥操作方法如下:

①首先将检流计指针机械调整到零位。

②将“电源选择”开关置于相应位置,将检流计指针调到“0”位(电位调整零位)。

③估计被测电阻值大小,选择适当倍率位置,先按“B”钮,再接“G”钮测量,此时若检流计指针偏转幅度很大,应调整检测值,反复开、断“G”钮测量直至电桥平衡检流计指向零位。

④在测试过程中,单臂电桥的灵敏度旋钮应逐步调到最大位置,单臂电桥细调依靠滑线盘进行调整。

⑤当检流计调整到零位则被测电阻值应为：

$$单臂电桥\ R_x = 倍率 \times 读数盘之和$$

⑥测量完毕时，应先断开“G”钮，后断开“B”钮。

(6)记录

测试时应作详细记录。记录内容包括：试验时间、试验地点、温度、湿度、仪器型号、编号、被试设备铭牌、测试数据。记录采用专门的原始记录表格，记录测试数据时应复述，操作人确认后方可记录。

4.2.2.4　试验结束

(1)测试完毕后，工作负责人应对原始记录进行审核，内容包括：记录内容是否漏项、测试数据有效数字、单位是否正确、记录人、试验人签字是否完整；核查测试结果是否符合标准规程的要求，对于不合格项应查找原因或重测，确认设备问题后填写《试验问题通知单》。全部检查无误后，审核人应签字。

(2)如被试设备不做其他项目测试，应准确恢复拆除的所有外部引线，并经工作负责人确认。

4.2.2.5　填写试验报告

测试完毕后，应及时将原始数据录入电子版试验报告妥善保存。待全部检测项目完成后一并打印纸质试验报告按照规定程序审核、签发和保存。

4.2.3　试验标准

电压互感器一次绕组的直流电阻值，与产品出厂值比较或同批相同型号产品的测得值相比，应无明显差别。

一次绕组直流电阻测试值，与换算到同一温度下的出厂值比较，相差不宜大于10%。二次绕组直流电阻测量值，与换算到同一温度下的出厂值比较，相差不宜大于15%。

4.2.4　注意事项

(1)测试前断开电压互感器设备的外部连线，双臂电桥测试前一定要调零。

(2)测试时先按下电池“B”按钮，然后按“G”按钮，测试完后先松开“G”按钮，再松开“B”按钮。

(3)测试完后认真检查对比测试结果，对于不符合的电压互感器应再次重复进行测试判断，并做好记录。

4.3　电压互感器变比、极性测试试验

4.3.1　试验目的

电压互感器的变比、极性检查要求结果要与设备名牌相符，以保证正确的电压变换，检查电压互感器变比，可判断电压互感器是否存在匝间短路。

4.3.2　操作程序

4.3.2.1　试验工序流程图(图 1-4-6)

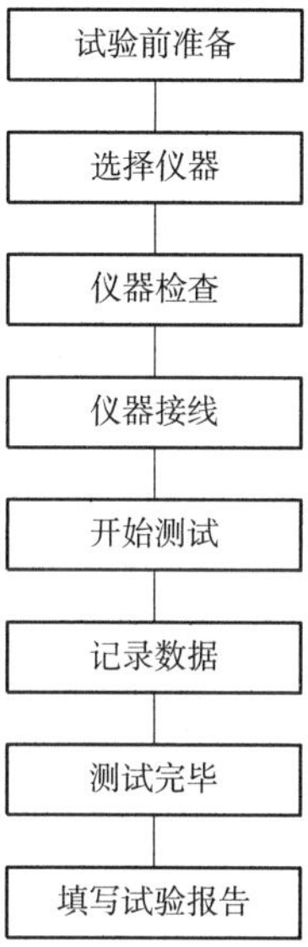

图 1-4-6　电压互感器变比、极性试验工艺流程

4.3.2.2　试验准备

(1)试验组织(表 1-4-5)

表 1-4-5　人员组织

序　号	项　　目	单　　位	数　　量	备　　注
1	工作负责人	人	1	全面负责
2	试验员	人	2	试验

(2)仪器、设备及材料配置(表 1-4-6)

表 1-4-6　设备及材料配置

序　号	名　　称	型　　号	技术规格	单　位	数　量	备　　注
1	全自动变比电桥	SR2000	1～2 000,0.05 级	台	1	变比测试
2	万用表	F187		台	2	
3	试验连线			条	10	
4	原始记录表格			份	1	记录数据
5	产品出厂试验报告			份	1	数据对比

4.3.2.3　电气数据测量

(1)试验条件

变比试验应在被试物安装就位后进行,试验前拆除相应接线并做好标记,试验时应按表 1-4-5、表 1-4-6 做准备,试验现场应有稳定的交流电源和良好的接地点。

(2)选择仪器

采用全自动变比电桥测试。

(3)仪器检查

试验前必须对仪器做必要的检查工作，首先检查外观应完好无损，状态标识在有效期之内，然后作通电检查，保证仪器设备状态良好：对于变比测试仪，开机后机器开始自检，将 A-a、B-b、C-c 短接，设变比＝1、组别“00”，测试误差应为 0。

(4)接线

将变比电桥高、低压测试接线接至电压互感器一次侧 AB 和二次侧 ab，测量变比误差和极性，完毕后测量一次侧 BC 和二次侧 bc 的变比误差和极性是否符合，图 1-4-7 为电压互感器变比、极性测试接线图。

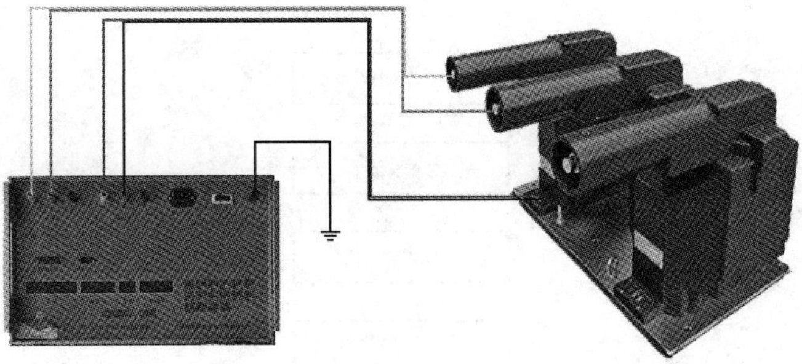

图 1-4-7　电压互感器变比、极性测试接线

(5)测试

对于自动变比电桥，首先接通电源，仪器自检完毕后，设置变比、组别，电压互感器将组别设置为“00”。然后，选择测试“AB”，再按“开始”键仪器自动测试，几秒后，测试完毕，显示测试数据。

(6)记录

测试时应作详细记录。记录内容包括：试验时间、试验地点、温度、湿度、仪器型号、编号、被试设备铭牌、测试数据。记录采用专门的原始记录表格，记录测试数据时应复述，操作人确认后方可记录。

4.3.2.4　试验结束

(1)测试完毕后，工作负责人应对原始记录进行审核，内容包括：记录内容是否漏项、测试数据有效数字、单位是否正确、记录人、试验人签字是否完整；核查测试结果是否符合标准规程的要求，对于不合格项应查找原因或重测，确认设备问题后填写《试验问题通知单》。全部检查无误后，审核人应签字。

(2)如被试设备不做其他项目测试，应准确恢复拆除的所有外部引线，并经工作负责人确认。

4.3.2.5　填写试验报告

测试完毕后，应及时将原始数据录入电子版试验报告妥善保存。待全部检测项目完成后一并打印纸质试验报告按照规定程序审核、签发和保存。

4.3.3　试验标准

电压互感器试验标准，检查电压互感器变比、极性应与设备铭牌相符，并符合设计要求。

4.3.4　注意事项

(1)测试前确认与电压互感器的外部连接线已全部拆除。

(2)变比电桥使用时,在高压侧输出 220 V 交流电压,注意安全。接线操作一定要在测量停止状态。高低压端子不能反接,容易损坏仪器。

(3)测试过程中禁止人员触摸电压互感器,防止人员触电情况发生。

(4)因电压互感器接线方式不同,应按铭牌实际接线方式和二次端子变比进行测试。

4.4　电压互感器空载励磁特性试验

4.4.1　试验目的

试验的主要目的是检查互感器的铁芯质量,通过鉴别磁化曲线的饱和程度,与出厂试验数据的比较,并用以判断互感器的二次绕组有无匝间短路,并且可用于判断和消除系统中发生铁磁谐振现象提供依据。

4.4.2　操作程序

4.4.2.1　试验工序流程图(图 1-4-8)

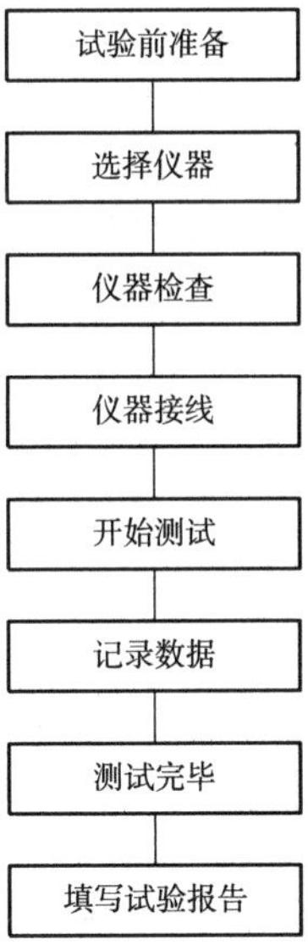

图 1-4-8　电压互感器空载励磁特性试验工艺流程

4.4.2.2　试验准备

(1)试验组织(表 1-4-7)

表 1-4-7　人员组织

序　号	项　　目	单　　位	数　　量	备　　注
1	工作负责人	人	1	全面负责
2	试验员	人	2	试验

(2)仪器、设备及材料配置(表 1-4-8)

表 1-4-8　设备及材料配置

序　号	名　　称	型　　号	技术规格	单　位	数　量	备　　注
1	耐压试验控制箱			台	1	励磁特性
2	万用表	F187		块	2	数据测量
3	试验连线			条	10	
4	细铁线			m	2	短封
5	原始记录表格			份	1	记录数据
6	产品出厂试验报告			份	1	数据对比

4.4.2.3　电气数据测量

(1)试验条件

变比试验应在被试物安装就位后进行,试验前将电压互感器小车拉出高压柜外,打开二次接线盒,拆除相应接线并做好标记,试验时应按表 1-4-7、表 1-4-8 做准备,试验现场应有稳定的交流电源和良好的接地点。

由于二次加电压,一次会相应地产生高压,因此试验前应做好安全防护,设置防护围栏,围栏上应悬挂“止步,高压危险!”标志牌。

(2)选择仪器

根据试验要求,选择交流耐压试验控制箱、两块万用表。

(3)仪器检查

试验前必须对仪器做必要的检查工作,检查外观应完好无损,状态标识在有效期之内,保证仪器设备状态良好。

(4)接线

首先将二次线与 PT 彻底断开,将耐压试验控制箱输出端子依次接至电压互感器二次侧 ab、bc 处,两块万用表分别进行电压、电流采集,控制箱和电压互感器本体可靠接地,进行伏安特性测量,图 1-4-9 为电压互感器伏安特性测试接线图。

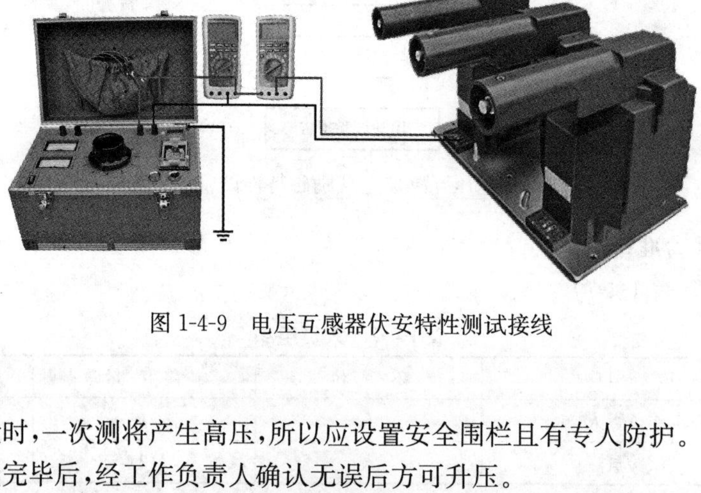

图 1-4-9　电压互感器伏安特性测试接线

(5)测试

①由于试验时,一次测将产生高压,所以应设置安全围栏且有专人防护。

②试验接线完毕后,经工作负责人确认无误后方可升压。

③读数以电压为准。励磁曲线测量点应包括额定电压的 20%、50%、80%、100%和 120%；对于中性点直接接地的电压互感器，最高测量点应为 150%；对于中性点非直接接地系统，半绝缘结构电磁式电压互感器最高测量点应为 190%，全绝缘结构电磁式电压互感器最高测量点应为 120%。

(6)记录

测试时应作详细记录。记录内容包括：试验时间、试验地点、温度、湿度、仪器型号、编号、被试设备铭牌、测试数据。记录采用专门的原始记录表格，记录测试数据时应复述，操作人确认后方可记录。

4.4.2.4　试验结束

(1)测试完毕后，工作负责人应对原始记录进行审核，内容包括：记录内容是否漏项、测试数据有效数字、单位是否正确、记录人、试验人签字是否完整；核查测试结果是否符合标准规程的要求，对于不合格项应查找原因或重测，确认设备问题后填写《试验问题通知单》。全部检查无误后，审核人应签字。

(2)如被试设备不做其他项目测试，应准确恢复拆除的所有外部引线，并经工作负责人确认。

4.4.2.5　填写试验报告

测试完毕后，应及时将原始数据录入电子版试验报告妥善保存。待全部检测项目完成后一并打印纸质试验报告按照规定程序审核、签发和保存。

4.4.3　试验标准

应在互感器铭牌额定电压下测量电流。空载电流与同批产品的测得值或出厂数值比较，应无明显差别。

4.4.4　注意事项

(1)电压表内阻应在 2 000 Ω/V 以上。每次试验都使用同类型的仪表，以便同类型设备进行比较。

(2)升压过程中，中途不要下降，平稳上升。应两人配合，一个监视电压表，一人读取电流值。如果电压互感器二次接线没有完全断开，特别是接地端没有断开，注意试验电源零火线应仔细检查。应严格按照试验接线图接线和核对电源极性，防止合闸瞬间烧毁仪表。

(3)试验过程中会产生高压，应注意防护，应设立高压区，挂警戒绳和警戒牌，并派专人防护。

4.5　电压互感器交流耐压试验

4.5.1　试验目的

主要考核电压互感器一次绕组的纵绝缘，从而检验出由于电压互感器中电磁线圈质量不良造成的纵绝缘方面的缺陷。

4.5.2 操作程序

4.5.2.1 试验工序流程图(图 1-4-10)

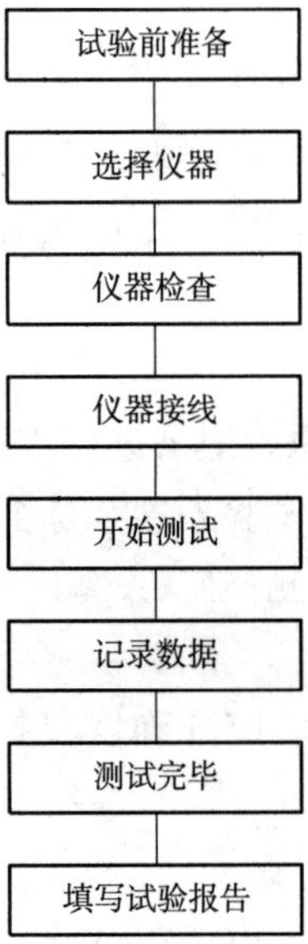

图 1-4-10 电压互感器交流耐压试验工艺流程

4.5.2.2 试验准备

(1)试验组织(表 1-4-9)

表 1-4-9 人员组织

序 号	项 目	单 位	数 量	备 注
1	工作负责人	人	1	全面负责
2	试验员	人	2	试验

(2)仪器、设备及材料配置(表 1-4-10)

表 1-4-10 设备及材料配置

序 号	名 称	型 号	技术规格	单 位	数 量	备 注
1	耐压试验控制箱			台	1	励磁特性
2	万用表	F187		台	2	数据测量
3	试验连线			条	10	
4	细铁线			m	5	短封
5	原始记录表格			份	1	记录数据
6	产品出厂试验报告			份	1	数据对比

4.5.2.3 电气数据测量

(1)试验条件

该项试验应在其他试验完成后进行，试验现场应有稳定的电源和良好的接地点。试验准备按表 1-4-9、表 1-4-10 进行。该项试验属于破坏性高压试验，试验前应做好安全防护，设置防护围栏，围栏上应悬挂“止步，高压危险！”标志牌。

(2)选择仪器

选用耐压试验仪器的基本原则：应根据试品的电压等级要求进行选择，5 000 V 以上应选用试验变压器，5 000 V 及以下选用耐压测试仪。

(3)仪器检查

试验前必须对仪器做必要的检查工作，检查外观应完好无损，状态标识在有效期之内，保证仪器设备状态良好。

(4)接线

接线前应拆除被试设备的外部连线，用专用地线作良好接地，并接好放电棒。经工作负责人确认后方可开始试验。

将电压互感器一次绕组侧接线端子短封，二次绕组侧接线端子全部短封并通过测试线可靠接地，试验变压器与操作箱按说明书接线，将试验变压器高压测试引线接到电压互感器一次侧，图 1-4-11 为变压器高压绕组交流耐压试验接线图。

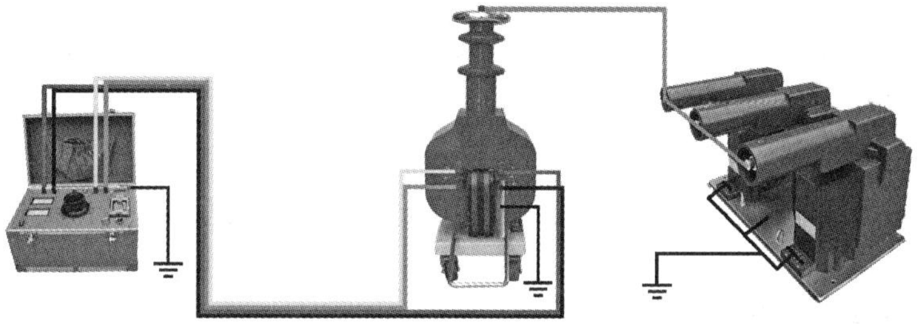

图 1-4-11　电压互感器高压绕组交流耐压试验接线

将电压互感器二次侧绕组 ab 短封，一次绕组和二次绕组 bc 短封接地，将耐压测试线两端分别接至 ab 和 bc 端子处，进行耐压试验，测试完毕将 bc 短封，绕组 ab 短封接地，进行耐压试验测量，图 1-4-12 电压互感器低压绕组交流耐压试验接线图。

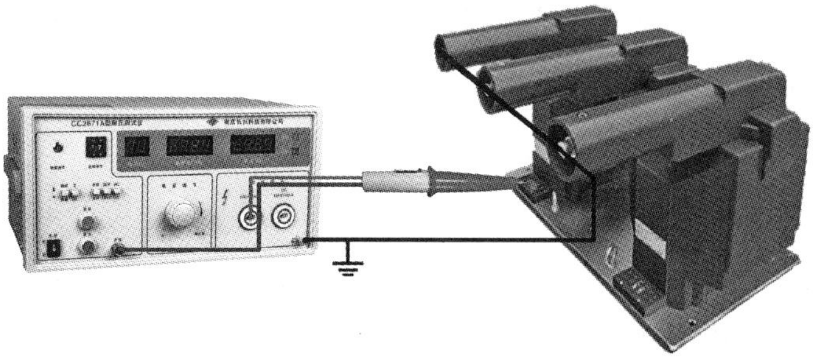

图 1-4-12　电压互感器低压绕组交流耐压试验接线

(5)测试

①操作人员应站在绝缘垫上操作，或穿绝缘靴、戴绝缘手套操作。

②连接试品，检查调压器是否在零位，零位开关是否正常。

③接通电源后，试验负责人发出“将要合闸”命令，其他人员推行护卫栏以外，指定操作人员合上闸刀开关，开机，操作者一只手应放在开关板旁边，另一手调整调压器旋钮升压，施加电压时应从足够低的数值开始，以防止瞬变过程引起过电压的影响，然后应缓慢地升高电压以便

能在仪表上能准确读数，但也不能太慢，以免试品在接近试验电压 U 时耐压的时间过长。当电压升高至 75%U 时以每秒 2%U 的速度上升即可满足要求。升到试验电压 U 后开始计时（一般要求 1 min），时间到后，迅速均匀地降压但不能突然分断电源以免产生操作过电压而导致设备损坏或得到不确定的试验结果。调压器旋回零位后，断开电源。试验过程中，其他试验人员应站在安全地带注意被试设备有无异常声音和弧光，如有异常现象，应高声呼喊“降压”，操作人应立即停止试验查找原因。

④试验完毕，充分放电，并将放电棒挂在高压输出端，才可宣布“高压已断开”。可进行换线连接，准备下一次试验。

(6)记录

测试时应作详细记录。记录内容包括：试验时间、试验地点、温度、湿度、仪器型号、编号、被试设备铭牌、测试数据。记录采用专门的原始记录表格，记录测试数据时应复述，操作人确认后方可记录。测试数据包括：试验电压、持续时间、试验结果。

4.5.2.4　试验结束

(1)测试完毕后，工作负责人应对原始记录进行审核，内容包括：记录内容是否漏项、测试数据有效数字、单位是否正确、记录人、试验人签字是否完整；核查测试结果是否符合标准规程的要求，对于不合格项应查找原因或重测，确认设备问题后填写《试验问题通知单》。全部检查无误后，审核人应签字。

(2)如被试设备不做其他项目测试，应准确恢复拆除的所有外部引线，并经工作负责人确认。

4.5.2.5　填写试验报告

测试完毕后，应及时将原始数据录入电子版试验报告妥善保存。待全部检测项目完成后一并打印纸质试验报告按照规定程序审核、签发和保存。

4.5.3　试验标准

(1)全绝缘互感器应进行一次绕组对外壳的工频交流耐压试验和二次绕组之间及其对外壳的工频交流耐压试验，试验电压按出厂试验电压的 80%进行，并应在高压侧监视施加电压。

(2)二次绕组间及其对箱体（接地）的工频耐压试验电压应为 2 kV，可用 2 500 V 兆欧表测量绝缘电阻试验替代。

4.5.4　注意事项

(1)测试前拆除所有与电压互感器连接的外部连线，防止高压送到其他设备造成设备损坏和危及人员安全，测试前电压互感器一次和二次侧应短封。

(2)测试前确认安全范围，拉好安全警戒带，挂号警戒标牌“止步，高压危险！”。并派专人防护好以防其他人员误入高压区。

(3)测试过程中测试人员应穿好绝缘靴，戴好绝缘手套，站在绝缘垫上进行，测试过程中精力集中，发现有异常情况赶紧切断电源。放电后再检查原因。

第 5 章　真空断路器试验工艺

5.1　真空断路器的绝缘电阻试验

5.1.1　试验目的

真空断路器要求测量其整体的绝缘电阻，即断路器导电回路对地的绝缘电阻及其绝缘拉杆的绝缘电阻值，其绝缘状况直接影响系统的运行。

5.1.2　操作程序

5.1.2.1　试验工序流程图（图 1-5-1）

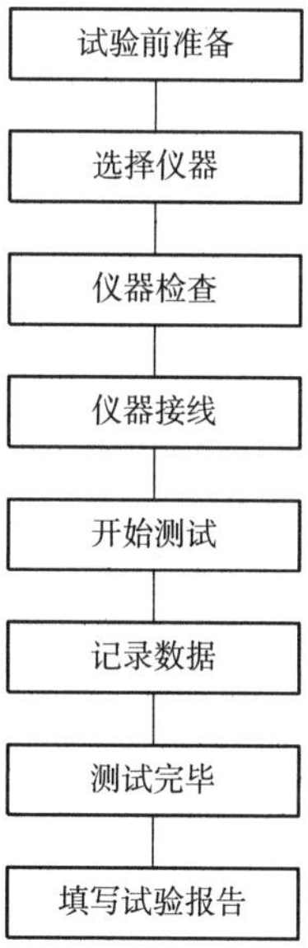

图 1-5-1　真空断路器绝缘电阻试验工艺流程

5.1.2.2　试验准备

（1）试验组织（表 1-5-1）

表 1-5-1　人员组织

序　号	项　　目	单　　位	数　　量	备　　注
1	工作负责人	人	1	全面负责
2	试验员	人	2	试验

（2）仪器、设备及材料配置（表 1-5-2）

表 1-5-2　设备及材料配置

序　号	名　　称	型　　号	技术规格	单　位	数　量	备　　注
1	兆欧表	AVO	500～5 000 V	台	1	绝缘测试
2	温湿度计			个	1	试验环境
3	万用表	F17B		块	1	电压测量
4	开关板		三相	块	1	
5	试验连线			条	10	
6	绝缘垫			块	1	绝缘
7	细铁线			m	5	用于短封
8	出厂试验报告			份	1	数据对比
9	原始记录表格			份	1	记录数据

5.1.2.3　电气数据测量

(1)试验条件

该项试验应在被试物安装就位后进行,测试前应取下断路器小车的航空插头,将小车拉出高压柜外,与其他设备隔离开来,并做好安全防护措施。

(2)选择仪器

电气设备绝缘电阻测试选择 AVO 兆欧表,该仪器测试电压可选。兆欧表的电压等级应按下列规定执行:

10 kV 断路器,采用 2 500 V;

35 kV 断路器,采用 5 000 V。

(3)仪器检查

试验前必须对仪器做必要的检查工作,检查外观应完好无损,状态标识在有效期之内,保证仪器设备状态良好。

(4)接线

接线前应拆除被试设备的外部连线。将断路器置于合位,三相端子短接,绝缘电阻表测试端子接至断路器端子和接地端,测量断路器整体绝缘电阻值,图 1-5-2 为断路器的绝缘电阻测试接线图。

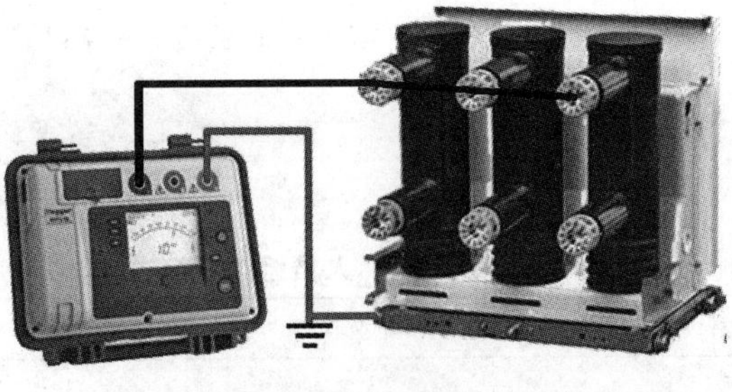

图 1-5-2　断路器的绝缘电阻测试接线

(5)测试

①用干燥清洁的棉纱擦拭瓷套管表面,并将待测试部分对地充分放电。

②为了安全，应将兆欧表放在绝缘垫上，操作人应站在绝缘垫上，工作负责人负责安全防护。

③将断路器强行合闸，测试断路器导电回路整体对地绝缘。

④按“测试”键，60 s时，记录绝缘电阻的数值（同时记录试验时环境温度、湿度）。

⑤读取数值后，停止测试充分放电。

(6)记录

测试时应作详细记录。记录内容包括：试验时间、试验地点、温度、湿度、仪器型号、编号、被试设备铭牌、测试数据。记录采用专门的原始记录表格，记录测试数据时应复述，操作人确认后方可记录。测试数据包括：试验电压、持续时间、试验结果。

5.1.2.4　试验结束

(1)测试完毕后，工作负责人应对原始记录进行审核，内容包括：记录内容是否漏项、测试数据有效数字、单位是否正确、记录人、试验人签字是否完整；核查测试结果是否符合标准规程的要求，对于不合格项应查找原因或重测，确认设备问题后填写《试验问题通知单》。全部检查无误后，审核人应签字。

(2)如被试设备不做其他项目测试，应准确恢复拆除的所有外部引线，并经工作负责人确认。

5.1.2.5　填写试验报告

测试完毕后，应及时将原始数据录入电子版试验报告妥善保存。待全部检测项目完成后一并打印纸质试验报告按照规定程序审核、签发和保存。

5.1.3　试验标准

断路器整体的绝缘电阻，应参照制造厂规定。

5.1.4　注意事项

(1)绝缘电阻试验应在良好的天气，且试品温度及周围环境温度一般不低于+5 ℃条件下进行。

(2)空气相对湿度较大时，绝缘体由于毛细管的作用，吸收较多水分，使得导电率增加，绝缘电阻下降，湿度对于表面的泄漏电流的影响更为明显，所以湿度也是影响绝缘电阻的因素之一，因此试验时应引起足够的重视并采取相应措施：如增加屏蔽环。

(3)兆欧表的引线要绝缘良好，还应与地绝缘，测量时“L”端与“E”端的引线不能碰在一起。如引线要经其他支持物连接时，支持物必须绝缘良好，否则影响测量准确性。

(4)当兆欧表绝缘不良时，应将兆欧表放在绝缘垫上操作，测试过程中要派人防护好，以保证安全。

5.2　每相导电回路的电阻试验

5.2.1　试验目的

断路器导电回路的接触电阻，是断路器特性参数之一，它反映断路器触头接触是否良好，如果接触不良，电阻值较大，带电运行后容易烧毁触头接触面。

5.2.2　操作程序

5.2.2.1　试验工序流程图(图 1-5-3)

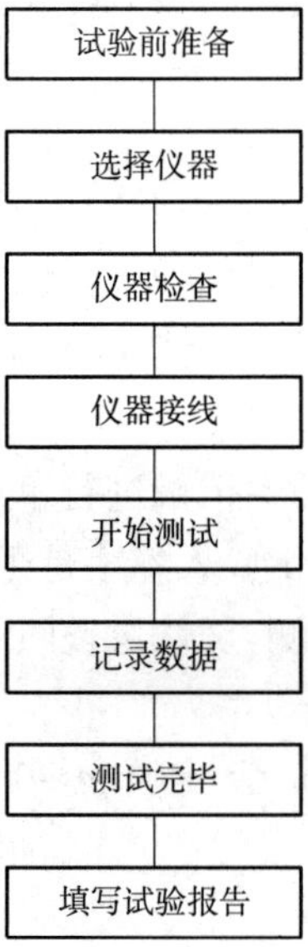

图 1-5-3　真空断路器导电回路电阻试验工艺流程

5.2.2.2　试验准备

(1)试验组织(表 1-5-3)

表 1-5-3　人员组织

序　号	项　　目	单　　位	数　　量	备　　注
1	工作负责人	人	1	全面负责
2	试验员	人	2	试验

(2)仪器、设备及材料配置(表 1-5-4)

表 1-5-4　设备及材料配置

序　号	名　　称	型　　号	技术规格	单　位	数　量	备　　注
1	微欧计	KG-2	100 A	台	1	接触电阻测试
2	温湿度计			个	1	试验环境
3	万用表			块	1	电压测量
4	试验连线			条	10	
5	绝缘垫			块	1	绝缘
6	出厂试验报告			份	1	数据对比
7	原始记录表格			本	1	记录数据

5.2.2.3　电气数据测量

(1)试验条件

该项试验应在被试物安装就位后进行,测试前应取下断路器小车的航空插头,将小车拉出高压柜外。

(2)选择仪器

根据试验要求，选择微欧计进行试验。

(3)仪器检查

试验前必须对仪器做必要的检查工作，检查外观应完好无损，状态标识在有效期之内，保证仪器设备状态良好。

(4)接线

将断路器置于合闸状态，微欧计电压、电流测量端依次接至A、B、C相上下端口端子处，分别测量三相的导电回路电阻值，图1-5-4为微欧计测量回路电阻接线图。

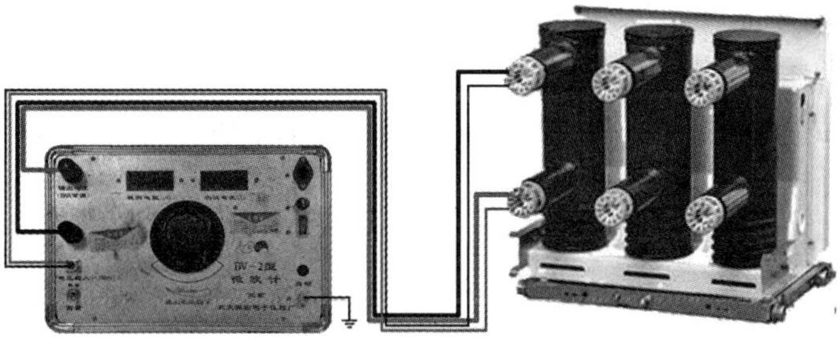

图1-5-4　微欧计测量回路电阻接线

(5)测试

①测量前应先分合几次断路器，以破坏触头上的金属氧化膜，减少电阻值误差；

②接通测试仪电源，启动“开始”按钮；

③待数值稳定后记录测试结果，电流输出为零后断开电源。

(6)记录

测试时应作详细记录。记录内容包括：试验时间、试验地点、温度、湿度、仪器型号、编号、被试设备铭牌、测试数据。记录采用专门的原始记录表格，记录测试数据时应复述，操作人确认后方可记录。

5.2.2.4　试验结束

(1)测试完毕后，工作负责人应对原始记录进行审核，内容包括：记录内容是否漏项、测试数据有效数字、单位是否正确、记录人、试验人签字是否完整；核查测试结果是否符合标准规程的要求，对于不合格项应查找原因或重测，确认设备问题后填写《试验问题通知单》。全部检查无误后，审核人应签字。

(2)如被试设备不做其他项目测试，应准确恢复拆除的所有外部引线，并经工作负责人确认。

5.2.2.5　填写试验报告

测试完毕后，应及时将原始数据录入电子版试验报告妥善保存。待全部检测项目完成后一并打印纸质试验报告按照规定程序审核、签发和保存。

5.2.3　试验标准

真空断路器要求用电流不小于100 A的直流压降法测量，电阻值应符合产品技术条件的规定。

5.2.4 注意事项

(1)接线时应用弹性较大的线夹,牢固夹在触头最近端,且用力拧线夹,以破坏线夹与断路器接触面的氧化膜,减小接触电阻。

(2)采用微欧计测试时,在测试过程中,不可断开测试线,以防损坏仪器。

5.3 断路器的分合闸时间、同期性及合闸时触头的弹跳时间试验

5.3.1 试验目的

断路器的工作情况的好坏、与其分合闸时间有密切关系。如果分、合闸时间大,电弧熄灭的时间会增长,断路器触头就会被烧伤。如果触头开始闭合引起合闸弹跳,将会引起触头振动,甚至会出现停滞现象,而使触头烧粘起来,因而真空断路器的分、合闸时间、同期性及合闸时触头的弹跳时间试验显得尤为重要。

5.3.2 操作程序

5.3.2.1 试验工序流程图(图 1-5-5)

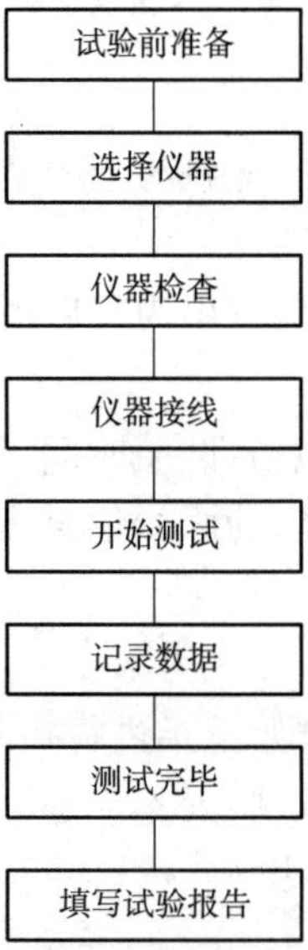

图 1-5-5 断路器分、合闸时间、同期性及合闸时触头的弹跳时间试验工艺流程

5.3.2.2 试验准备

(1)试验组织(表 1-5-5)

表 1-5-5 人员组织

序 号	项 目	单 位	数 量	备 注
1	工作负责人	人	1	全面负责
2	试验员	人	2	试验

(2)仪器、设备及材料配置(表 1-5-6)

表 1-5-6　设备及材料配置

序　号	名　　称	型　　号	技术规格	单　位	数　量	备　　注
1	断路器参数测试仪			套	1	断路器特性测试
2	温湿度计			个	1	试验环境
3	万用表			块	1	电压测量
4	试验连线			条	10	
5	绝缘垫			块	1	绝缘
6	出厂试验报告			份	1	数据对比
7	原始记录表格			份	1	记录数据

5.3.2.3　电气数据测量

(1)试验条件

该项试验应在被试物安装就位后进行,测试前应取下断路器小车的航空插头,将小车拉出高压柜外。

(2)选择仪器

根据试验要求,选择断路器参数测试仪进行试验。

(3)仪器检查

试验前必须对仪器做必要的检查工作,检查外观应完好无损,状态标识在有效期之内,保证仪器设备状态良好。

(4)接线

用专用电缆线按图 1-5-6 所示连接断路器触头和测试仪。从断路器的控制回路中引出控制电源公共端、分闸控制线及合闸控制线分别连接到断路器参数测试仪面板上所对应的插孔,并对仪器做好接地。图 1-5-6 为断路器特性测试接线图。

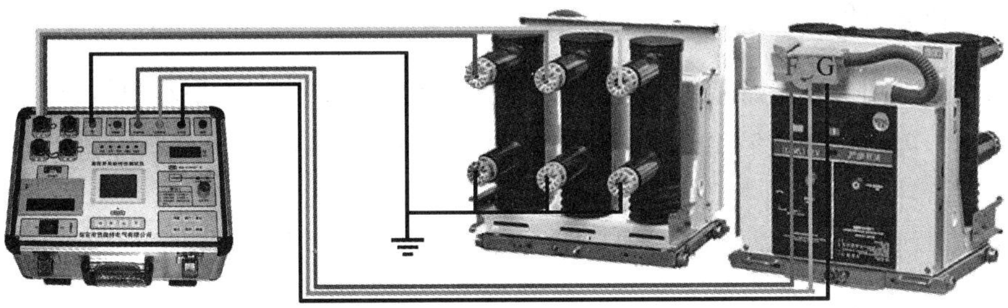

图 1-5-6　断路器特性测试接线

(5)测试

①试验前先手动、电动分合断路器几次,确保断路器机构灵活;

②打开主机,进入测试界面,选择“合闸”或“分闸”;

③按下确认键,断路器动作一次;

④记录显示数据,包括分、合闸时间、弹跳时间和三相断路器同期时间;

⑤共测试 3 次,时间取三次平均值。

(6)记录

测试时应作详细记录。记录内容包括:试验时间、试验地点、温度、湿度、仪器型号、编号、被试设备铭牌、测试数据。记录采用专门的原始记录表格,记录测试数据时应复述,操作人确认后方可记录。

5.3.2.4　试验结束

(1)测试完毕后,工作负责人应对原始记录进行审核,内容包括:记录内容是否漏项、测试数据有效数字、单位是否正确、记录人、试验人签字是否完整;核查测试结果是否符合标准规程的要求,对于不合格项应查找原因或重测,确认设备问题后填写《试验问题通知单》。全部检查无误后,审核人应签字。

(2)如被试设备不做其他项目测试,应准确恢复拆除的所有外部引线,并经工作负责人确认。

5.3.2.5　填写试验报告

测试完毕后,应及时将原始数据录入电子版试验报告妥善保存。待全部检测项目完成后一并打印纸质试验报告按照规定程序审核、签发和保存。

5.3.3　试验标准

(1)测量断路器的分、合闸时间应在产品额定操作电压下进行。实测数值应符合产品技术条件的规定。

(2)测量断路器主触头的三相或同相各断口分、合闸的同期性及配合性,应符合产品技术条件的规定。

(3)合闸过程中触头接触后的弹跳时间,40.5 kV 以下断路器不应大于 2 ms,40.5 kV 及以上断路器不应大于 3 ms;对于电流 3 kA 及以上的 10 kV 真空断路器,弹跳时间如不满足小于 2 ms,应符合产品技术条件的规定。

5.3.4　注意事项

(1)测量前熟知被试断路器的技术参数,以便与高压开关特性测试仪测量数据进行比较。

(2)新安装的断路器必须经过严格的调整,手动操作正常,并且经过若干次手动、电动分、合闸以后再进行时间测量。

(3)电磁机构和空气操作机构必须在符合测试要求的条件下进行测量。

5.4　断路器交流耐压试验

5.4.1　试验目的

真空断路器的交流耐压试验应分别在合闸和分闸状态下进行。合闸状态下是为了考验绝缘支柱瓷套管绝缘;分闸状态下的试验是为了考验断路器断口、灭弧室的绝缘。

5.4.2　操作程序

5.4.2.1　试验工序流程图(图1-5-7)

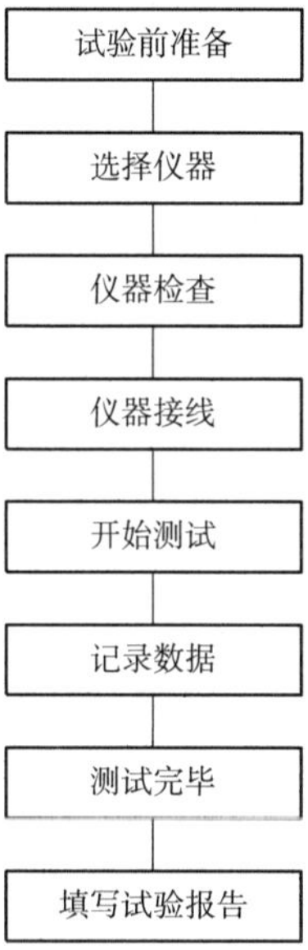

图1-5-7　断路器交流耐压试验工艺流程

5.4.2.2　试验准备

(1)试验组织(表1-5-7)

表1-5-7　人员组织

序　号	项　　目	单　　位	数　　量	备　　注
1	工作负责人	人	1	全面负责
2	试验员	人	2	试验

(2)仪器、设备及材料配置(表1-5-8)

表1-5-8　设备及材料配置

序　号	名　　称	型　　号	技术规格	单　位	数　量	备　　注
1	干式试验变压器	BDYD	10 kV · A/100 kV	套	1	耐压测试
2	试验变压器控制箱	BDYD	0～200 V/30 A	套	1	耐压测试
3	温湿度计			个	1	试验环境
4	万用表			块	1	电压测量
5	试验连线			条	10	
6	绝缘垫			块	1	绝缘
7	细铁线			m	10	用于短封
8	出厂试验报告			份	1	数据对比
9	原始记录表格			份	1	记录数据

5.4.2.3　电气数据测量

(1)试验条件

该项试验应在其他试验完成后进行,试验现场应有稳定的电源和良好的接地点。试验准备按表 1-5-7、表 1-5-8 进行。该项试验属于破坏性高压试验,试验前应做好安全防护,设置防护围栏,围栏上应悬挂“止步,高压危险!”标志牌。

(2)选择仪器

电气设备交流耐压试验选用交流耐压试验变压器。

(3)仪器检查

试验前必须对仪器做必要的检查工作,检查外观应完好无损,状态标识在有效期之内,保证仪器设备状态良好。

(4)接线

接线前应拆除断路器的外部连线。用专用地线作良好接地,并接好放电棒。经工作负责人确认后方可开始试验。

断路器断口耐压试验,图 1-5-8 为断路器断口交流耐压试验接线图。

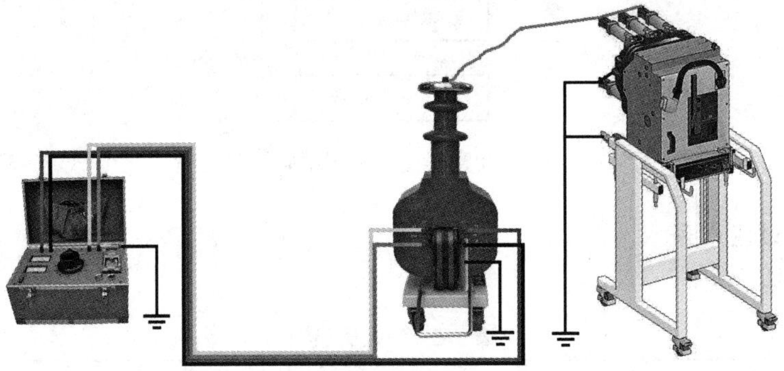

图 1-5-8　断路器断口交流耐压试验接线

断路器合闸对地交流耐压试验,图 1-5-9 为断路器合闸对地交流耐压试验接线图。

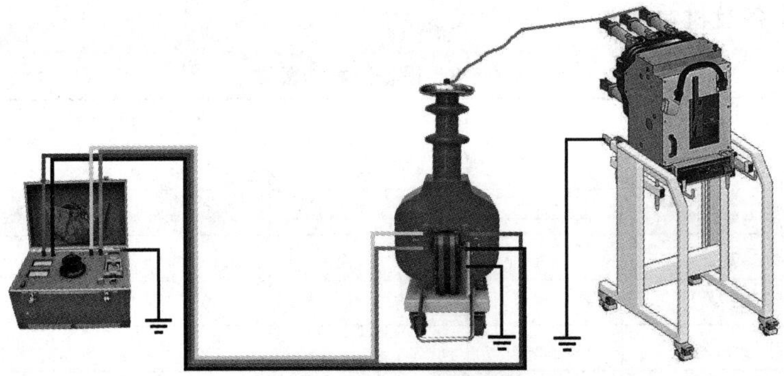

图 1-5-9　断路器合闸对地交流耐压试验接线

(5)测试

①操作人员应站在绝缘垫上操作,或穿绝缘靴、戴绝缘手套操作。

②连接试品,检查调压器是否在零位,零位开关是否正常。

③接通电源后，试验负责人发出“将要合闸”命令，其他人员推行护卫栏以外，指定操作人员合上闸刀开关，开机，操作者一只手应放在开关板旁边，另一手调整调压器旋钮升压，施加电压时应从足够低的数值开始，以防止瞬变过程引起过电压的影响，然后应缓慢地升高电压以便能在仪表上能准确读数，但也不能太慢，以免试品在接近试验电压 U 时耐压的时间过长。当电压升高至 75%U 时以每秒 2%U 的速度上升即可满足要求。升到试验电压 U 后开始计时(一般要求 1 min)，时间到后，迅速均匀地降压但不能突然分断电源以免产生操作过电压而导致设备损坏或得到不确定的试验结果。调压器旋回零位后，断开电源。试验过程中，其他试验人员应站在安全地带注意被试设备有无异常声音和弧光，如有异常现象，应高声呼喊“降压”，操作人应立即停止试验查找原因。

④试验完毕，充分放电，并将放电棒挂在高压输出端，才可宣布“高压已断开”。可进行换线连接，准备下一次试验。

(6)记录

测试时应作详细记录。记录内容包括：试验时间、试验地点、温度、湿度、仪器型号、编号、被试设备铭牌、测试数据。记录采用专门的原始记录表格，记录测试数据时应复述，操作人确认后方可记录。测试数据包括：试验电压、持续时间、试验结果。

5.4.2.4　试验结束

(1)测试完毕后，工作负责人应对原始记录进行审核，内容包括：记录内容是否漏项、测试数据有效数字、单位是否正确、记录人、试验人签字是否完整；核查测试结果是否符合标准规程的要求，对于不合格项应查找原因或重测，确认设备问题后填写《试验问题通知单》。全部检查无误后，审核人应签字。

(2)如被试设备不做其他项目测试，应准确恢复拆除的所有外部引线，并经工作负责人确认。

5.4.2.5　填写试验报告

测试完毕后，应及时将原始数据录入电子版试验报告妥善保存。待全部检测项目完成后一并打印纸质试验报告按照规定程序审核、签发和保存。

5.4.3　试验标准

真空断路器交流耐压试验应在分、合闸状态下分别进行，试验电压按照表 1-5-9 规定执行。

表 1-5-9　真空断路器交流耐压试验电压标准

额定电压(kV)	3.6	7.2	12	24	40.5
1 min 工频耐受电压(kV)有效值(相对地)	25/18	30/23	42/30	65/50	95/80
1 min 工频耐受电压(kV)有效值(相间)	25/18	30/23	42/30	65/50	95/80
1 min 工频耐受电压(kV)有效值(断路器断口)	25/18	30/23	42/30	65/50	95/80
1 min 工频耐受电压(kV)有效值(隔离断口)	27/20	34/27	48/36	79/64	118/103

注：斜线后的数值为中性点接地系统使用的数值，亦为湿试时的数值。

5.4.4　注意事项

(1)测试前将断路器小车拉出高压柜外，独立断路器，防止高压送到其他设备造成设备损坏和危及人员安全,测试前应短封与断路器相连的电流互感器二次侧。

(2)测试前确认安全范围,拉好安全警戒带,挂好警戒标牌“止步,高压危险!”。并派专人防护以防其他人员误入高压区。

(3)测试过程中测试人员应穿好绝缘靴,戴好绝缘手套,站在绝缘垫上进行,测试过程中精力集中,发现有异常情况赶紧切断电源。放电后再检查原因。

5.5 断路器操动机构的试验

5.5.1 试验目的

操作机构是保证断路器可靠工作的重要附属设备,为了保证断路器能够安全投入运行,须测量操作机构的分、合线圈的绝缘电阻和直流电阻(测试方法同互感器的线圈测试方法)及测量操作机构的最低动作电压。测量操作机构的最低动作电压是指断路器动作时,合闸接触器线圈和分闸电磁铁线圈端头上的最小电压值,要求其在操作电压额定值的30%~65%之间。

5.5.2 操作程序

5.5.2.1 试验工序流程图(图1-5-10)

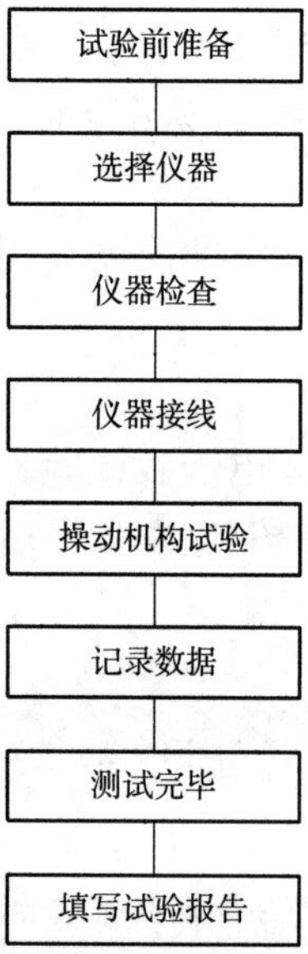

图1-5-10 断路器操动机构试验工艺流程

5.5.2.2 试验准备

(1)试验组织(表1-5-10)

表1-5-10 人员组织

序 号	项 目	单 位	数 量	备 注
1	工作负责人	人	1	全面负责
2	试验员	人	2	试验

(2)仪器、设备及材料配置(表 1-5-11)

表 1-5-11　设备及材料配置

序　号	名　　称	型　　号	技术规格	单　位	数　量	备　　注
1	温湿度计			个	1	试验环境
2	万用表			块	1	电压测量
3	开关板		三相	块	1	
4	试验连线			条	10	
5	出厂试验报告			份	1	数据对比
6	原始记录表格			份	1	记录数据

5.5.2.3　电气数据测量

(1)试验条件

该项试验应在断路器机构调整好后进行。

(2)选择仪器

根据试验要求,仅需选择一块万用表即可。

(3)仪器检查

试验前必须对仪器做必要的检查工作,检查外观应完好无损,状态标识在有效期之内,保证仪器设备状态良好。

(4)接线

将万用表接在断路器侧正负控制母线之间监视电压。

(5)测试

①首先在“就地”状况下对断路器进行试验,在额定操作电压 U_n 下将断路器进行分、合闸试验;

②将操作电压调节至 110%U_n,再次分合断路器,断路器应可靠动作;

③将操作电压调节至 65%U_n,分断路器,断路器应可靠动作;

④将操作电压调节至 85%U_n,合断路器,断路器应可靠动作;

⑤将操作电压调节至 30%U_n,分断路器,断路器不应动作;

⑥将电压调至额定电压,根据设备技术要求,调节液压最高、最低范围,进行分、合闸试验,断路器应可靠动作;

⑦然后在“远控”状况下对断路器重复进行上述试验,断路器均应可靠动作。

(6)记录

测试时应作详细记录。记录内容包括:试验时间、试验地点、温度、湿度、仪器型号、编号、被试设备铭牌、测试数据。记录采用专门的原始记录表格,记录测试数据时应复述,操作人确认后方可记录。测试数据包括:试验电压、持续时间、试验结果。

5.5.2.4　试验结束

(1)测试完毕后,工作负责人应对原始记录进行审核,内容包括:记录内容是否漏项、测试数据有效数字、单位是否正确、记录人、试验人签字是否完整;核查测试结果是否符合标准规程的要求,对于不合格项应查找原因或重测,确认设备问题后填写《试验问题通知单》。全部检查无误后,审核人应签字。

(2)如被试设备不做其他项目测试,应准确恢复拆除的所有外部引线,并经工作负责人确认。

5.5.2.5　填写试验报告

测试完毕后，应及时将原始数据录入电子版试验报告妥善保存。待全部检测项目完成后一并打印纸质试验报告按照规定程序审核、签发和保存。

5.5.3　试验标准

(1)断路器合闸操作，应符合以下规定：

①断路器操动机构合闸操作试验电压、液压在表 1-5-12 范围内时，操动机构应可靠动作；

②弹簧、液压操动机构的合闸线圈以及电磁、永磁操动机构的合闸接触器的动作要求，均应符合第①条的规定。

表 1-5-12　断路器操动机构合闸操作试验电压范围

电　压		液　压
直　流	交　流	
85%～110%U_n	85%～110%U_n	按产品规定的最低及最高值

注：对电磁机构，当断路器关合电流峰值小于 50 kA 时，直流操作电压范围为 80%～110%U_n。U_n为额定电源电压。

(2)断路器脱扣操作，应符合下列规定：

①并联分闸脱扣器在分闸装置的额定电压的 65%～110%时(直流)或 85%～110%(交流)范围内，交流时在分闸装置的额定电源频率下，应可靠的分闸；当此电压小于额定值的 30%时，不应分闸。

②附装失压脱扣器的，其动作特性应符合表 1-5-13 的规定。

表 1-5-13　附装失压脱扣器的脱扣试验

电源电压与额定电源电压的比值	小于 35% *	大于 65%	大于 85%
失压脱扣器的工作状态	铁芯应可靠地释放	铁芯不得释放	铁芯应可靠地吸合

注：当电压缓慢下降至规定比值时，铁芯应可靠地释放。

③附装过流脱扣器的，其额定电流规定不应小于 2.5 A，附装过流脱扣器的脱扣试验，应符合表 1-5-14 的规定。

表 1-5-14　附装过流脱扣器的脱扣试验

过流脱扣器的种类	延时动作的	瞬时动作的
脱扣电流等级范围(A)	2.5～10	2.5～15
每级脱扣电流的准确度	±10%	
同一脱扣器各级脱扣电流准确度	±5%	

④对于延时动作的过流脱扣器，应按制造厂提供的脱扣电流与动作时延的关系曲线进行核对。

另外，还应检查在预定时延终了前主回路电流降至返回值时，脱扣器不应动作。

(3)断路器模拟操动试验，应符合下列规定：

①当具有可调电源时，可在不同电压、液压条件下，对断路器进行就地或远控操作，每次操作断路器均应正确可靠地动作，其联锁及闭锁装置回路的动作应符合产品技术文件及设计规定；当无可调电源时，只在额定电压下进行试验；

②直流电磁或弹簧机构的操动试验，应按表 1-5-15 的规定进行。

表 1-5-15　直流电磁或弹簧机构的操动试验

操作类别	操作线圈端钮电压与额定电源电压的比值(%)	操作次数
合、分	110	3
合闸	85(80)	3
分闸	65	3
合、分、重合	100	3

注：括号内数字适用于装有自动重合闸装置的断路器及表 1-5-12 的情况。

5.5.4　注意事项

(1)对于不可调节的操作电源，可以通过串联滑线电阻器来改变电压的高低。

(2)远控操作断路器时，需两名试验人员配合，一人操作，一人在断路器旁监视断路器的动作情况。

第 6 章　金属氧化物避雷器试验工艺

6.1　避雷器绝缘电阻测试

6.1.1　试验目的

金属氧化物避雷器由金属氧化物阀片串联组成，没有火花间隙和并联电阻。通过测量其绝缘电阻，可以发现内部受潮及瓷质裂纹等缺陷。

6.1.2　操作程序

6.1.2.1　试验工序流程图(图 1-6-1)

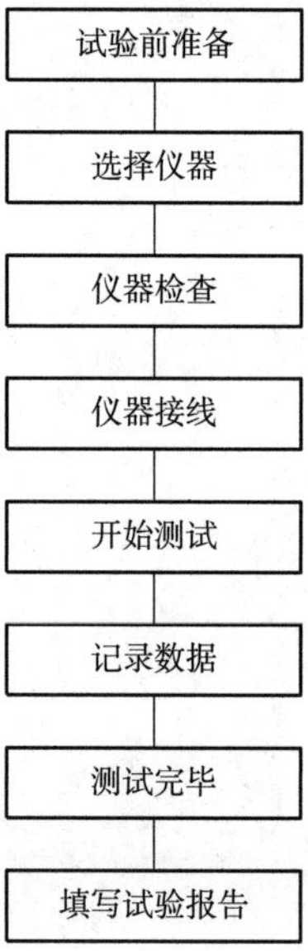

图 1-6-1　避雷器绝缘电阻测试工艺流程

6.1.2.2　试验准备

(1)人员组织(表 1-6-1)

表 1-6-1　人员组织

序　号	项　　目	单　　位	数　　量	备　　注
1	工作负责人	人	1	全面负责
2	试验员	人	2	试验

(2)仪器、设备及材料配置(表 1-6-2)

表 1-6-2　设备及材料配置

序　号	名　　称	型　　号	技术规格	单　位	数　量	备　　注
1	兆欧表	AVO	500～5 000 V	台	1	绝缘测试
2	干湿温度计			只	1	试验环境
3	试验连线		1.5 mm^2	条	6	
4	绝缘垫			块	1	绝缘
5	出厂试验报告			份	1	数据对比
6	原始记录表格			份	1	记录数据

6.1.2.3　电气数据测量

(1)试验条件

该项试验应在被试物安装就位后进行，并擦除绝缘表面脏污。

(2)选择仪器

避雷器绝缘电阻测试选择 AVO 兆欧表，35 kV 及以下金属氧化物避雷器均使用 2 500 V 进行测试。

(3)仪器检查

试验前必须对仪器做必要的检查工作，检查外观应完好无损，状态标识在有效期之内，保证仪器设备状态良好。

(4)接线

接线前应拆除被试避雷器的外部连线，绝缘电阻表测试线两端分别接至避雷器接线端和接地端(可靠接地)，测量绝缘电阻值，图 1-6-2 为避雷器的绝缘电阻测试接线图。

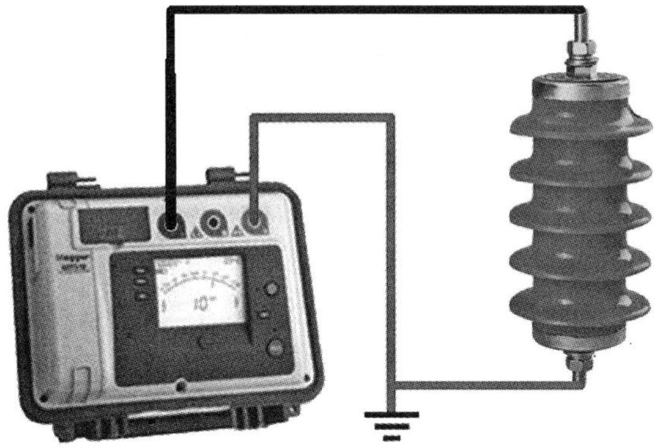

图 1-6-2　避雷器的绝缘电阻测试接线

(5)测试

①进行测试前应用干燥清洁的棉纱擦拭表面。

②为了安全，应将兆欧表放在绝缘垫上，操作人应站在绝缘垫上，工作负责人负责安全防护。

③如果试验环境湿度较大泄漏较大时，可加等电位屏蔽线接于兆欧表“G”端。

④按“测试”键，60 s 时，记录绝缘电阻的数值（同时记录试验时环境温度、湿度）。

⑤读取数值后，停止测试充分放电。

(6)记录

测试时应作详细记录。记录内容包括：试验时间、试验地点、温度、湿度、仪器型号、编号、被试设备铭牌、测试数据。记录采用专门的原始记录表格，记录测试数据时应复述，操作人确认后方可记录。

6.1.2.4　试验结束

(1)试验完毕或重复试验时，必须将被试品对地充分放电至少 5 min。

(2)测试完毕后，工作负责人应对原始记录进行审核，内容包括：记录内容是否漏项、测试数据有效数字、单位是否正确、记录人、试验人签字是否完整；核查测试结果是否符合标准规程的要求，对于不合格项应查找原因或重测，确认设备问题后填写《试验问题通知单》。全部检查无误后，审核人应签字。

(3)如被试设备不做其他项目测试，应准确恢复拆除的所有外部引线，并经工作负责人确认。

6.1.2.5　填写试验报告

测试完毕后，应及时将原始数据录入电子版试验报告妥善保存。待全部检测项目完成后一并打印纸质试验报告按照规定程序审核、签发和保存。

6.1.3　试验标准

测量金属氧化物避雷器绝缘电阻值，与出厂试验值比较应无明显差别。

6.1.4　注意事项

(1)绝缘电阻试验应在良好的天气，且试品温度及周围环境温度一般不低于＋5 ℃条件下进行。

(2)空气相对湿度较大时，绝缘体由于毛细管的作用，吸收较多水分，使得导电率增加，绝缘电阻下降，湿度对于表面的泄漏电流的影响更为明显，所以湿度也是影响绝缘电阻的因素之一，因此试验时应引起足够的重视并采取相应措施：如增加屏蔽环。

(3)兆欧表的引线要绝缘良好，还应与地绝缘，测量时“L”端与“E”端的引线不能碰在一起。如引线要经其他支持物连接时，支持物必须绝缘良好，否则影响测量准确性。

(4)当兆欧表绝缘不良时，应将兆欧表放在绝缘垫上操作，以保证安全。

6.2　直流参考电压 $U_{1\,mA}$ 和 0.75 倍直流参考电压 $U_{1\,mA}$ 下的泄漏电流

6.2.1　试验目的

测量其直流参考电压 $U_{1\,mA}$ 及 75% $U_{1\,mA}$ 电压下的泄漏电流是为了检查非线性特性及绝缘性能。

6.2.2 操作程序

6.2.2.1 试验工序流程图(图 1-6-3)

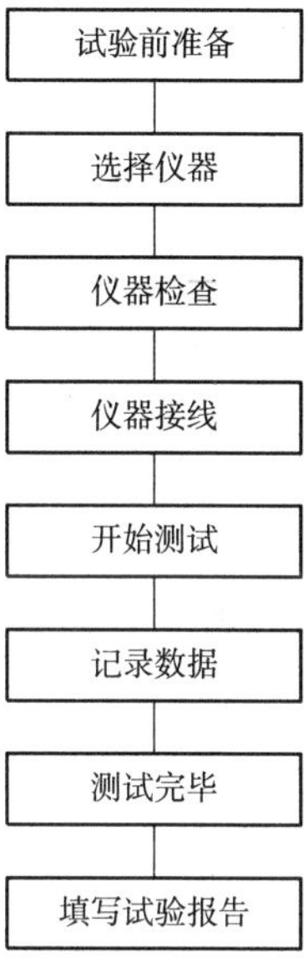

图 1-6-3　避雷器直流参考电压 $U_{1\,\mathrm{mA}}$ 和 0.75 倍直流参考电压 $U_{1\,\mathrm{mA}}$ 下的泄漏电流测试工艺流程

6.2.2.2 试验准备

(1)试验组织(表 1-6-3)

表 1-6-3　人员组织

序　号	项　　目	单　　位	数　　量	备　　注
1	工作负责人	人	1	全面负责
2	试验员	人	2	试验

(2)仪器、设备及材料配置(表 1-6-4)

表 1-6-4　设备及材料配置

序　号	名　　称	型　　号	技术规格	单　位	数　量	备　　注
1	直流高压发生器	ZGF-200/2	200 kV/2 mA	套	1	泄漏测试
2	干湿温度计			个	1	试验环境
3	放电棒			根	1	试验放电
4	试验连线		1.5 mm^2	条	6	
5	地线		25 mm^2 裸铜线	条	4	接地
6	细铁线			m	10	用于短封
7	开关板		5 A	块	1	
8	绝缘靴		高压	双	1	
9	绝缘手套		高压	双	1	
10	绝缘垫			块	1	绝缘

续上表

序　号	名　　称	型　　号	技术规格	单　位	数　量	备　　注
11	围栏			套	1	隔离防护
12	出厂试验报告			份	1	数据对比
13	原始记录表格			份	1	记录数据

6.2.2.3　电气数据测量

(1)试验条件

该项试验应在被试物安装就位后进行。试验现场应有稳定的电源和良好的接地点。该项试验属于高压试验,试验前应做好安全防护,设置防护围栏,围栏上应悬挂“止步,高压危险!”警示牌。

(2)选择仪器

直流耐压和泄漏电流试验选择直流高压发生器和放电棒。

(3)仪器检查

试验前必须对仪器做必要的检查工作,检查外观应完好无损,状态标识在有效期之内,保证仪器设备状态良好。

(4)接线

接线前应拆除被试设备的外部连线。用专用地线作良好接地,并接好放电棒,经工作负责人确认方可开始试验。

将直流高压发生器按说明书接线,高压引线接至避雷器接线端,接地端可靠接地,进行直流参考电压和泄漏电流测量,图 1-6-4 为避雷器参考电压及泄漏电流测试接线图。

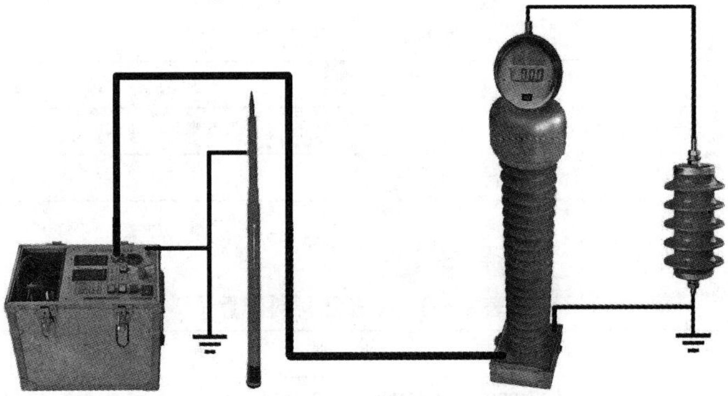

图 1-6-4　避雷器参考电压及泄漏电流测试接线

(5)测试

①试验人员应站在绝缘垫上操作,或穿绝缘靴、戴绝缘手套操作。

②将调压器置零位,微安表置于最大量程(2 mA/3 mA 挡)。

③接通电源后,试验负责人发出“将要合闸”命令,指定操作人员合上闸刀开关。开机,操作者一只手放在开关板旁边随时准备拉闸,另一手徐徐升高电压,升压速度为 2 kV/s,升压过程中,应随时呼喊电压数值。当泄漏电流达到 1 000 μm 是读取直流参考电压直 $U_{1\,\mathrm{mA}}$,然后降低电压到 75%时读取此时的泄漏电流。测试完毕迅速将调压器恢复零位,切断电源,用放电棒将被试品充分放电,并将放电棒挂在高压输出端,才可宣布“高压已断开”,才能允许其他工

作人员进入围栏工作。

(6)记录

测试时应作详细记录。记录内容包括:试验时间、试验地点、温度、湿度、仪器型号、编号、被试设备铭牌、测试数据。记录采用专门的原始记录表格,记录测试数据时应复述,操作人确认后方可记录。

6.2.2.4　试验结束

(1)试验完毕或重复试验时,必须将被试品对地充分放电至少5 min。

(2)测试完毕后,工作负责人应对原始记录进行审核,内容包括:记录内容是否漏项、测试数据有效数字、单位是否正确、记录人、试验人签字是否完整;核查测试结果是否符合标准规程的要求,对于不合格项应查找原因或重测,确认设备问题后填写《试验问题通知单》。全部检查无误后,审核人应签字。

(3)如被试设备不做其他项目测试,应准确恢复拆除的所有外部引线,并经工作负责人确认。

6.2.2.5　填写试验报告

测试完毕后,应及时将原始数据录入电子版试验报告妥善保存。待全部检测项目完成后一并打印纸质试验报告按照规定程序审核、签发和保存。

6.2.3　试验标准

金属氧化物避雷器对应的1 mA泄漏电流下的直流参考电压和75%$U_{1\,mA}$电压下的泄漏电流应符合产品技术条件的规定。实测值与制造厂规定值比较,其允许偏差应为±5%。

0.75倍直流参考电压下的泄漏电流值不应大于50 μA,或符合产品技术条件的规定。试验时若整流回路中的波纹系数大于1.5%时,应加装滤波电容器,可为0.01～0.1 μF,试验电压应在高压侧测量。

6.2.4　注意事项

(1)连接被试品的导线,必须尽可能短并且绝缘良好,对地要保持足够距离以减少杂散电流的干扰。

(2)试验前应擦拭被试品表面,因为潮湿和脏污将加大泄漏电流值。

(3)试验前应进行过压保护整定,以免电压过高损坏设备绝缘。

(4)试验过程中遇到下列情况应采取相应措施:

①微安表周期性变化,可能是回路存在反充电或试品绝缘不良引起,应查明原因,加以解决。

②微安表指示值突然冲击,当向试品加压,微安表有指示后,如果其突然向小冲击,可能是电源引起;若向大冲击,可能是试验回路或试品出现闪络引起,应马上降压断电,查明原因。

③微安表所显示数值随试验时间发生变化,若逐渐下降则可能是充电电流尚未稳定;若逐渐上升,可能是试品绝缘劣化引起。

第7章　电力电缆试验工艺

7.1　电力电缆绝缘电阻及相位测试

7.1.1　试验目的

绝缘电阻的测量是检查电缆绝缘最简单的方法，通过测量可以检查出电缆绝缘受潮老化缺陷，还可以判别出电缆在耐压试验时暴露的绝缘缺陷。

7.1.2　操作程序

7.1.2.1　试验工序流程图(图1-7-1)

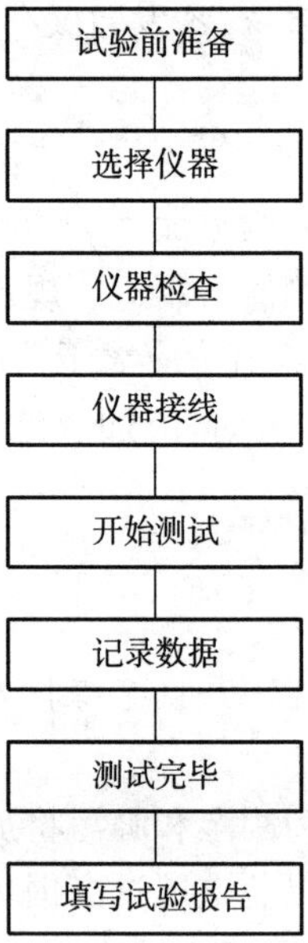

图1-7-1　电力电缆绝缘电阻及相位测试工艺流程

7.1.2.2　试验准备

(1)试验组织(表1-7-1)

表1-7-1　人员组织

序　号	项　　目	单　　位	数　　量	备　　注
1	工作负责人	人	1	全面负责
2	试验员	人	2	试验

(2)仪器、设备及材料配置(表1-7-2)

表 1-7-2　设备及材料配置

序　号	名　　称	型　　号	技术规格	单　位	数　量	备　　注
1	兆欧表	AVO	500～5 000 V	台	1	绝缘测试
2	万用表			块	1	
3	干湿温度计			只	1	试验环境
4	试验连线		1.5 mm^2	条	6	
5	细铁线			m	5	用于短封
6	出厂试验报告			份	1	数据对比
7	原始记录表格			份	1	记录数据

7.1.2.3　电气数据测量

(1)试验条件

该项试验应在电缆敷设完成及电缆终端头、中间头制作完成后进行。

(2)选择仪器

绝缘电阻测试选择 AVO 兆欧表,绝缘电阻测量宜采用 2 500 V,6/6 kV 及以上电缆也可用 5 000 V;橡塑电缆外护套、内衬层的测量宜采用 500 V。

(3)仪器检查

试验前必须对仪器做必要的检查工作,检查外观应完好无损,状态标识在有效期之内,保证仪器设备状态良好。

(4)接线

将电力电缆被试端 A、C 相短封接地,另外一端全部悬空并做好防护,绝缘电阻表测量端子分别接 B 相和大地,测量电缆 B 相对地绝缘电阻值,测量完毕依次使用相同方法进行 A、C 相测试,图 1-7-2 为电力电缆绝缘电阻测试接线。

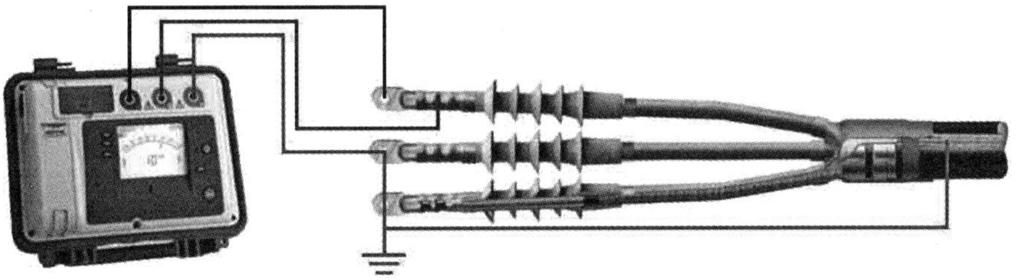

图 1-7-2　电力电缆绝缘电阻测试接线

(5)测试

①进行测试前应拆除电缆所有对外的连接,用干燥清洁的棉纱高压电缆头。

②为了安全,应将兆欧表放在绝缘垫上,操作人应站在绝缘垫上,安全员负责安全防护。

③如果试验环境湿度较大,电缆头表面泄漏较大时,可加等电位屏蔽线接于兆欧表“G”端,屏蔽环可用软裸线在电缆头外皮上缠绕几圈(但不能碰上)。

④打开仪器电源,按“测试”键,60 s 时,记录绝缘电阻的数值(同时记录试验时环境温度、湿度)。

⑤读取数值后,按停止键停止测试,待仪器自动放电完毕后关闭电源。

⑥应测量各电缆线芯对金属屏蔽层及地、外护套与内衬层间、各线芯间绝缘电阻,在测试

每相线芯对屏蔽层电阻的时候可以进行电缆核相。

(6)记录

测试时应作详细记录。记录内容包括:试验时间、试验地点、温度、湿度、仪器型号、编号、被试设备铭牌、测试数据。记录采用专门的原始记录表格,记录测试数据时应复述,操作人确认后方可记录。

7.1.2.4　试验结束

(1)试验完毕或重复试验时,必须将被试品对地充分放电至少 5 min。

(2)测试完毕后,工作负责人应对原始记录进行审核,内容包括:记录内容是否漏项、测试数据有效数字、单位是否正确、记录人、试验人签字是否完整;核查测试结果是否符合标准规程的要求,对于不合格项应查找原因或重测,确认电缆有问题后填写《试验问题通知单》。全部检查无误后,审核人应签字。

(3)如被试设备不做其他项目测试,应准确恢复拆除的所有外部引线,并经工作负责人确认。

7.1.2.5　填写试验报告

测试完毕后,应及时将原始数据录入电子版试验报告妥善保存。待全部检测项目完成后一并打印纸质试验报告按照规定程序审核、签发和保存。

7.1.3　试验标准

电力电缆绝缘电阻测量,应符合下列规定:

(1)耐压试验前后,绝缘电阻测量应无明显变化。

(2)橡塑电缆外护套、内衬层的绝缘电阻不应低于 0.5 MΩ/km。

(3)测量绝缘电阻用兆欧表的额定电压等级,应符合下列规定:

①电缆绝缘测量宜采用 2 500 V 兆欧表,6/6 kV 及以上电缆也可用 5 000 V 兆欧表。

②橡塑电缆外护套、内衬层的测量宜采用 500 V 兆欧表。

7.1.4　注意事项

(1)绝缘电阻试验应在良好的天气,且试品温度及周围环境温度一般不低于+5 ℃条件下进行。

(2)空气相对湿度较大时,绝缘体由于毛细管的作用,吸收较多水分,使得导电率增加,绝缘电阻下降,湿度对于表面的泄漏电流的影响更为明显,所以湿度也是影响绝缘电阻的因素之一,因此试验时应引起足够的重视并采取相应措施:如增加屏蔽环。

(3)兆欧表的引线要绝缘良好,还应与地绝缘,测量时“L”端与“E”端的引线不能碰在一起,如引线要经其他支持物连接时,支持物必须绝缘良好,否则影响测量准确性。

(4)当兆欧表绝缘不良时,应将兆欧表放在绝缘垫上操作,以保证安全。

7.2　电力电缆直流耐压试验及泄漏电流测试

7.2.1　试验目的

对电力电缆进行直流耐压及泄漏电流试验,是检测电缆绝缘状况的一个主要试验项目,直流耐压及泄漏电流试验是同时进行的。

7.2.2　操作程序

7.2.2.1　试验流程图(图 1-7-3)

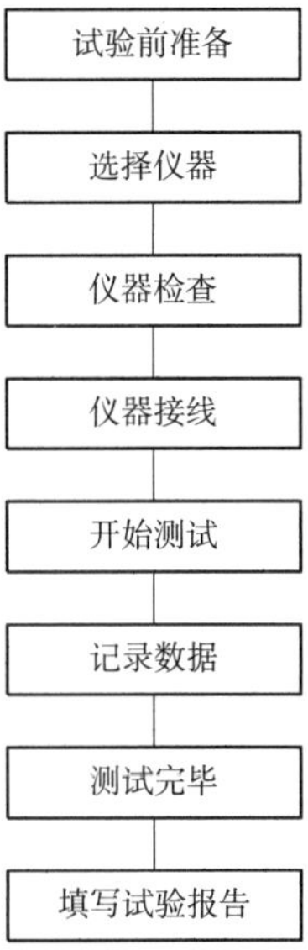

图 1-7-3　电力电缆直流耐压试验及泄漏电流测试工艺流程

7.2.2.2　试验准备

(1)试验组织(表 1-7-3)

表 1-7-3　人员组织

序　号	项　　目	单　　位	数　　量	备　　注
1	工作负责人	人	1	全面负责
2	试验员	人	2	试验

(2)仪器、设备及材料配置(表 1-7-4)

表 1-7-4　设备及材料配置

序　号	名　　称	型　　号	技术规格	单　位	数　量	备　　注
1	直流高压发生器	ZGF	200 kV/2 mA	套	1	泄漏测试
2	万用表	F17B		块	1	
3	干湿温度计			只	1	试验环境
4	放电棒			根	1	试验放电
5	试验连线		1.5 mm^2	条	6	
6	地线		25 mm^2裸铜线	条	4	接地
7	细铁线			m	10	用于短封
8	开关板		5A	块	1	
9	绝缘靴		高压	双	1	

续上表

序　号	名　　称	型　　号	技术规格	单　位	数　量	备　　注
10	绝缘手套		高压	双	1	
11	绝缘垫			块	1	绝缘
12	围栏			套	1	隔离防护
13	出厂试验报告			份	1	数据对比
14	原始记录表格			份	1	记录数据

7.2.2.3　电气数据测量

(1)试验条件

该项试验应在被试物安装就位后进行。试验现场应有稳定的电源和良好的接地点。该项试验属于高压试验,试验前应做好安全防护,设置防护围栏,围栏上应悬挂“止步高压危险!”警示牌。电缆试验时,两端均应设置防护围栏并由专人防护。

(2)选择仪器

直流耐压和泄漏电流试验选择直流高压发生器和放电棒。

(3)仪器检查

试验前必须对仪器做必要的检查工作,检查外观应完好无损,状态标识在有效期之内,保证仪器设备状态良好。

(4)接线

接线前应拆除被试电缆头的外部连线。用专用地线作良好接地,并接好放电棒,经工作负责人确认后方可开始试验。

将电力电缆B、C相短封接地,另外一端全部悬空并做好防护,直流高压发生器高压引线测量端子接电缆A相,进行A相直流耐压测量,测量完毕依次使用相同方法进行B、C相测试,图1-7-4为电力电缆的直流耐压及泄漏电流测试接线图。

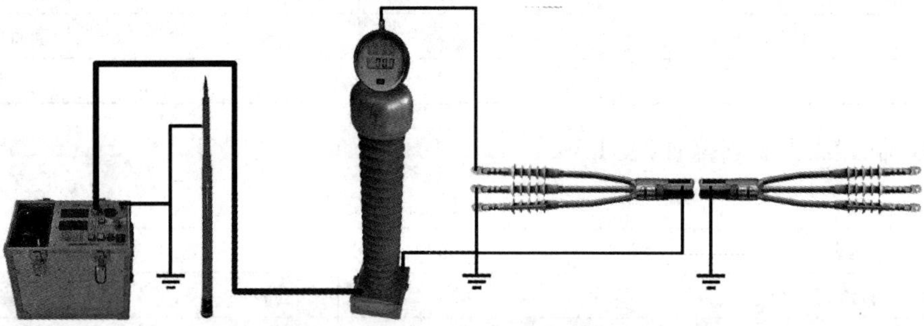

图1-7-4　电力电缆的直流耐压及泄漏电流测试接线

(5)测试

①试验人员应站在绝缘垫上操作,或穿绝缘靴、戴绝缘手套操作。

②将调压器置零位,微安表置于最大量程(2 mA挡)。

③接通电源后,试验负责人发出“将要合闸”命令,指定操作人员合上闸刀开关。开机,操作者一只手放在开关板旁边随时准备拉闸,另一手缓慢升高电压,升压速度为2 kV/s,升压过程中,应随时呼喊电压数值。三相电力电缆试验时,应每相分别试验,一相加压,另两相应短连接地。试验时,试验电压可分4～6阶段均匀升压,每阶段停留1 min,并读取泄漏电流值,试验

电压升至规定值后维持 15 min,其间读取 1 min 和 15 min 时泄漏电流。测试完毕迅速将调压器恢复零位,切断电源,用放电棒将被试品充分放电,并将放电棒挂在高压输出端,才可宣布"高压已断开"。才能允许其他工作人员进入围栏工作。

(6)记录

测试时应作详细记录。记录内容包括:试验时间、试验地点、温度、湿度、仪器型号、编号、被试设备铭牌、测试数据。记录采用专门的原始记录表格,记录测试数据时应复述,操作人确认后方可记录。

7.2.2.4　试验结束

(1)试验完毕或重复试验时,必须将被试品对地充分放电至少 5 min。

(2)测试完毕后,工作负责人应对原始记录进行审核,内容包括:记录内容是否漏项、测试数据有效数字、单位是否正确、记录人、试验人签字是否完整;核查测试结果是否符合标准规程的要求,对于不合格项应查找原因或重测,确认电缆有问题后填写《试验问题通知单》。全部检查无误后,审核人应签字。

(3)如被试设备不做其他项目测试,应准确恢复拆除的所有外部引线,并经工作负责人确认。

7.2.2.5　填写试验报告

测试完毕后,应及时将原始数据录入电子版试验报告妥善保存。待全部检测项目完成后一并打印纸质试验报告按照规定程序审核、签发和保存。

7.2.3　试验标准

(1)18/30 kV 及以下电压等级的橡塑绝缘电缆直流耐压试验电压,应按式 1-7-1 计算:

$$U_t = 4U_0 \qquad \text{(式 1-7-1)}$$

(2)试验时,试验电压可分 4～6 阶段均匀升压,每阶段停留 1 min,并读取泄漏电流值。试验电压升至规定值后应维持 15 min,期间应读取 1 min 和 15 min 时泄漏电流。测量时应消除杂散电流的影响。

(3)电缆的泄漏电流具有下列情况之一者,电缆绝缘可能有缺陷,应找出缺陷部位,并予以处理:

①泄漏电流很不稳定;

②泄漏电流随试验电压升高急剧上升;

③泄漏电流随试验时间延长有上升现象。

7.2.4　注意事项

(1)连接电缆头的导线,必须尽可能短并且绝缘良好,对地要保持足够距离以减少杂散电流的干扰。

(2)试验前应擦拭电缆头表面,因为潮湿和脏污将加大泄漏电流值。

(3)试验前应进行过压保护整定,以免电压过高损坏设备绝缘。

(4)试验过程中遇到下列情况应采取相应措施。

①微安表周期性变化,可能是回路存在反充电或试品绝缘不良引起,应查明原因,加以解决。

②微安表指示值突然冲击,当向电缆加压,微安表有指示后,如果其突然向小冲击,可能是

电源引起；若向大冲击，可能是试验回路或电缆出现闪络或内部断续充电引起，应马上降压断电，查明原因。

③微安表所显示数值随试验时间发生变化，若逐渐下降则可能是充电电流尚未稳定；若逐渐上升，可能是电缆绝缘劣化引起。

7.3　电力电缆的交流耐压试验

7.3.1　试验目的

橡塑电力电缆采用直流耐压存在明显缺点，直流电压的电场分布与交流电压下电场分布不同，不能反映实际运行状况。国家标准要求橡塑电缆优先采用 20～300 Hz 交流耐压试验。

7.3.2　操作程序

7.3.2.1　试验工序流程图(图 1-7-5)

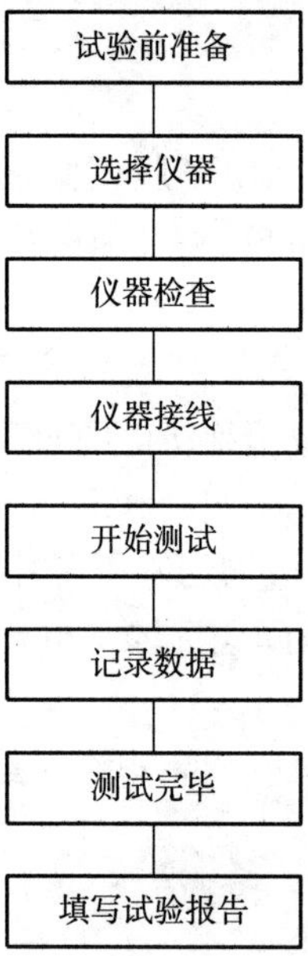

图 1-7-5　电力电缆交流耐压试验工艺流程

7.3.2.2　试验准备

(1)试验组织(表 1-7-5)

表 1-7-5　人员组织

序　号	项　　目	单　　位	数　　量	备　　注
1	工作负责人	人	1	全面负责
2	试验员	人	2	试验

(2)仪器、设备及材料配置(表 1-7-6)

表 1-7-6　设备及材料配置

序号	名称	型号	技术规格	单位	数量	备注
1	变频串联谐振耐压试验装置	FSS		套		交流耐压
2	万用表			块	1	
3	干湿温度计			只	1	试验环境
4	放电棒			根	1	试验放电
5	试验连线		1.5 mm^2	条	6	
6	地线		25 mm^2裸铜线	条	4	接地
7	细铁线			m	10	用于短封
8	绝缘靴		高压	双	1	
9	绝缘手套		高压	双	1	
10	绝缘垫			块	1	绝缘
11	围栏			套	1	隔离防护
12	出厂试验报告			份	1	数据对比
13	原始记录表格			份	1	记录数据

7.3.2.3　电气数据测量

(1)试验条件

该项试验应在被试物安装就位后进行。试验现场应有稳定的电源和良好的接地点。该项试验属于高压试验,试验前应做好安全防护,设置防护围栏,围栏上应悬挂“止步,高压危险!”警示牌。电缆试验时,两端均应设置防护围栏专人防护。

(2)选择仪器

变频串联谐振耐压试验装置。

(3)仪器检查

试验前必须对仪器做必要的检查工作,检查外观应完好无损,状态标识在有效期之内,保证仪器设备状态良好。

(4)接线

接线前应拆除被试电缆头的外部连线。用专用地线作良好接地,并接好放电棒,经工作负责人确认后方可开始,若为 GIS 插拔式终端头需安装绝缘帽进行试验。

使用串联谐振测试装置,对电力电缆进行交流耐压试验,图 1-7-6 电力电缆的交流耐压接线图。

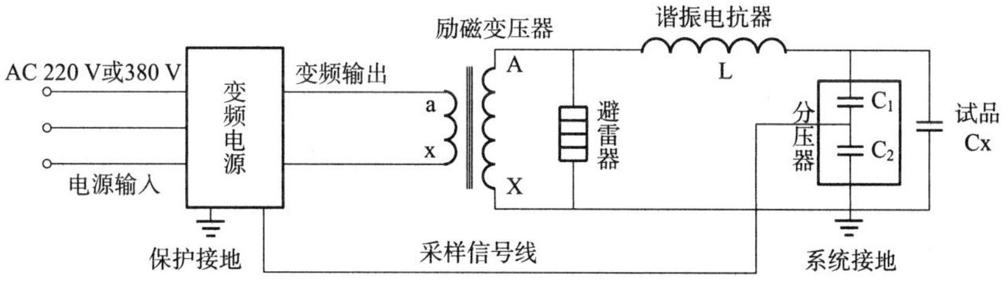

图 1-7-6　电力电缆的交流耐压接线

(5)测试

①试验人员应站在绝缘垫上操作,或穿绝缘靴、戴绝缘手套操作。

②根据被试电缆的规格和长度计算出它的电容量(表 1-7-7)。

表 1-7-7 交联聚乙烯电力电缆单位长的电容量(μF/km)

电缆导体截面积 mm^2	YJV、YJLV			
	6/10 kV	8.7/10 kV	21/35 kV	26/35 kV
1(3)×35	0.212	0.173		
1(3)×50	0.237	0.192	0.118	0.114
1(3)×70	0.270	0.217	0.131	0.125
1(3)×95	0.301	0.240	0.143	0.135
1(3)×120	0.327	0.261	0.153	0.143
1(3)×150	0.358	0.284	0.164	0.153
1(3)×185	0.388	0.307	0.180	0.163
1(3)×240	0.430	0.339	0.194	0.176
1(3)×300	0.472	0.370	0.211	0.190
1(3)×400	0.531	0.418	0.231	0.209

③根据计算出的电容量应用式(1-7-2)在 30～300 Hz 的谐振频率间选配电感组合。

$$f=\frac{1}{2\pi\sqrt{LC}} \tag{1-7-2}$$

④根据被试品电容量及谐振频率和所需耐压值,可计算出谐振电流 I_c验证装置额定容量满足试验要求。

$$I_c=2\pi fCU_c \tag{1-7-3}$$

⑤在电缆两端的各种安全措施做好后接通试验装置的电源,设置装置参数,通过手动或自动找到谐振点后升至被试电缆的试验电压。

⑥加压期间注意安全防护,待到规定的时间到了以后,将电压均匀降回零后切断装置电源。对被试品进行放电。

(6)记录

测试时应作详细记录。记录内容包括:试验时间、试验地点、温度、湿度、仪器型号、编号、被试设备铭牌、测试数据。记录采用专门的原始记录表格,记录测试数据时应复述,操作人确认后方可记录。

7.3.2.4 试验结束

(1)试验完毕或重复试验时,必须将被试品对地充分放电至少 5 min。

(2)测试完毕后,工作负责人应对原始记录进行审核,内容包括:记录内容是否漏项、测试数据有效数字、单位是否正确、记录人、试验人签字是否完整;核查测试结果是否符合标准规程的要求,对于不合格项应查找原因或重测,确认电缆有问题后填写《试验问题通知单》。全部检查无误后,审核人应签字。

(3)如被试设备不做其他项目测试,应准确恢复拆除的所有外部引线,并经工作负责人确认。

7.3.2.5 填写试验报告

测试完毕后,应及时将原始数据录入电子版试验报告妥善保存。待全部检测项目完成后一并打印纸质试验报告按照规定程序审核、签发和保存。

7.3.3　试验标准

橡塑电缆优先采用 20～300 Hz 交流耐压试验。交流耐压试验电压及时间见表 1-7-8。

表 1-7-8　橡塑电缆 20～300 Hz 交流耐压试验电压和时间

额定电压 U_0/U(kV)	试验电压	时间(min)
18/30 及以下	$2U_0$	15(或 60)
21/35～64/110	$2U_0$	60

7.3.4　注意事项

(1)连接被试电缆头的导线,必须尽可能短并且绝缘良好,对地要保持足够距离以减少杂散电流的干扰。

(2)试验前应擦拭电缆头表面,因为潮湿和脏污将加大泄漏电流值。

(3)试验前应进行过压保护整定,以免电压过高损坏设备绝缘。

7.4　电力电缆护套试验工艺

7.4.1　试验目的

许多高压电缆敷设后由于填土及盖板过程中外力损伤导致无法通过护层耐压试验,高压电缆护套耐压试验主要检测电缆在敷设后外护套是否损伤,是否能够满足标准要求。

7.4.2　操作程序

7.4.2.1　试验流程图(图 1-7-7)

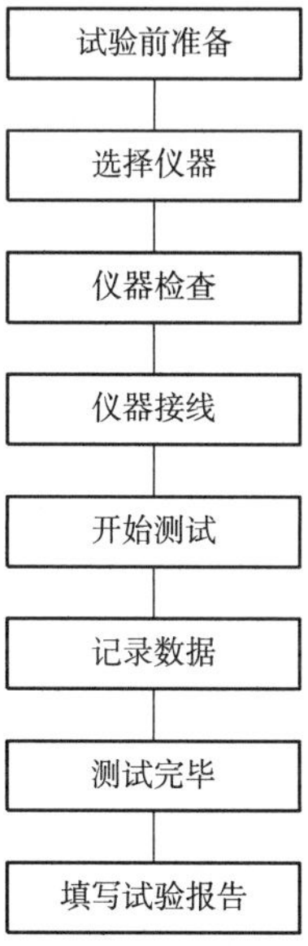

图 1-7-7　电力电缆护套试验工艺流程

7.4.2.2　试验准备

（1）试验组织（表 1-7-9）

表 1-7-9　人员组织

序　号	项　　目	单　　位	数　　量	备　　注
1	工作负责人	人	1	全面负责
2	试验员	人	2	试验

（2）仪器、设备及材料配置（表 1-7-10）

表 1-7-10　设备及材料配置

序　号	名　　称	技术规格	单　位	数　量	备　　注
1	电缆护套测试仪		套		直流耐压
2	万用表		块	1	
3	干湿温度计		只	1	试验环境
4	放电棒		根	1	试验放电
5	试验连线	1.5 mm^2	条	6	
6	地线	25 mm^2裸铜线	条	4	接地
7	细铁线		m	10	用于短封
8	绝缘靴	高压	双	1	
9	绝缘手套	高压	双	1	
10	绝缘垫		块	1	绝缘
11	围栏		套	1	隔离防护
12	出厂试验报告		份	1	数据对比
13	原始记录表格		份	1	记录数据

7.4.2.3　电气数据测量

（1）试验条件

该项试验应在高压电缆敷设完成后且主绝缘、外护套、内衬层绝缘测量合格后进行。

（2）选择仪器

高压电缆外护套试验选电缆外护套耐压试验仪。

（3）仪器检查

试验前必须对仪器做必要的检查工作，检查外观应完好无损，状态标识在有效期之内，保证仪器设备状态良好。

（4）接线

接线前确认护层保护器未连接，应将高压输出引线与金属护套或铠装层连接，保证接地良好。将电缆护套测试仪按说明书接线，如图 1-7-8 所示，高压电缆金属护套或铠装层与外护套、主绝缘层间距符合试验要求，试验设备及外护套表面可靠接地，高压试验

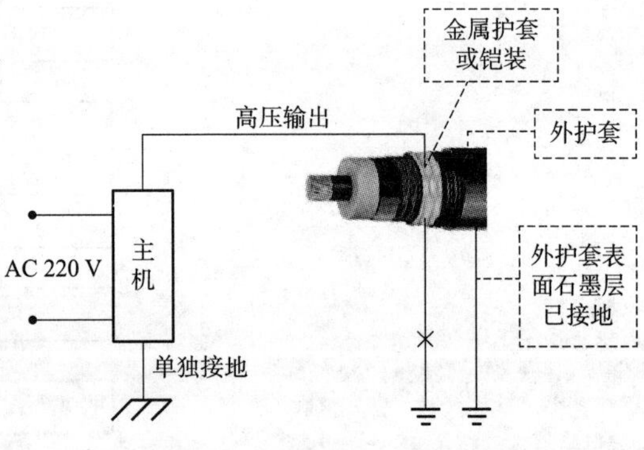

图 1-7-8　电缆护套试验接线

引线接至金属护套层，逐步升压至标准要求进行护套耐压试验。

(5)测试

确认现场电缆状态及接线正确的情况下，启动前要检查“电压调节”旋钮是否调零，选择耐压模式顺时针调节电压输出至10 kV，试验时间为1 min，观察泄漏电流值，电缆有无异状，试验结束对电缆充分放电后方可拆除测试连线。

(6)记录

测试时应作详细记录。记录内容包括：试验时间、试验地点、温度、湿度、仪器型号、编号、被试设备铭牌、测试数据。记录采用专门的原始记录表格，记录测试数据时应复述，操作人确认后方可记录。

7.4.2.4　试验结束

(1)测试完毕后，工作负责人应对原始记录进行审核，内容包括：记录内容是否漏项、测试数据有效数字、单位是否正确、记录人、试验人签字是否完整；核查测试结果是否符合标准规程的要求，对于不合格项应查找原因或重测，确认电缆有问题后填写《试验问题通知单》。全部检查无误后，审核人应签字。

(2)如被试设备不做其他项目测试，应准确恢复拆除的所有外部引线，并经工作负责人确认。

7.4.2.5　填写试验报告

测试完毕后，应及时将原始数据录入电子版试验报告妥善保存。待全部检测项目完成后一并打印纸质试验报告按照规定程序审核、签发和保存。

7.4.3　试验标准

应在每段电缆金属屏蔽或金属套与地之间施加直流电压10 kV，加压时间应为1 min，不应击穿。

7.4.4　注意事项

(1)连接测试点的高压导线，必须尽可能短并且绝缘良好，对地要保持足够距离以减少杂散电流的干扰。

(2)试验前应擦拭测试点表面，因为潮湿和脏污将加大泄漏电流值。

(3)试验前应进行过压保护整定，以免电压过高损坏设备绝缘。

(4)对于交叉互联系统，直流耐压试验在交叉互联系统的每一段上进行，试验时将电缆金属护层的交叉互联连接断开，被试段金属护层接直流试验电压，互联箱中另一侧的非被试段电缆金属护层接地，绝缘接头外护套，互联箱段间绝缘夹板、引线同轴电缆连同电缆外护层一起试验。

第8章　保护装置单体调试工艺

8.1　装置的外观检查

8.1.1　试验目的

进行新安装装置的检验，首先外观状态、基本参数配置是判断装置能否运行的第一步。

8.1.2　操作程序

8.1.2.1　试验工序流程图(图1-8-1)

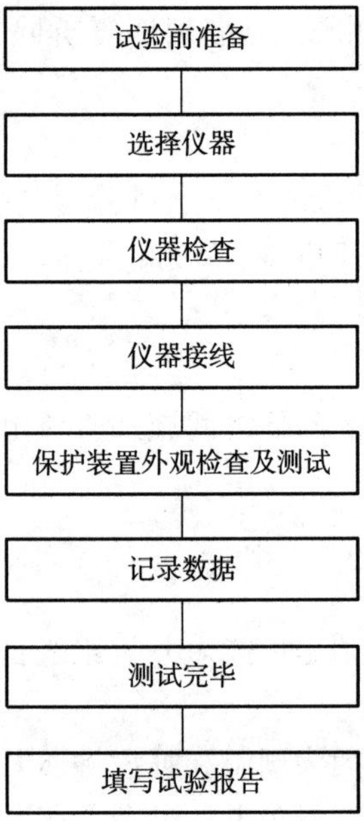

图1-8-1　保护装置外观检查工艺流程

8.1.2.2　试验准备

(1)试验组织

表1-8-1　人员组织

序　号	项　　目	单　　位	数　　量	备　　注
1	工作负责人	人	1	全面负责
2	试验员	人	2	试验

(2)仪器、设备及材料配置

表 1-8-2　设备及材料配置

序　号	名　　称	型　　号	技术规格	单　位	数　量	备　　注
1	数字万用表	F17B		块	1	
2	温湿度计			个	1	试验环境
3	试验连线		1.5 mm^2	条	6	
4	出厂试验报告			份	1	数据对比
5	原始记录表格			份	1	记录数据

8.1.2.3　电气数据测量

(1)试验条件

该项试验应在保护装置安装完后进行。

(2)测试

检查保护装置的各部件固定良好,无松动现象,装置外形应端正,无明显损坏及变形现象。

检查保护装置的端子排连接应可靠,且标号应清晰正确,切换开关、按钮、应操作灵活、手感良好。

保护装置外观图如图 1-8-2 所示。

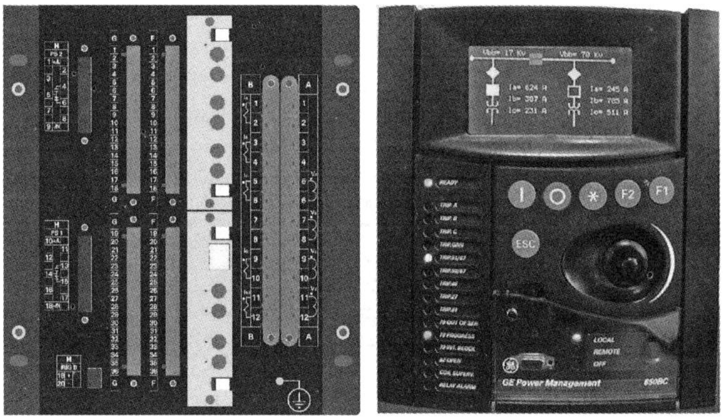

图 1-8-2　保护装置外观

(3)记录

测试时应作详细记录。记录内容包括:仪器型号、编号、被试设备铭牌、测试数据。记录采用专门的原始记录表格。记录测试数据时应复述,操作人确认后方可记录。

8.1.2.4　试验结束

测试完毕后,工作负责人应对原始记录进行审核,内容包括:记录内容是否漏项、测试数据有效数字、单位是否正确、记录人、试验人签字是否完整,检查无误后,审核人应签字。

8.1.2.5　填写试验报告

测试完毕后,应及时将原始数据录入电子版试验报告妥善保存。全部检测项目完成后一并打印纸质试验报告按照规定程序审核、签发、发放和保存。

8.1.3　试验标准

装置的配置、型号、额定参数(直流电源额定电压、交流额定电流、电压等)是否于设计相符合。

主要设备、辅助设备的工艺质量,以及导线与端子采用材料的质量是否符合设计。

8.1.4　注意事项

试验过程中,应避免损坏装置内部元器件。

8.2　保护装置绝缘测试

8.2.1　试验目的

检验保护装置各回路的绝缘状况,保证其绝缘裕度能够承受一定的过电压能力从而确保装置安全可靠运行。

8.2.2　操作程序

8.2.2.1　试验工序流程图(图 1-8-3)

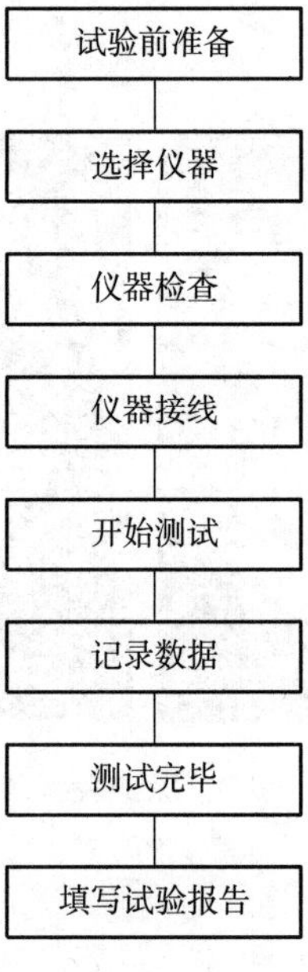

图 1-8-3　保护装置绝缘测试工艺流程

8.2.2.2　试验准备

(1)试验组织(表 1-8-3)

表 1-8-3　人员组织

序　号	项　　目	单　　位	数　　量	备　　注
1	工作负责人	人	1	全面负责
2	试验员	人	2	试验

(2)仪器、设备及材料配置(表 1-8-4)

表 1-8-4　设备及材料配置

序　号	名　　称	型　　号	技术规格	单　位	数　量	备　　注
1	兆欧表	AVO	500～2 500 V	台	1	绝缘测试
2	数字万用表	F17B		块	1	
3	温湿度计			只	1	试验环境
4	试验连线		1.5 mm^2	条	6	
5	出厂试验报告			份	1	数据对比
6	原始记录表格			份	1	记录数据

8.2.2.3　电气数据测量

(1)试验条件

该项试验应在保护装置安装完成后进行。

(2)选择仪器

兆欧表。

(3)仪器检查

试验前必须对仪器做必要的检查工作,检查外观应完好无损,状态标识在有效期之内,保证仪器设备状态良好。

(4)接线

按照保护装置的技术说明书拔出不能承受高压的插件。

在保护屏端子处分别短接交流电压回路端子、交流电流回路端子、直流电源回路端子、跳闸和合闸回路端子、开关量回路输出端子、自动化系统接口回路端子及信号回路端子。

断开与其他保护的弱电联系回路。

装置内所有互感器的屏蔽层应可靠接地。在测量某一组回路对地绝缘电阻时,应将其他各组回路都接地。

将各插件按说明书要求短封,对外壳进行绝缘测试,保护装置外壳可靠接地(图 1-8-4)。

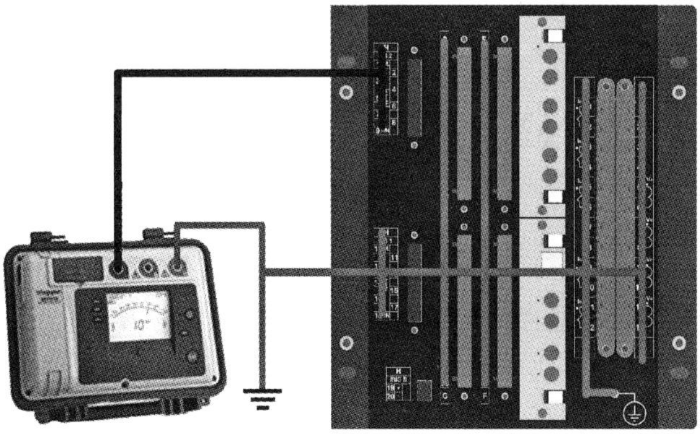

图 1-8-4　保护装置绝缘测试接线

(5)测试

用 500 V 兆欧表选择一个回路测绝缘电阻,测试时非被测试回路应互联接地,测试后,应将各回路对地放电。

(6)记录

测试时应作详细记录。记录内容包括:仪器型号、编号、被试设备铭牌、测试数据。记录采用专门的原始记录表格。记录测试数据时应复述，操作人确认后方可记录。

8.2.2.4 试验结束

(1)测试完毕后，工作负责人应对原始记录进行审核，内容包括：记录内容是否漏项、测试数据有效数字、单位是否正确、记录人、试验人签字是否完整，检查无误后，审核人应签字。

(2)与试验标准比较，不合格应查找原因或重测，仍不合格应根据其他项目试验结果综合判断，确认设备绝缘有问题应填写《试验问题通知单》。

8.2.2.5 填写试验报告

测试完毕后，应及时将原始数据录入电子版试验报告妥善保存。全部检测项目完成后一并打印纸质试验报告按照规定程序审核、签发、发放和保存。

8.2.3 试验标准

用 500 V 兆欧表测量绝缘电阻阻值均大于 20 MΩ。

8.2.4 注意事项

(1)断开直流电源后才允许插、拔插件，插、拔交流插件时应防止交流电流回路开路。

(2)因检验需要临时短接或断开的端子，应逐个记录，并在试验结束后及时恢复。

(3)在进行接线或换线时，必须首先断开电源后才能进行作业。

8.3 保护装置上电检查

8.3.1 试验目的

检验保护装置内部参数设置的正确性。

8.3.2 操作程序

8.3.2.1 试验工序流程图(图 1-8-5)

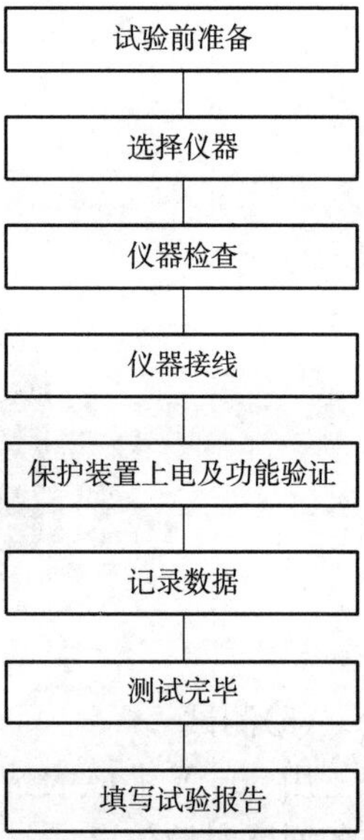

图 1-8-5 保护装置上电检查工艺流程

8.3.2.2 电气数据测量

(1)试验条件

该项试验应在保护装置安装完后进行。

(2)选择仪器

数字万用表、稳定的电源。

(3)仪器检查

试验前必须对仪器做必要的检查工作，检查外观应完好无损，状态标识在有效期之内，保证仪器设备状态良好。

(4)接线

将可调的直流电源的输出端接入保护装置的电源端子处。

(5)测试

打开装置电源，装置自检后，应能正常工作。

按照装置技术说明书描述的方法，检查并记录装置的硬件和软件版本号、检验码等信息，校对时钟。

(6)记录

测试时应作详细记录。记录内容包括：仪器型号、编号、被试设备铭牌、测试数据。记录本采用专门的原始记录表格。记录测试数据时应复述，操作人确认后方可记录。

8.3.2.3　试验结束

测试完毕后，工作负责人应对原始记录进行审核，内容包括：记录内容是否漏项、测试数据有效数字、单位是否正确、记录人、试验人签字是否完整，检查无误后，审核人应签字。

8.3.2.4　填写试验报告

测试完毕后，应及时将原始数据录入电子版试验报告妥善保存。全部检测项目完成后一并打印纸质试验报告按照规定程序审核、签发、发放和保存。

8.3.3　试验标准

装置的硬件和软件版本号、检验码等信息符合设计要求。

8.3.4　注意事项

(1)操作时精力集中，一旦发现异常情况，立即断开电源，查明原因排除故障后继续试验。

(2)试验人员接触、更换芯片时，应采用人体防静电接地措施，以确保不会因人体静电而损坏芯片。

8.4　保护装置的逆变电源检查

8.4.1　试验目的

检验保护装置在电源电压波动情况下的适应能力。

8.4.2　操作程序

8.4.2.1　试验工序流程图(图 1-8-6)

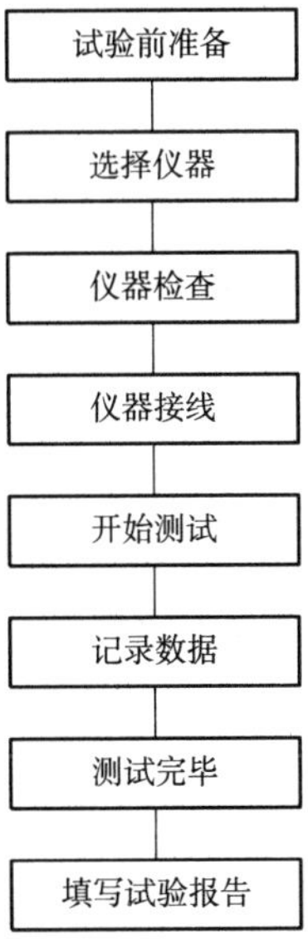

图 1-8-6　保护装置逆变电源检查工艺流程

8.4.2.2　试验准备

(1)试验组织(表 1-8-5)

表 1-8-5　人员组织

序　号	项　　目	单　　位	数　　量	备　　注
1	工作负责人	人	1	全面负责
2	试验员	人	2	试验

(2)仪器、设备及材料配置(表 1-8-6)

表 1-8-6　设备及材料配置

序　号	名　　称	型　　号	技术规格	单　位	数　量	备　　注
1	数字万用表	F17B		块	1	
2	温湿度计			个	1	试验环境
3	直流电源		DC 0～220 V	台	1	
4	试验连线		1.5 mm^2	条	6	
5	原始记录表格			份	1	记录数据

8.4.2.3　电气数据测量

(1)试验条件

该项试验应在开关设备安装完成后,装置配好线及送上电后进行。

(2)选择仪器

数字万用表,可调直流电源。

(3)仪器检查

试验前必须对仪器做必要的检查工作,检查外观应完好无损,状态标识在有效期之内,保证仪器设备状态良好。

(4)接线

将可调直流电源输出端接到保护装置的电源端。

(5)测试

用可调直流电源接到装置的电源端子上,合上装置逆变电源插件上的开关将直流电源电压由 0 缓慢上升到 80%额定电压下,此时逆变电源插件面板上的电源指示灯应亮。

固定试验直流电源为 80%额定电压值,拉合直流开关,逆变电源应可靠启动。

带负荷电流,装置处于正常工作状态,拉合直流电源,装置应无异常信息。

(6)记录

测试时应作详细记录。记录内容包括:仪器型号、编号、被试设备铭牌、测试数据。记录本采用专门的原始记录表格。记录测试数据时应复述,操作人确认后方可记录。

8.4.2.4　试验结束

测试完毕后,工作负责人应对原始记录进行审核,内容包括:记录内容是否漏项、测试数据有效数字、单位是否正确、记录人、试验人签字是否完整,检查无误后,审核人应签字。

8.4.2.5　填写试验报告

测试完毕后,应及时将原始数据录入电子版试验报告妥善保存。全部检测项目完成后一并打印纸质试验报告按照规定程序审核、签发、发放和保存。

8.4.3　试验标准

试验过程中，逆变电源要可靠启动。

8.4.4　注意事项

(1)试验时，要求插入全部插件。
(2)操作时精力集中，一旦发现异常情况，立即断开电源，查明原因排除故障后继续试验。

8.5　保护装置的开入、开出量检查

8.5.1　试验目的

检验保护装置开入、开出接线功能的正确性。

8.5.2　操作程序

8.5.2.1　试验工序流程图(图 1-8-7)

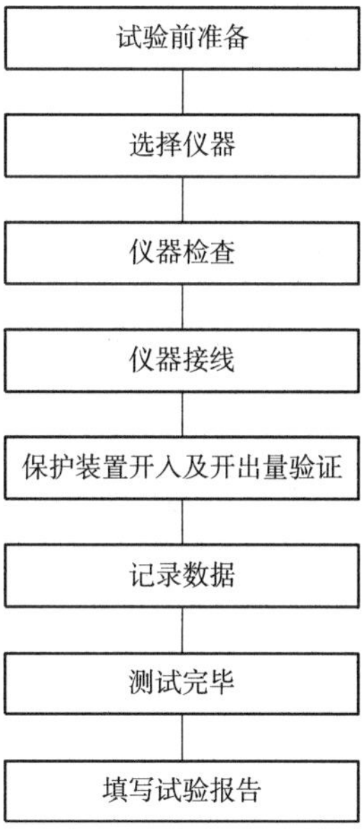

图 1-8-7　保护装置开入、开出量检查工艺流程

8.5.2.2　电气数据测量

(1)试验条件
试验应在开关设备安装完后，装置配好线后及送上电后进行。
(2)选择仪器
数字万用表。
(3)仪器检查
试验前必须对仪器做必要的检查工作，检查外观应完好无损，状态标识在有效期之内，保证仪器设备状态良好。

(4)接线

对照保护装置说明书,使用万用表验证各输入输出插件开入、开出量是否符合要求(图 1-8-8)。

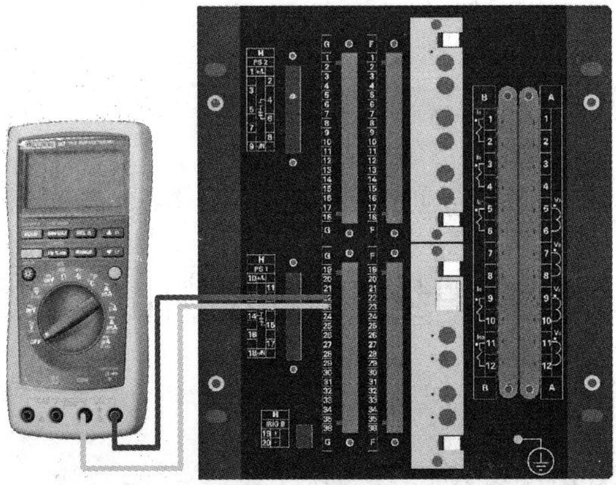

图 1-8-8　保护装置开入、开出功能测试接线

(5)测试

在保护屏柜端子排处,按照装置说明书,对所有引出端子排的开关量输入回路依次加入激励量,同时打开保护的开关量状态,监视液晶屏幕上显示的开关量变位情况。

在保护屏端子排处,按照施工图纸和装置说明书,依次观察装置已经投入使用的输出触点及输出信号的通断状态。

(6)记录

测试时应作详细记录。记录内容包括:仪器型号、编号、被试设备铭牌、测试数据。记录本采用专门的原始记录表格。记录测试数据时应复述,操作人确认后方可记录。

8.5.2.3　试验结束

测试完毕后,工作负责人应对原始记录进行审核,内容包括:记录内容是否漏项、测试数据有效数字、单位是否正确、记录人、试验人签字是否完整,检查无误后,审核人应签字。

8.5.2.4　填写试验报告

测试完毕后,应及时将原始数据录入电子版试验报告妥善保存。全部检测项目完成后一并打印纸质试验报告按照规定程序审核、签发、发放和保存。

8.5.3　试验标准

试验过程中,开入、开出量动作正常。

8.5.4　注意事项

模拟开关量变位时要确认好所在端子的位置,不能够短连出错。以防把高电压短接入低电压回路而损坏被测试设备。

8.6　保护装置的模数变换功能检查

8.6.1　试验目的

检验保护装置的采样值是否满足装置的技术条件的规定。

8.6.2　操作程序

8.6.2.1　试验工序流程图(图1-8-9)

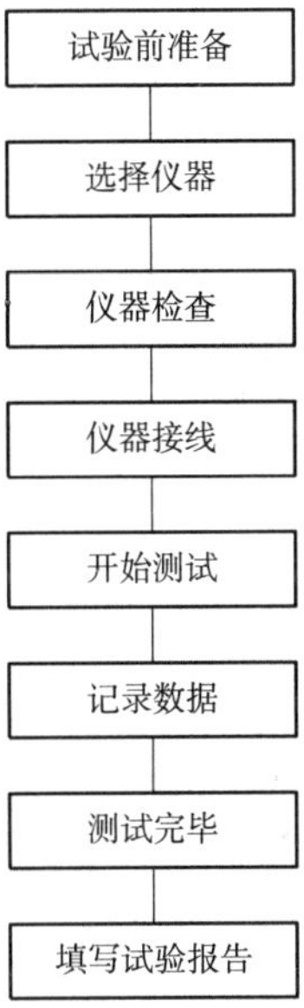

图1-8-9　保护装置模数变换功能检查工艺流程

8.6.2.2　试验准备

(1)试验组织(表1-8-7)

表1-8-7　人员组织

序　号	项　　目	单　　位	数　　量	备　　注
1	工作负责人	人	1	全面负责
2	试验员	人	2	试验

(2)仪器、设备及材料配置(表1-8-8)

表1-8-8　设备及材料配置

序　号	名　　称	型　　号	技术规格	单　位	数　量	备　　注
1	继电保护测试仪	MP3000		台	1	
2	数字万用表	F17B		块	1	
3	温湿度计			只	1	试验环境
4	试验连线		1.5 mm^2	条	6	
5	产品说明书			份	1	数据对比
6	原始记录表格			份	1	记录数据

8.6.2.3　电气数据测量

(1)试验条件

该项试验应在开关设备安装完后，装置配好线及送上电后进行。

(2)选择仪器

装置调试选择继电保护测试仪，以及有稳定的电源。

(3)仪器检查

试验前必须对仪器做必要的检查工作，检查外观应完好无损，状态标识在有效期之内，保证仪器设备状态良好。

(4)接线

使用继电保护测试仪分别接入保护装置电压、电流回路，对保护装置的采样信息进行校对(图 1-8-10)。

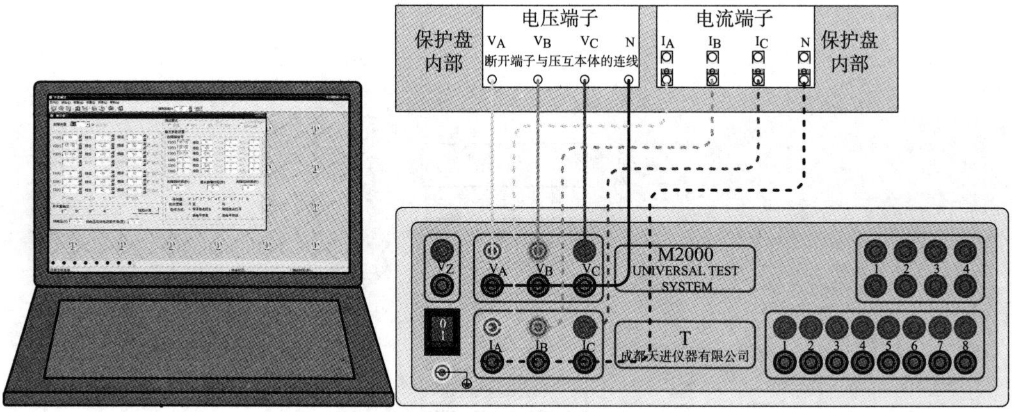

图 1-8-10 保护装置单体调试接线

(5)测试

检验零点漂移，要求装置不输入交流电压、电流量，观察装置在一段时间内的零漂值满足装置技术条件的规定。

模拟量输入幅值特性检验，在保护装置上加三相电流、电压检验采样数据(与外回路断开)，调整输入交流电压分别为 20 V、40 V、60 V、80 V、100 V，电流分别为 $0.1I_n$、$0.5I_n$、I_n、$4I_n$，要求保护装置采样显示正常且基本误差应不大于 1%。

模拟量输入相位特性检验，将交流电压和交流电流均加至额定值，进入保护查看相角采样，调节电流、电压相位，当同相别电压和电流相位分别 0°、45°、90°时装置显示值正常且应不大于 3°。

(6)记录

测试时应作详细记录。记录内容包括：仪器型号、编号、被试设备铭牌、测试数据。记录本采用专门的原始记录表格。记录测试数据时应复述，操作人确认后方可记录。

8.6.2.4 试验结束

测试完毕后，工作负责人应对原始记录进行审核，内容包括：记录内容是否漏项、测试数据有效数字、单位是否正确、记录人、试验人签字是否完整，检查无误后，审核人应签字。

8.6.2.5 填写试验报告

测试完毕后，应及时将原始数据录入电子版试验报告妥善保存。全部检测项目完成后一并打印纸质试验报告按照规定程序审核、签发、发放和保存。

8.6.3 试验标准

检验装置的零点漂移，输入电压电流的精度符合装置的技术条件规定。

8.6.4　注意事项

(1)二次加压时一定要断开压互二次侧与电压互感器的连接线，防止电压反送到电压互感器一次侧.

(2)二次加流时需断开保护装置与电流互感器之间的连接线，并确保在加流过程中继电保护测试仪与保护装置之间的连接可靠，回路畅通，不允许有断开点，以防损坏测试设备。

8.7　保护装置的整定值的整定与测试

8.7.1　试验目的

检验保护装置定值整定功能和测定动作特性。

8.7.2　操作程序

8.7.2.1　试验工序流程图(图 1-8-11)

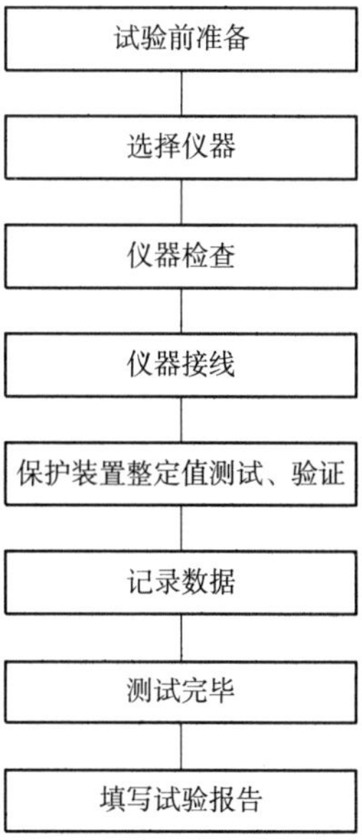

图 1-8-11　保护装置整定值测试工艺流程

8.7.2.2　试验准备

(1)试验组织(表 1-8-9)

表 1-8-9　人员组织

序　号	项　　目	单　　位	数　　量	备　　注
1	工作负责人	人	1	全面负责
2	试验员	人	2	试验

(2)仪器、设备及材料配置(表 1-8-10)

表 1-8-10　设备及材料配置

序　号	名　　称	型　　号	技术规格	单　位	数　量	备　　注
1	继电保护测试仪	MP3000		台	1	
2	数字万用表	F17B		块	1	
3	温湿度计			只	1	试验环境
4	试验连线		1.5 mm^2	条	6	
5	设计定值单			份	1	定值验证
6	原始记录表格			份	1	记录数据

8.7.2.3　电气数据测量

(1)试验条件

该项试验应在开关设备安装完后，装置配好线及送上电后进行。

准备资料，现场试验负责人应组织人员认真了解被检测装置的一次设备情况及相邻的一次、二次设备情况，及与运行设备关联部分的详细情况，应了解设备的一次接线及投运后可能出现的运行方式和设备投入运行的方案，该方案应包括投入初期的临时继电保护方式。

准备出厂图纸、设备出厂检验报告、保护整定定值通知单，检查装置的原理接线图、二次回路端子排图、断路器机构说明书、保护装置的说明书、电缆清册等技术资料应齐全。

(2)选择仪器

装置调试选择继电保护测试仪器，以及有稳定的电源。

(3)仪器检查

试验前须对仪器做必要的检查工作，检查外观应完好无损，状态标识在有效期之内，保证仪器设备状态良好。

(4)接线

将测试仪的电流输出端“I_A”、“I_B”、“I_C”分别与保护装置的电流端子“I_A”、“I_B”、“I_C”(极性端)相连，再将保护的“$I_{A'}$”、“$I_{B'}$”、“$I_{C'}$”(非极性端)短接后接回测试仪的电流输出端“I_N”。将测试仪的电压输出端“V_A”、“V_B”、“V_C”分别与保护装置的交流电压“V_A”、“V_B”、“V_C”(极性端)相连，再将保护的“$V_{A'}$”、“$V_{B'}$”、“$V_{C'}$”(非极性端)短接后接回测试仪的电压输出端“V_N”。将保护的跳闸出口触点(非保持)与测试仪的开入触点“1”相连。如图 1-8-12 所示。

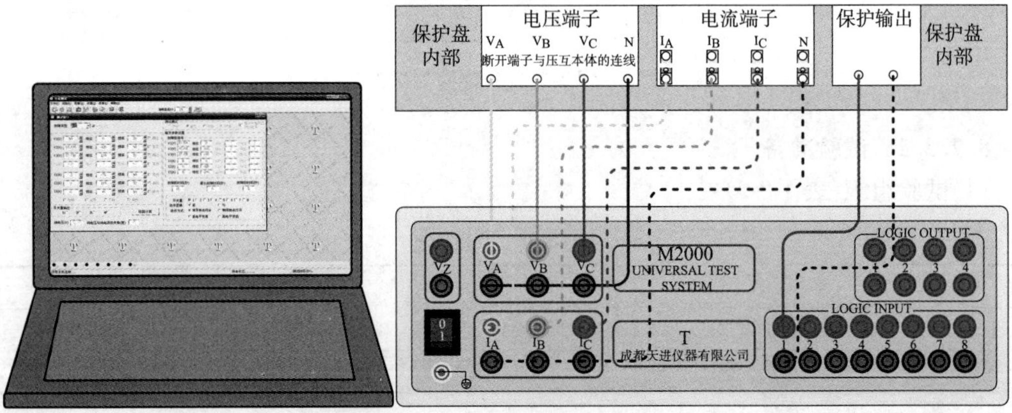

图 1-8-12　保护装置单体调试接线

(5)测试

①低电压启动过流保护试验

a. 输入电流保护定值，投入过流保护压板，进入“任意测试”界面，故障类型选择任意，I_1输入 0.95 倍的电流定值，其他输出为 0，测试模式选择触发，故障前时间设置大于保护装置的整组复归时间，最长故障时间大于整定时间即可，故障后时间设置为 0，开关量选择 1，动作方式选择常开接点闭合，然后点击“开始测试”，保护不动作，同上 I_1输入 1.05 倍的电流定值，保护应可靠动作，电流保护跳闸指示灯亮，断路器跳闸成功。点击“显示矢量图及测试结果”动作时间不应大于 40 ms，重复试验三次，计算平均值，做好记录。同理测出 I_2、I_3动作值。

b. 进入“任意测试”界面，故障类型选择任意，I_1输入 1.05 倍的电流定值，同时 U_1、U_2、U_3输入 0.95 倍的低电压启动定值，测试模式选择触发，故障前时间设置大于保护装置的整组复归时间，最长故障时间大于整定时间即可，故障后时间设置为 0，保护应可靠动作，同上当 U_1、U_2、U_3输入 1.05 倍的低电压启动定值时，保护不动作。

②速断，过流，过负荷，零序，差动电流保护试验

输入保护定值，投入保护压板，按照(1)中步骤①测试出电流保护动作值及动作时间，并做好记录。

③失压保护试验

进入“任意测试”界面，故障类型选择任意，U_1、U_2、U_3输入额定电压 57.7 V，相位互差 120°，其他输出设为 0，测试模式选择自动，变化相选择 U_1、U_2、U_3，变化参数选择幅值变，参数设置中终值 U 应小于保护定值，步长设为 1 V，其设置越小越精确，初始时间设为 0，变化时间大于保护动作时间即可，开关量选择 1，动作方式选择常开接点闭合，点击“开始测试”，U_1、U_2、U_3逐渐减小直至保护动作，保护指示灯显示正确，断路器跳闸成功，点击“显示矢量图及测试结果”固有动作时间不应大于 40 ms，重复试验三次，计算平均值，做好记录。

(6)记录

测试时应作详细记录。记录内容包括：仪器型号、编号、被试设备铭牌、测试数据。记录本采用专门的原始记录表格。记录测试数据时应复述，操作人确认后方可记录。

8.7.2.4　试验结束

(1)测试完毕后，工作负责人应对原始记录进行审核，内容包括：记录内容是否漏项、测试数据有效数字、单位是否正确、记录人、试验人签字是否完整，检查无误后，审核人应签字。

(2)与试验标准比较，不合格应查找原因或重测，仍不合格应根据其他项目试验结果综合判断，确认设备绝缘有问题应填写《试验问题通知单》。

8.7.2.5　填写试验报告

测试完毕后，应及时将原始数据录入电子版试验报告妥善保存。全部检测项目完成后一并打印纸质试验报告按照规定程序审核、签发、发放和保存。

8.7.3　试验标准

保护装置各种保护的动作值及动作时间误差应满足产品及设计的要求。该保护动作时必须动作，不该动作时可靠不动作。

8.7.4　注意事项

(1)因检验需要临时短接或断开的端子，应逐个记录，并在试验结束后及时恢复。

(2)操作时精力集中,一旦发现异常情况,立即断开电源,查明原因排除故障后继续试验。

(3)在进行接线或换线时,必须首先断开电源后才能进行作业。

(4)二次加压时候一定要断开压互二次侧与电压互感器的连接线,防止电压反送到电压互感器一次侧。

(5)二次加流时需断开保护装置与电流互感器之间的连接线,并确保在加流过程中继电保护测试仪与保护装置之间的连接可靠,回路畅通,不允许有断开点,以防损坏测试设备。

第 9 章 400 V 低压电器试验工艺

9.1 低压电器连同所连接电缆及二次回路的绝缘电阻测量

9.1.1 试验目的

开关柜主回路、辅助回路绝缘电阻测量主要是对开关柜回路绝缘的检查，绝缘是否受潮或有故障，例如各种短路、接地、绝缘子破裂等都能有效的反映出来。

9.1.2 操作程序

9.1.2.1 试验工序流程图(图 1-9-1)

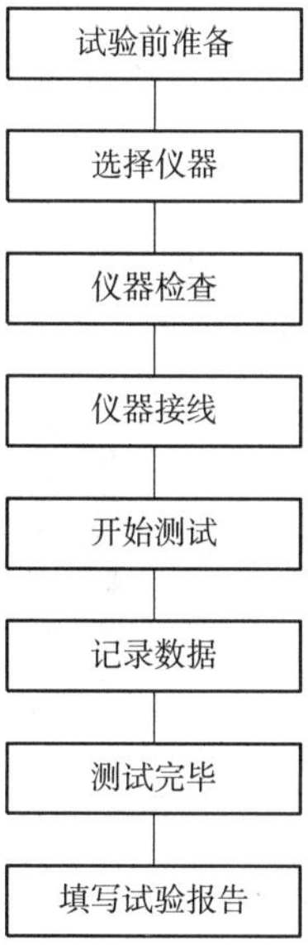

图 1-9-1 低压电器连同所连接电缆及二次回路的绝缘电阻测量工艺流程

9.1.2.2 试验准备

(1)试验组织(表 1-9-1)

表 1-9-1 人员组织

序 号	项 目	单 位	数 量	备 注
1	工作负责人	人	1	全面负责
2	试验员	人	2	试验

(2)仪器、设备及材料配置(表 1-9-2)

表 1-9-2 仪器及材料配置

序号	名称	型号	技术规格	单位	数量	备注
1	绝缘电阻测试仪	AVO	0～5 000 V	台	1	
2	万用表	F187		块	1	
3	干湿温度计			个	1	
4	试验连线			条	10	
5	短接线			条	10	
6	原始记录表格			份	1	
7	产品出厂试验报告			份	1	

9.1.2.3 电气数据测量

(1)试验条件

该项试验应在开关设备安装就位后进行。试验时应按表 1-9-1、表 1-9-2 做准备。

(2)选择仪器

绝缘电阻测试选择绝缘电阻测试仪,仪器测试电压应可选。

(3)仪器检查

试验前必须对仪器做必要的检查工作,检查外观应完好无损,状态标识在有效期之内,保证仪器设备状态良好。

(4)接线

接线前应拆除低压电器的外部连线及外接电缆,合上低压电器,断开与 400 V 开关柜二次回路连接的保护装置、PLC、数字仪表,有关联的插件拔出或两端短路,将绝缘电阻测试仪测试接线分别接至 A、B、C 三相母排测量对地绝缘电阻值,如图 1-9-2 所示。

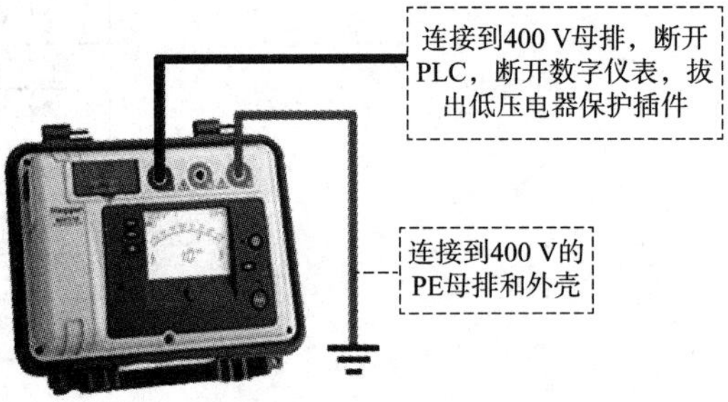

图 1-9-2 开关柜主回路、低压电器及二次绝缘电阻测试接线

(5)测试

①应将兆欧表放在绝缘垫上,操作人应站在绝缘垫上,工作负责人负责安全防护。

②按“测试”键,60 s 时,记录绝缘电阻的数值(记录试验时环境温度、湿度)。

③读取数值后,按“停止”键停止测试,测试仪自动放电。

(6)记录

测试时应作详细记录。记录内容包括:试验时间、试验地点、温度、湿度、仪器型号、编号、被试设备铭牌、测试数据。记录采用专门的原始记录表格,记录测试数据时应复述,操作人确认后方可记录。

9.1.2.4 试验结束

(1)试验完毕或重复试验时,必须将被试品对地充分放电至少 5 min。

(2)测试完毕后,工作负责人应对原始记录进行审核,内容包括:记录内容是否漏项、测试数据有效数字、单位是否正确、记录人、试验人签字是否完整;核查测试结果是否符合标准规程的要求,对于不合格项应查找原因或重测,确认设备问题后填写《试验问题通知单》。全部检查无误后，审核人应签字。

（3）如被试设备不做其他项目测试，应准确恢复拆除的所有外部引线，并经工作负责人确认。

9.1.2.5　填写试验报告

测试完毕后，应及时将原始数据录入电子版试验报告妥善保存。待全部检测项目完成后一并打印纸质试验报告按照规定程序审核、签发和保存。

9.1.3　试验标准

主回路、辅助回路的绝缘电阻的测试，使用 1 000 V 兆欧表持续 1 min，应无闪络及击穿现象。绝缘电阻不应小于 1 MΩ。在比较潮湿的地方，不可小于 0.5 MΩ。

9.1.4　注意事项

（1）测试前断开或短接与二次回路连接的保护装置、PLC、数字仪表，试验时应将插件拔出或两端短路，防止高压损毁设备。

（2）兆欧表的引线要绝缘良好，还应与地绝缘，测量时“L”端与“E”端的引线不能碰在一起。如引线要经其他支持物连接时，支持物必须绝缘良好，否则影响测量准确性。

（3）当兆欧表绝缘不良时，应将兆欧表放在绝缘垫上操作，以保证安全。

9.2　电压线圈动作值检查

9.2.1　试验目的

检查电压线圈的动作情况是否满足规程要求。

9.2.2　操作程序

9.2.2.1　试验工序流程图（图 1-9-3）

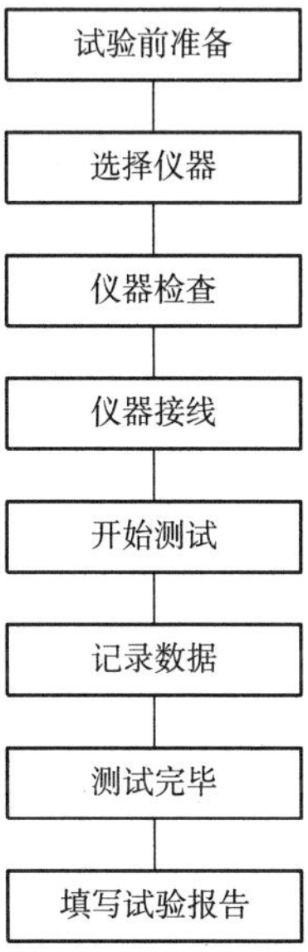

图 1-9-3　电压线圈动作值校验工艺流程

9. 2. 2. 2　试验准备

(1)试验组织(表 1-9-3)

表 1-9-3　人员组织

序　号	项　　目	单　　位	数　　量	备　　注
1	工作负责人	人	1	全面负责
2	试验员	人	2	试验

(2)仪器、设备及材料配置(表 1-9-4)

表 1-9-4　仪器及材料配置

序　号	名　　称	型　　号	技术规格	单　位	数　量	备　　注
1	三相调压器			台	1	
2	三相配电箱			台	2	
3	万用表	F187		块	1	
4	空气开关			个	1	
5	干湿温度计			个	1	
6	试验连线			条	10	6
7	原始记录表格			份	1	7
8	产品出厂试验报告			份	1	8

9. 2. 2. 3　电气数据测量

(1)试验条件

该项试验应在开关设备安装就位后进行。

(2)选择仪器

三相调压器、数字万用表、空气开关。

(3)仪器检查

试验前必须对仪器做必要的检查工作,检查外观应完好无损,状态标识在有效期之内,保证仪器设备状态良好。

(4)接线

试验前拆除电压线圈外部连线,并做好标记。按照图 1-9-4 所示接线,验证电压线圈吸合电压值、释放电压值是否符合标准要求。

(5)测试

用三相调压器输出电压连接在电压线圈端子,缓慢升压至线圈吸合,记录吸合电压值与 85%额定电压值比较。缓慢降压至线圈释放,记录释放电压值与 5%额定电压值比较。

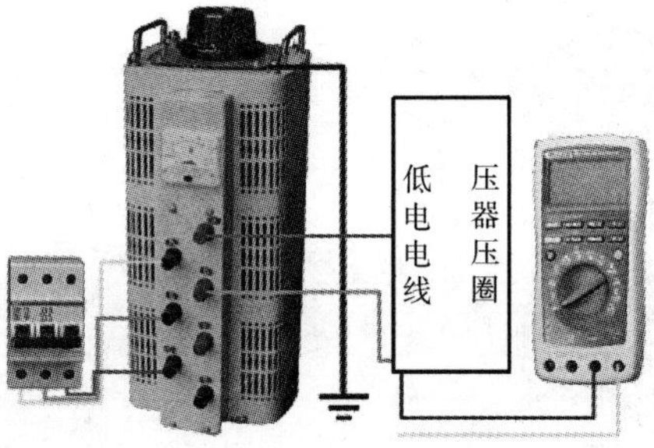

图 1-9-4　电压线圈动作值校验接线

(6)记录

测试时应作详细记录。记录内容包括:试验时间、试验地点、温度、湿度、仪器型号、编号、被试设备铭牌、测试数据。记录采用专门的原始记录表格,记录测试数据时应复述,操作人确认后方可记录。

9. 2. 2. 4　试验结束

(1)测试完毕后,工作负责人应对原始记录进行审核,内容包括:记录内容是否漏项、测试数据有效数字、单位是否正确、记录人、试验人签字是否完整；核查测试结果是否符合标准规程的要求，对于不合格项应查找原因或重测，确认设备问题后填写《试验问题通知单》。全部检查无误后，审核人应签字。

(2)如被试设备不做其他项目测试，应准确恢复拆除的所有外部引线，并经工作负责人确认。

9.2.2.5　填写试验报告

测试完毕后，应及时将原始数据录入电子版试验报告妥善保存。待全部检测项目完成后一并打印纸质试验报告按照规定程序审核、签发和保存。

9.2.3　试验标准

电压线圈的动作值应符合以下规定：

线圈的吸合电压不应大于额定电压的 85%，释放电压不应小于额定电压的 5%。

9.2.4　注意事项

(1)测试前确认与继电器的连接线是否正确，测试过程中缓慢均匀加压。

(2)测试过程中有专人防护，挂好警戒线。

9.3　低压电器动作情况检查

9.3.1　试验目的

低压电器动作情况检查主要检查低压电器运行状况，避免出现因低压电器不动作或者故障影响低压电器的正常供电。

9.3.2　操作程序

9.3.2.1　试验工序流程图(图 1-9-5)

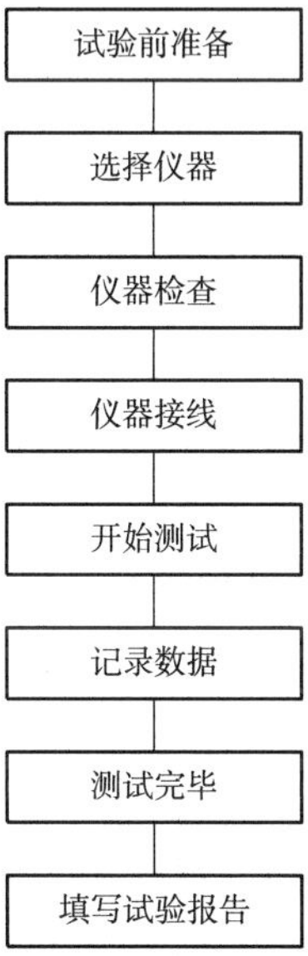

图 1-9-5　低压电器动作情况检查工艺流程

9.3.2.2　试验准备

(1)试验组织(表 1-9-5)

表 1-9-5　人员组织

序　号	项　　目	单　　位	数　　量	备　　注
1	工作负责人	人	1	全面负责
2	试验员	人	2	试验

(2)仪器、设备及材料配置(表 1-9-6)

表 1-9-6　仪器及材料配置

序　号	名　　称	型　　号	技术规格	单　位	数　量	备　　注
1	三相调压器			台	1	
2	三相配电箱			台	1	
3	万用表	F187		块	1	
4	空气开关			个	1	
5	干湿温度计			个	1	
6	试验连线			条	10	
7	原始记录表格			份	1	
8	产品出厂试验报告			份	1	

9.3.2.3　电气数据测量

(1)试验条件

该项试验应在开关设备安装就位后进行。试验时应按表 1-9-5、表 1-9-6 做准备。

(2)选择仪器

低压电器动作情况检查可使用可调直流电源(控制电源为直流)或调压器(控制电源为交流)进行,并且用万用表随时监视电压。

(3)仪器检查

试验前必须对仪器做必要的检查工作,检查外观应完好无损,状态标识在有效期之内,保证仪器设备状态良好。

(4)接线

拆开低压电器外部电源线,接线时注意电源的正负极。通过图 1-9-6 接线,验证低压电器动作情况。

(5)测试

用可调直流电源(或调压器)分别调出 85%、110%的额定电压,在此种电压下开关应可靠合闸。用可调直流电源(或调压器)分别调出 75%、110%的额定电压,在此种电压下开关应可靠分闸。

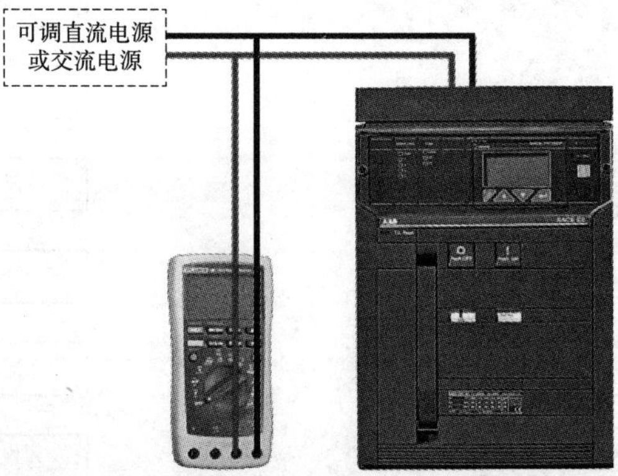

图 1-9-6　低压电器动作情况检查接线

(6)记录

测试时应作详细记录。记录内容包括:试验时间、试验地点、温度、湿度、仪器型号、编号、被试设备铭牌、测试数据。记录采用专门的原始记录表格,记录测试数据时应复述,操作人确认后方可记录。

9.3.2.4　试验结束

(1)测试完毕后,工作负责人应对原始记录进行审核,内容包括:记录内容是否漏项、测试数据有效数字、单位是否正确、记录人、试验人签字是否完整;核查测试结果是否符合标准规程的要求,对于不合格项应查找原因或重测,确认设备问题后填写《试验问题通知单》。全部检查无误后,审核人应签字。

(2)如被试设备不做其他项目测试,应准确恢复拆除的所有外部引线,并经工作负责人确认。

9.3.2.5　填写试验报告

测试完毕后,应及时将原始数据录入电子版试验报告妥善保存。待全部检测项目完成后一并打印纸质试验报告按照规定程序审核、签发和保存。

9.3.3　试验标准

低压电器的动作情况检查应符合以下规定:

短时工作的合闸线圈应在额定电压的 85%～110%范围内,分励线圈应在额定电压的 75%～110%的范围内均能可靠工作。

9.3.4　注意事项

(1)测试前确认低压电器的电源接线方式,测试过程中注意操作安全,防止发生触电情况发生。测试完毕后恢复所有低压电器的接线到原状。

(2)测试时注意电源的正负极。

9.4　脱扣器整定情况检查

9.4.1　试验目的

脱扣器整定情况检查可以有效地检查各个开关保护定值整定情况是否满足设计要求,验证开关动作是否正常、正确。

9.4.2　操作程序(图 1-9-5)

9.4.3　试验步骤

(1)试验准备

该项试验应在开关设备安装就位后进行。

(2)选择仪器

脱扣器整定值检查可使用 ABB/Schneider 开关测试仪进行。

(3)测试

检查脱扣器的整定情况是否符合设计要求,由于电流互感器全部安装在断路器内,外加电流无法达到其设定动作值,可以用 ABB/Schneider 手持开关测试仪,模拟加入电压电流,观察断路器液晶屏发出的报警或跳闸信号。

(4)记录

测试时应作详细记录。记录内容包括:试验时间、试验地点、温度、湿度、仪器型号、编号、被试设备铭牌、测试数据。记录采用专门的原始记录表格,记录测试数据时应复述,操作人确认后方可记录。

(5)测试完毕

①测试完毕后，工作负责人应对原始记录进行审核，内容包括：记录内容是否漏项、测试数据有效数字、单位是否正确、记录人、试验人签字是否完整；核查测试结果是否符合标准规程的要求，对于不合格项应查找原因或重测，确认设备问题后填写《试验问题通知单》。全部检查无误后，审核人应签字。

②如被试设备不做其他项目测试，应准确恢复拆除的所有外部引线，并经工作负责人确认。

(6)填写报告

测试完毕后，应及时将原始数据录入电子版试验报告妥善保存。待全部检测项目完成后一并打印纸质试验报告按照规定程序审核、签发和保存。

9.4.4　试验标准

脱扣器整定检查应符合出厂的规定值。

9.4.5　注意事项

测试前认真研究断路器的原理图，测试过程中一人注意断路器液晶屏发出的报警和跳闸信号，另一人负责模拟电压电流的输出。

9.5　交流耐压试验

9.5.1　试验目的

开关柜交流耐压试验主要是对开关柜主回路绝缘的检查，绝缘受潮或有故障，例如各种短路、接地、绝缘子破裂等都能有效的反映出来。

9.5.2　操作程序

9.5.2.1　试验工序流程图(图 1-9-7)

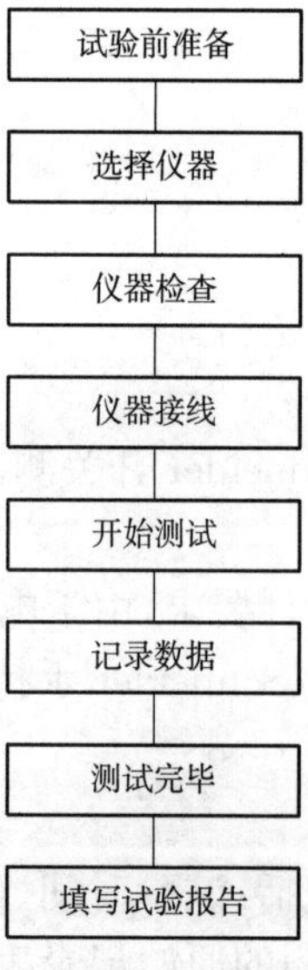

图 1-9-7　400 V 开关柜交流耐压试验工艺流程

9.5.2.2　试验准备

(1)试验组织(表 1-9-7)

表 1-9-7　人员组织

序　号	项　　目	单　　位	数　　量	备　　注
1	工作负责人	人	1	全面负责
2	试验员	人	2	试验

(2)仪器、设备及材料配置(表 1-9-8)

表 1-9-8　设备及材料配置

序　号	名　　称	型　　号	技术规格	单　位	数　量	备　　注
1	耐压测试仪			套	1	耐压测试
2	温湿度计			个	1	试验环境
3	万用表			块	1	
4	试验连线			条	10	
5	细铁线			m	10	用于短封
6	出厂试验报告			份	1	数据对比
7	原始记录表格			份	1	记录数据

9.5.2.3　电气数据测量

(1)试验条件

该项试验应在开关设备安装就位后进行。试验时应按表 1-9-7、表 1-9-8 做准备。

(2)选择仪器

耐压测试仪,该仪器测试电压可调。

(3)仪器检查

试验前必须对仪器做必要的检查工作,检查外观应完好无损,状态标识在有效期之内,保证仪器设备状态良好。

(4)接线

将 PLC、数字仪表及低压电器保护插件断开,400 V 三相母排短接,耐压测试仪高电压测试输出端接至 400 V 母排,另一端接地,进行开关柜交流耐压试验,如图 1-9-8 所示。

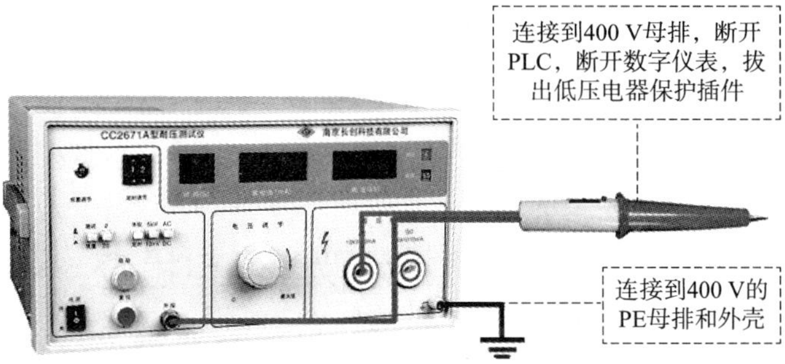

图 1-9-8　400 V 开关柜交流耐压试验接线

(5)测试

①进行测试前应将与回路所有对外的连线及电缆拆除。

②连接试品，检查调压旋钮是否在零位。

③接通电源后，试验负责人发出“将要合闸”命令，其他人员退出防护围栏以外，指定操作人员合上电源开关，开机，一人连接好探头和测试部位并按住外控按键，然后另一人速度均匀地将电压升至试验标准电压。开始计时(一般要求 1 min)，时间到后，迅速均匀地将试验电压降至零，断开电源。试验过程中，其他试验人员应站在安全地带注意被试设备有无异常声音和弧光，如有异常现象，应高声呼喊“降压”，操作人应立即停止试验查找原因。

④试验完毕，充分放电，并将放电棒挂在高压输出端，才可宣布“高压已断开”。可进行换线连接，准备下一次试验。

(6)记录

测试时应作详细记录。记录内容包括：试验时间、试验地点、温度、湿度、仪器型号、编号、被试设备铭牌、测试数据。记录采用专门的原始记录表格，记录测试数据时应复述，操作人确认后方可记录。测试数据包括：试验电压、持续时间、试验结果。

9.5.2.4　试验结束

(1)测试完毕后，工作负责人应对原始记录进行审核，内容包括：记录内容是否漏项、测试数据有效数字、单位是否正确、记录人、试验人签字是否完整；核查测试结果是否符合标准规程的要求，对于不合格项应查找原因或重测，确认设备问题后填写《试验问题通知单》。全部检查无误后，审核人应签字。

(2)如被试设备不做其他项目测试，应准确恢复拆除的所有外部引线，并经工作负责人确认。

9.5.2.5　填写试验报告

测试完毕后，应及时将原始数据录入电子版试验报告妥善保存。待全部检测项目完成后一并打印纸质试验报告按照规定程序审核、签发和保存。

9.5.3　注意事项

(1)试验电压为 1 000 V。当回路绝缘电阻值在 10 MΩ 以上时，可采用 2 500 V 兆欧表代替，试验持续时间为 1 min。

(2)由于各抽屉控制电源有的取自母排上的交流电，所以交流耐压试验前应将抽屉内的熔断器拔出，或者将抽屉拉出工作位。各主开关有内部处理器模块，开关也应拉出工作位，并拔出柜内熔断器。

(3)测试过程中测试人员应站在绝缘垫上，戴好绝缘手套，挂好警戒线。

9.6　互感器及指示仪表通电检查

9.6.1　试验目的

互感器及指示仪表的通电检查对于指示仪表的显示情况、电流互感器的变比设定情况和电压显示情况都能直接反映出来。

9.6.2　操作程序

9.6.2.1　试验工序流程图(图 1-9-9)

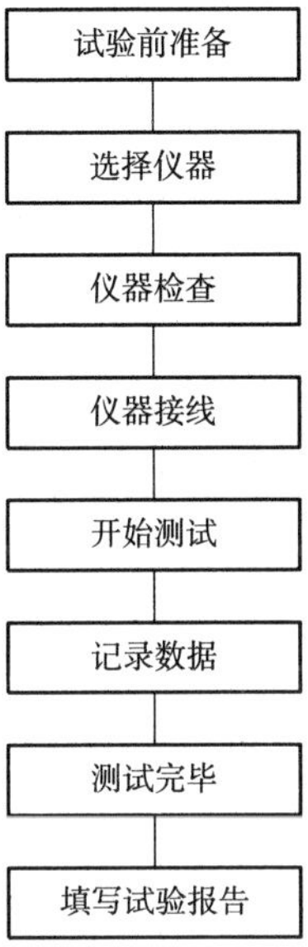

图 1-9-9　互感器及指示仪表通电检测工艺流程

9.6.2.2　试验准备

(1)试验组织(表 1-9-9)

表 1-9-9　人员组织

序　号	项　　目	单　　位	数　　量	备　　注
1	工作负责人	人	1	全面负责
2	试验员	人	2	试验

(2)仪器、设备及材料配置(表 1-9-10)

表 1-9-10　仪器及材料配置

序　号	名　　称	型　　号	技术规格	单　位	数　量	备　　注
1	伏安变比极性测试仪	HQ-2000C		台	1	
2	三相配电箱			台	1	
3	万用表	F187		块	1	
4	空气开关			个	1	
5	干湿温度计			个	1	
6	试验连线			条	10	
7	短接线			条	10	
8	原始记录表格			份	1	
9	产品出厂试验报告			份	1	

9.6.2.3 电气数据测量

(1)试验条件

该项试验应在开关设备安装就位后进行。

(2)选择仪器

互感器及指示仪表的通电检查选择伏安变比极性测试仪,以及三相配电箱。

(3)仪器检查

试验前必须对仪器做必要的检查工作,检查外观应完好无损,状态标识在有效期之内,保证仪器设备状态良好。

(4)接线

按照图1-9-10接线方式接线,接线时防止流互二次回路开路。使用互感器综合测试仪,在主回路施加一次电流,观察测量表计指示是否正确。

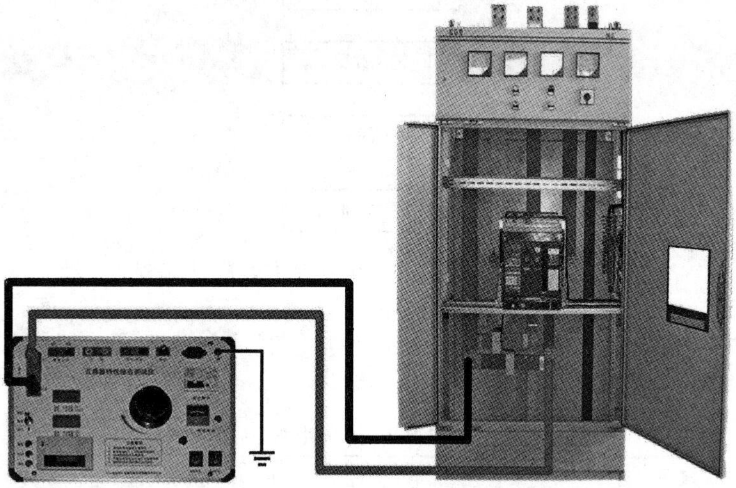

图1-9-10 电流互感器及指示仪表通电检测接线

(5)测试

在互感器的一次侧施加电流,在测试仪面板上一次电流表处读取所加电流,在配电柜上的测量仪表处读取相应的电流,查看测量仪表记录是否正确。

(6)记录

测试时应作详细记录。记录内容包括:试验时间、试验地点、温度、湿度、仪器型号、编号、被试设备铭牌、测试数据。记录采用专门的原始记录表格,记录测试数据时应复述,操作人确认后方可记录。

9.6.2.4 试验结束

(1)测试完毕后,工作负责人应对原始记录进行审核,内容包括:记录内容是否漏项、测试数据有效数字、单位是否正确、记录人、试验人签字是否完整;核查测试结果是否符合标准规程的要求,对于不合格项应查找原因或重测,确认设备问题后填写《试验问题通知单》。全部检查无误后,审核人应签字。

(2)如被试设备不做其他项目测试,应准确恢复拆除的所有外部引线,并经工作负责人确认。

9.6.2.5　填写试验报告

测试完毕后，应及时将原始数据录入电子版试验报告妥善保存。待全部检测项目完成后一并打印纸质试验报告按照规定程序审核、签发和保存。

9.6.3　注意事项

(1)在一次侧加电流，检查各支路电流互感器的变比应与设计图纸一致，并检查数字式仪表电流互感器变比和电压变比是否正确，仪表显示是否正确。检查合闸、分闸和故障指示灯显示是否正确。由于各抽屉控制电源有取自母排交流电，所以检查抽屉时需要将抽屉拉出柜外，在抽屉内的熔断器下口和端子排的零线上加上 220 V 交流电，然后在抽屉的触头两侧加电流，观察电流表读数是否正确，如不正确，应检查电流互感器变比和数字表电流互感器变比设定值是否正确。

(2)同时应检查抽屉的分合闸灯指示是否正确，合闸位置时按下开关的试验按钮观察故障灯显示是否正确。电压显示可等到加上临时电源时检查。

9.7　低压电容柜检查

9.7.1　试验目的

低压电容柜的检查能有效检查电容器、电抗器在安装运输中是否完好，也能检查低压电容柜功能是否正确。

9.7.2　操作程序

9.7.2.1　试验工序流程图(图 1-9-11)

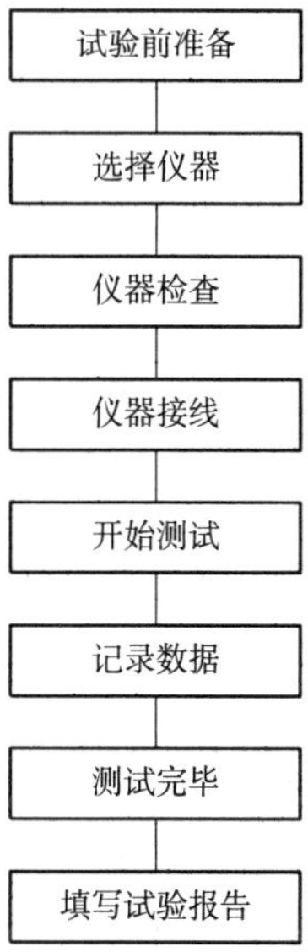

图 1-9-11　低压电容器试验工艺流程

9.7.2.2　试验准备

(1)试验组织(表 1-9-11)

表 1-9-11　人员组织

序　号	项　目	单　位	数　量	备　注
1	工作负责人	人	1	全面负责
2	试验员	人	2	试验

(2)仪器、设备及材料配置(表 1-9-12)

表 1-9-12　仪器及材料配置

序　号	名　称	型　号	技术规格	单　位	数　量	备　注
1	万用表	F187		块	1	
2	绝缘电阻测试仪	AVO		台	1	
3	电容电感表			块	1	
4	干湿温度计			个	1	
5	试验连线			条	2	
6	短接线			条	2	
7	原始记录表格			份	1	
8	产品出厂试验报告			份	1	

9.7.2.3　电气数据检测

(1)试验条件

该项试验应在开关设备安装就位后进行。试验时应按表 1-9-11、表 1-9-12 做准备。

(2)选择仪器

低压电容柜检查使用电容电感表以及绝缘电阻测试仪进行。

(3)仪器检查

试验前必须对仪器做必要的检查工作,检查外观应完好无损,状态标识在有效期之内,保证仪器设备状态良好。

(4)接线

电抗器的测试项目和接线与变压器测试类似。

使用电容电感表,接至电容器两端,测量电容值,如图 1-9-12 所示。

将电容器一次端子短接,兆欧表测试线分别接至电容器端子处和外壳接地处,进行绝缘电阻值测量,如图 1-9-13 所示接线。

(5)测试

①电容检查:用电容电感表测量电容值是否与铭牌一致,因为直接测量值不是单相电容值,必须经过计算得出单相值,明确换算关系以免计算错误。

用 500 V 兆欧表测量电容器的绝缘电阻,应在电极和外壳之间进行。

并联电容器交流耐压试验仪器采用 2 500 V 兆欧表代替。

测试绝缘电阻时可根据绝缘电阻测试方法测试。

②电抗检查:用电容电感表测量电抗器的电抗值,所测数值应与铭牌一致;测量电抗器各相

绕组的直流电阻值。测量绕组及与铁芯绝缘的各紧固件的绝缘电阻，试验仪器为 500 V 兆欧表。

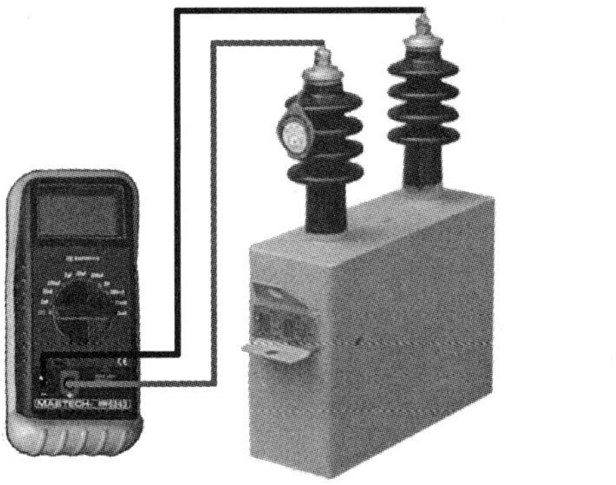

图 1-9-12　电容值测量接线

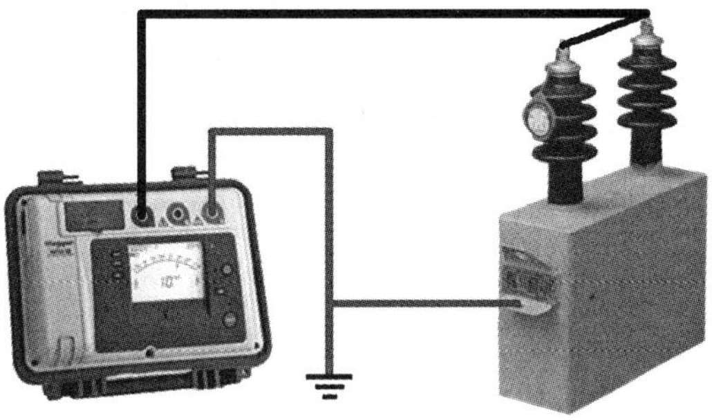

图 1-9-13　电容绝缘测试接线

电抗器交流耐压试验仪器用 2 500 V 兆欧表代替。

测试绝缘电阻时可根据绝缘电阻测试方法测试。

③电容器柜辅助回路检查：应动作正常，功能正确。

④电容器冲击合闸试验应在电网额定电压下，进行 3 次电力电容器组冲击合闸试验，熔断器不应熔断。

(6)记录

测试时应作详细记录。记录内容包括：试验时间、试验地点、温度、湿度、仪器型号、编号、被试设备铭牌、测试数据。记录采用专门的原始记录表格，记录测试数据时应复述，操作人确认后方可记录。

9.7.2.4　试验结束

(1)试验完毕或重复试验时，必须将被试品对地充分放电至少 5 min。

(2)测试完毕后，工作负责人应对原始记录进行审核，内容包括：记录内容是否漏项、测试数据有效数字、单位是否正确、记录人、试验人签字是否完整；核查测试结果是否符合标准规程的要求，对于不合格项应查找原因或重测，确认设备问题后填写《试验问题通知单》。全部检查无误后，审核人应签字。

(3)如被试设备不做其他项目测试，应准确恢复拆除的所有外部引线，并经工作负责人确认。

9.7.2.5　填写试验报告

测试完毕后，应及时将原始数据录入电子版试验报告妥善保存。待全部检测项目完成后一并打印纸质试验报告按照规定程序审核、签发和保存。

9.7.3　试验标准

测试方法及结果应符合产品技术条件的规定。

电容器组中各相电容的最大值和最小值之比，不应超过 1.02。

9.7.4　注意事项

(1)使用电容电感表测试电容电感时一定要断开电容、电感的外部连接线。测试后查看测量值与铭牌是否一致。

(2)电容电感的绝缘电阻测试时断开电容、电感的外部连接线，交流耐压可用 2 500 V 兆欧表代替，测试时短封电容的两端。测试完一定要对被测设备进行放电，放电完毕后方可恢复接线。

(3)测试过程中操作人员要站在绝缘垫上，戴好绝缘手套，耐压测试过程中注意安全，并有监护人监护。

9.8　避雷器检查

9.8.1　试验目的

对避雷器进行检查能够有效地预防因避雷器不合格造成的过电压损坏。

9.8.2　操作程序

9.8.2.1　试验工序流程图(图 1-9-14)

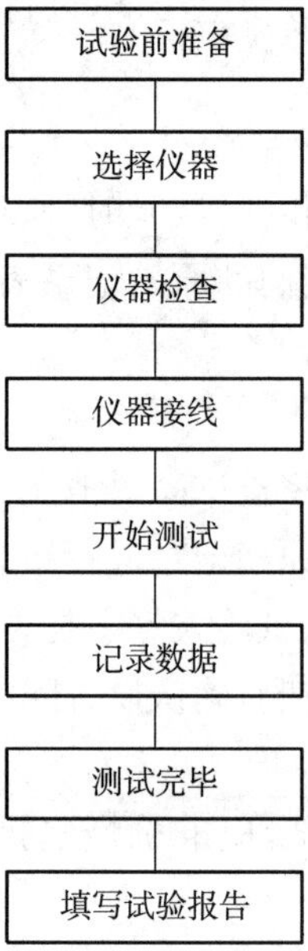

图 1-9-14　400 V 开关柜避雷器试验工艺流程

9.8.2.2　试验准备

(1)试验组织(表 1-9-13)

表 1-9-13　人员组织

序　号	项　　目	单　　位	数　　量	备　　注
1	工作负责人	人	1	全面负责
2	试验员	人	2	试验

(2)仪器、设备及材料配置(表 1-9-14)

表 1-9-14　仪器及材料配置

序　号	名　　称	型　　号	技术规格	单　位	数　量	备　　注
1	绝缘电阻测试仪	AVO	0～5 000 V	台	1	
2	万用表	F187		块	1	
3	干湿温度计			个	1	
4	试验连线			条	2	
5	短接线			条	2	
6	原始记录表格			份	1	
7	产品出厂试验报告			份	1	

9.8.2.3　电气数据测量

(1)试验条件

该项试验应在开关设备安装就位后进行,试验时应按表 1-9-13、表 1-9-14 做准备。

(2)选择仪器

避雷器测试使用绝缘电阻表。

(3)仪器检查

试验前必须对仪器做必要的检查工作,检查外观应完好无损,状态标识在有效期之内,保证仪器设备状态良好。

(4)接线

使用绝缘电阻测试仪,测试线分别接至避雷器上下端,使用 500 V 测试量程,进行绝缘电阻值和直流参考电压值测量。按照图 1-9-15 所示方式接线,接线时注意接地线一定要牢靠。

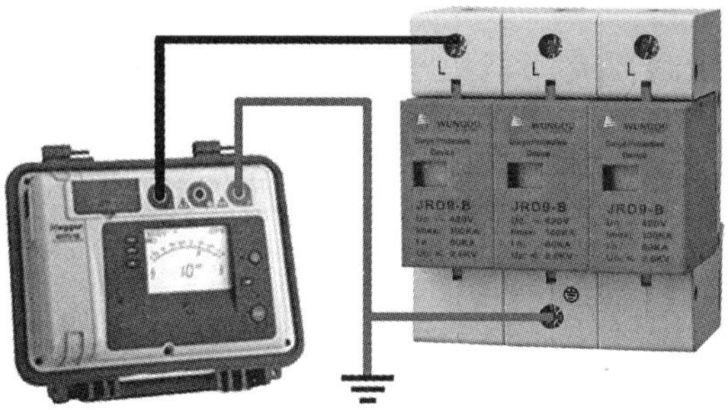

图 1-9-15　避雷器测试接线

(5)测试

①进行测试前应将与回路所有对外的连线及电缆拆除。

②为了安全,应将兆欧表放在绝缘垫上,操作人应站在绝缘垫上,工作负责人负责安全防护。

③打开电源,待自检完毕选择电压量程为 500 V,按“测试”键,60 s 时,记录绝缘电阻的数值。

④读取数值后,按“停止”键,停止测试。

⑤用连续可调直流电压测量避雷器的参考电压 $U_{1\ mA}$。

(6)记录

测试时应作详细记录。记录内容包括:试验时间、试验地点、温度、湿度、仪器型号、编号、被试设备铭牌、测试数据。记录采用专门的原始记录表格,记录测试数据时应复述,操作人确认后方可记录。

9.8.2.4 试验结束

(1)试验完毕或重复试验时,必须将被试品对地充分放电至少 5 min。

(2)测试完毕后,工作负责人应对原始记录进行审核,内容包括:记录内容是否漏项、测试数据有效数字、单位是否正确、记录人、试验人签字是否完整;核查测试结果是否符合标准规程的要求,对于不合格项应查找原因或重测,确认设备问题后填写《试验问题通知单》。全部检查无误后,审核人应签字。

(3)如被试设备不做其他项目测试,应准确恢复拆除的所有外部引线,并经工作负责人确认。

9.8.2.5 填写试验报告

测试完毕后,应及时将原始数据录入电子版试验报告妥善保存。待全部检测项目完成后一并打印纸质试验报告按照规定程序审核、签发和保存。

9.8.3 试验标准

(1)用 500 V 兆欧表测量避雷器绝缘电阻值应大于 2 MΩ。如果为零说明阀片已经坏掉,如果绝缘很大说明熔丝已经熔断,应判为不合格。

(2)施加直流电压,测量$U_{1\,mA}$,对于 220 V 避雷器$U_{1\,mA}\geqslant$500 V;对于 380 V 避雷器$U_{1\,mA}\geqslant$800 V 判断为正常。

9.8.4 注意事项

(1)连接被试品的导线,必须尽可能短并且绝缘良好,对地要保持足够距离以减少杂散电流的干扰。

(2)试验前应进行过压保护整定,以免电压过高损坏设备绝缘。

第 10 章　整流器柜试验工艺

10.1　主回路、辅助回路及框架的绝缘电阻

10.1.1　试验目的

考核整流器主回路、辅助回路绝缘状况，以保证整流器有足够的绝缘裕度能承受一定过电压的能力，从而保证整流器可靠运行。

10.1.2　操作程序

10.1.2.1　试验工序流程图（图 1-10-1）

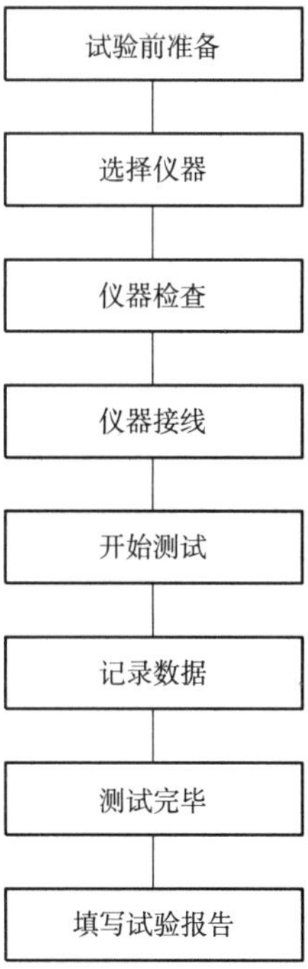

图 1-10-1　整流器主回路、辅助回路及框架的绝缘电阻试验工艺流程

10.1.2.2　试验准备

（1）试验组织（表 1-10-1）

表 1-10-1　人员组织

序　号	项　　目	单　　位	数　　量	备　　注
1	工作负责人	人	1	全面负责
2	试验员	人	2	试验

(2)仪器、设备及材料配置(表 1-10-2)

表 1-10-2　设备及材料配置

序　号	名　　称	型　　号	技术规格	单　位	数　量	备　　注
1	绝缘电阻测试仪	MIT515	0～5 000 V	台	1	
2	干湿温度计			个	1	
3	试验连线			条	10	
4	短接线			条	10	
5	产品出厂试验报告			份	1	
6	原始记录表格			份	1	

10.1.2.3　电气数据测量

(1)试验条件

该项试验应在整流器安装就位后进行。拆除与整流器连接的一次、二次电缆,且将电缆离开整流器带电体足够的安全距离,短接整流器一次回路的所有接线端子,将二次回路端子互相短连。试验时应按表 1-10-1、表 1-10-2 做准备。

(2)选择仪器

试选择绝缘电阻测试仪,该仪器测试电压可选。

(3)仪器检查

试验前必须对仪器做必要的检查工作,检查外观应完好无损,状态标识在有效期之内,保证仪器设备状态良好。

(4)接线

将辅助二次回路互连接地,一次接线端子短连,将传感器低压侧接线同一次回路隔离,将整流器交直流母排短接,影响绝缘测试的电压采集线、表计连接线拆下,使用绝缘电阻测试仪测量整流器柜主回路绝缘电阻值。接线方式如图 1-10-2 所示。

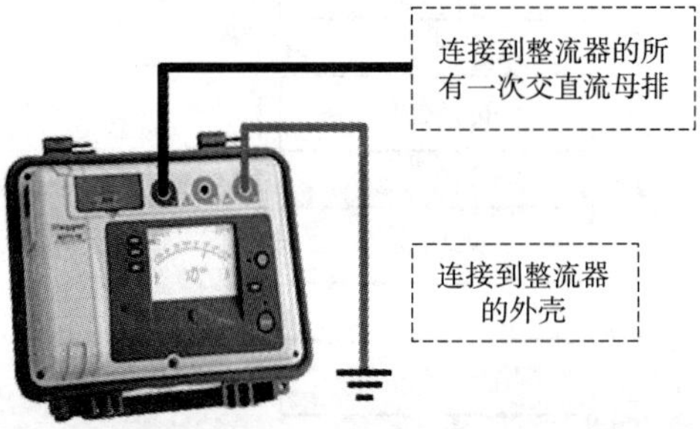

图 1-10-2　整流器柜主回路绝缘电阻测试接线

将辅助回路短接,影响绝缘测试的 PLC、表计等断开,使用绝缘电阻测试仪测量整流器柜辅助回路绝缘电阻值。接线如图 1-10-3 所示。

将整流器框架接地连接电缆断开,绝缘电阻测试仪测试接线分别接至整流器外壳和接地端,测量整流器柜框架对地的绝缘电阻值。接线前确认所有的框架已连接,绝缘接地。如图 1-10-4 所示。

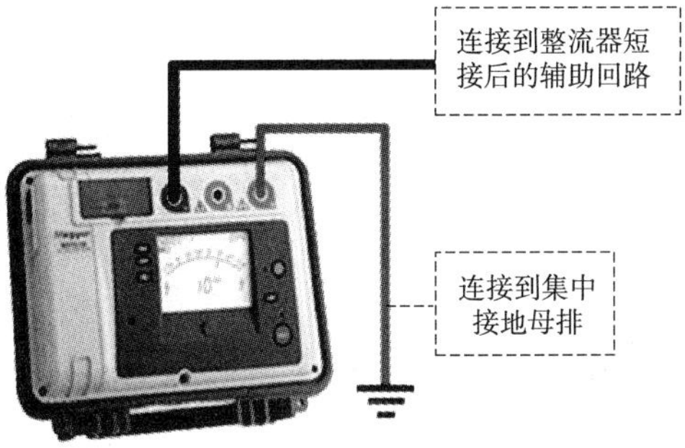

图 1-10-3　整流器柜辅助回路的绝缘电阻测试接线

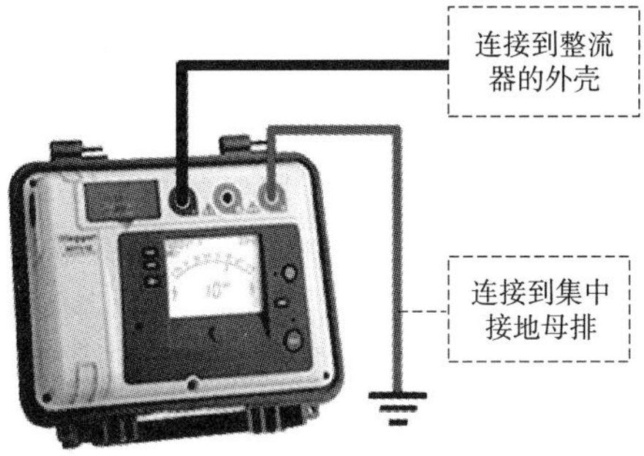

图 1-10-4　整流器柜框架的绝缘电阻测试接线图

(5)测试

①应将兆欧表放在绝缘垫上,操作人应站在绝缘垫上,工作负责人负责安全防护。

②按"测试"键,60 s 时,记录绝缘电阻的数值(记录试验时环境温度、湿度)。

③读取数值后,按"停止"键停止测试,测试仪自动放电。

(6)记录

测试时应作详细记录。记录内容包括:试验时间、试验地点、温度、湿度、仪器型号、编号、被试设备铭牌、测试数据。记录采用专门的原始记录表格,记录测试数据时应复述,操作人确认后方可记录。

10.1.2.4　试验结束

(1)试验完毕或重复试验时,必须将被试品对地充分放电至少 5 min。

(2)测试完毕后,工作负责人应对原始记录进行审核,内容包括:记录内容是否漏项、测试数据有效数字、单位是否正确、记录人、试验人签字是否完整;核查测试结果是否符合标准规程的要求,对于不合格项应查找原因或重测,确认设备问题后填写《试验问题通知单》。全部检查无误后,审核人应签字。

(3)如被试设备不做其他项目测试,应准确恢复拆除的所有外部引线,并经工作负责人确认。

10.1.2.5　填写试验报告

测试完毕后,应及时将原始数据录入电子版试验报告妥善保存。待全部检测项目完成后一并打印纸质试验报告按照规定程序审核、签发和保存。

10.1.3　试验标准

(1)使用 2 500 V 兆欧表测试主电路对柜体外壳的绝缘电阻,应无闪络及击穿现象,阻值应大于 5 MΩ。

(2)使用 500 V 兆欧表测试辅助回路对柜体外壳绝缘电阻 1 min,阻值应大于 1 MΩ。比较潮湿的地方可大于 0.5 MΩ。

(3)用 500 V 兆欧表测试柜体框架对地的绝缘电阻 1 min,阻值应大于 2 MΩ。

10.1.4　注意事项

(1)测试前断开或短封与主回路、辅助回路连接的保护装置、PLC、数字仪表,防止测试过程中产生高压损坏设备。

(2)根据测量的设备选好兆欧表的电压等级。

(3)绝缘测量时一定要拆除与被测设备相连的连接线,防止高压串到其他设备上造成设备损坏和人员伤害。

(4)绝缘电阻测完后要对被测设备进行放电,防止被测设备残存电压造成人员伤害。

10.2　主回路、辅助回路的工频耐压

10.2.1　试验目的

工频交流耐压试验主要是检查整流器柜内部是否有绝缘缺陷及耐压能力能否达到技术要求。

10.2.2　操作程序

10.2.2.1　试验工序流程图(图 1-10-5)

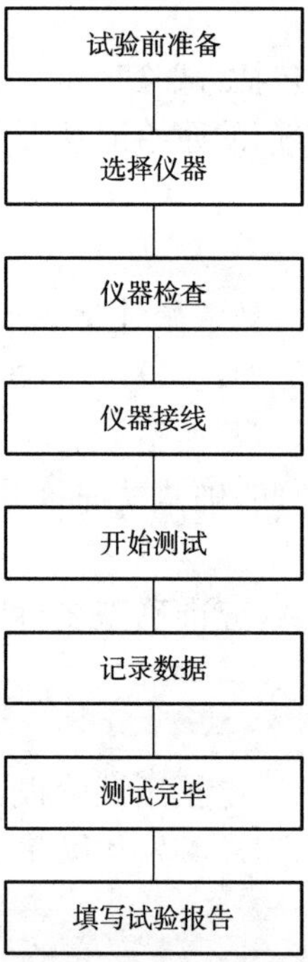

图 1-10-5　整流器主回路、辅助回路工频耐压试验工艺流程

10.2.2.2　试验准备

(1)试验组织(表 1-10-3)

表 1-10-3　人员组织

序　号	项　　目	单　　位	数　　量	备　　注
1	工作负责人	人	1	全面负责
2	试验员	人	2	试验

(2)仪器、设备及材料配置(表 1-10-4)

表 1-10-4　设备及材料配置

序　号	名　　称	型　　号	技术规格	单　位	数　量	备　　注
1	耐压测试仪		0～5 000 V	台	1	
2	干湿温度计			个	1	
3	试验连线			条	10	
4	绝缘垫			块	1	
5	短接线			条	10	
6	产品出厂试验报告			份	1	
7	原始记录表格			份	1	

10.2.2.3　电气数据测量

(1)试验条件

该项试验应在整流器安装就位后进行。拆除与整流器连接的一次、二次电缆,且将电缆离开整流器带电体足够的安全距离,短接整流器一次回路的所有接线端子,且同二次回路端子互相短连。试验时应按表 1-10-3、表 1-10-4 做准备。

(2)选择仪器

试选择耐压测试仪,该仪器测试电压可选。

(3)仪器检查

试验前必须对仪器做必要的检查工作,检查外观应完好无损,状态标识在有效期之内,保证仪器设备状态良好。

(4)接线

将整流器交直流母排短接,影响绝缘测试的电压采集线、表计连接线拆下,使用耐压测试仪进行主回路耐压试验。如图 1-10-6 所示。

将辅助回路短接,影响绝缘测试的 PLC、表计等断开,使用耐压测试仪进行辅助回路耐压试验。如图 1-10-7 所示。

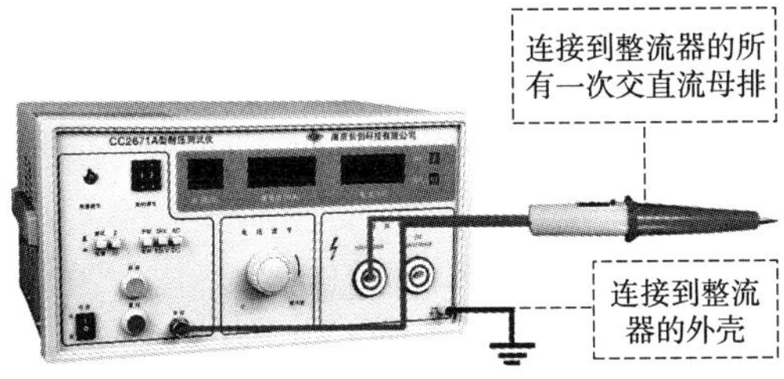

图 1-10-6　主回路的工频耐压接线

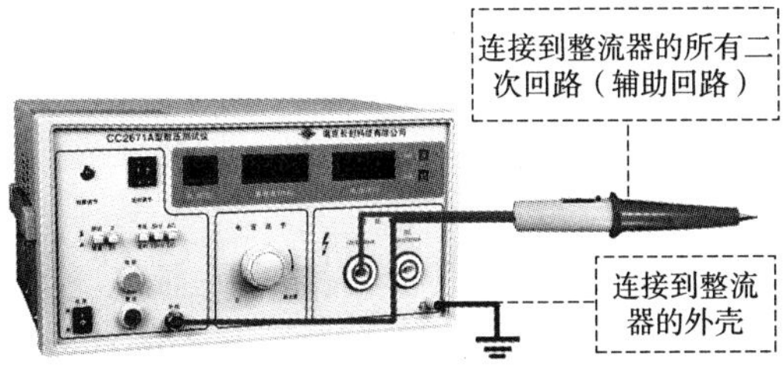

图 1-10-7　辅助回路的工频耐压接线

(5)测试

主回路、辅助回路的工频耐压,采用耐压测试仪,测试电压出厂试验耐压值的 80%,试验持续时间为 1 min。

①连接试品,检查调压旋钮是否在零位。

②接通电源后，试验负责人发出“将要合闸”命令，其他人员退出防护围栏以外，指定操作人员合上电源开关，开机，一人连接好探头和测试部位并按住外控按键，然后另一人速度均匀地将电压升至试验标准电压。开始计时(一般要求 1 min)，时间到后，迅速均匀地将试验电压降至零，断开电源。试验过程中，其他试验人员应站在安全地带注意被试设备有无异常声音和弧光，如有异常现象，应高声呼喊“降压”，操作人应立即停止试验查找原因。

③试验完毕，充分放电，并将放电棒挂在高压输出端，才可宣布“高压已断开”。可进行换线连接，准备下一次试验。

(6)记录

测试时应作详细记录。记录内容包括：试验时间、试验地点、温度、湿度、仪器型号、编号、被试设备铭牌、测试数据。记录采用专门的原始记录表格，记录测试数据时应复述，操作人确认后方可记录。测试数据包括：试验电压、持续时间、试验结果。

10.2.2.4　试验结束

(1)测试完毕后，工作负责人应对原始记录进行审核，内容包括：记录内容是否漏项、测试数据有效数字、单位是否正确、记录人、试验人签字是否完整；核查测试结果是否符合标准规程的要求，对于不合格项应查找原因或重测，确认设备问题后填写《试验问题通知单》。全部检查无误后，审核人应签字。

(2)如被试设备不做其他项目测试，应准确恢复拆除的所有外部引线，并经工作负责人确认。

10.2.2.5　填写试验报告

测试完毕后，应及时将原始数据录入电子版试验报告妥善保存。待全部检测项目完成后一并打印纸质试验报告按照规定程序审核、签发和保存。

10.2.3　试验标准

主回路、辅助回路的工频耐压为出厂试验耐压值的 80%，试验持续时间为 1 min。

(1)主回路试验电压 3 000 V，当回路绝缘电阻值在 10 MΩ 以上时，可采用 2 500 V 兆欧表代替，试验持续时间为 1 min。

(2)控制回路试验电压 1 000 V，1 min 应无闪络及击穿现象，电力电子件短接，控制线拆开。当绝缘电阻值在 10 MΩ 以上时，可采用 2 500 V 兆欧表代替，试验持续时间为 1 min。

10.2.4　注意事项

(1)试验前厂家配合对相关元器件进行短封或拆除，以免对元器件有破坏。

(2)为了安全，应将耐压设备放在绝缘垫上，操作人应站在绝缘垫上，工作负责人负责安全防护。

10.3　测量、保护、信号功能测试

10.3.1　试验目的

该项测试主要是检查整流柜内部测量、保护、信号功能能否达到技术要求。

10.3.2　操作程序

10.3.2.1　试验工序流程图(图 1-10-8)

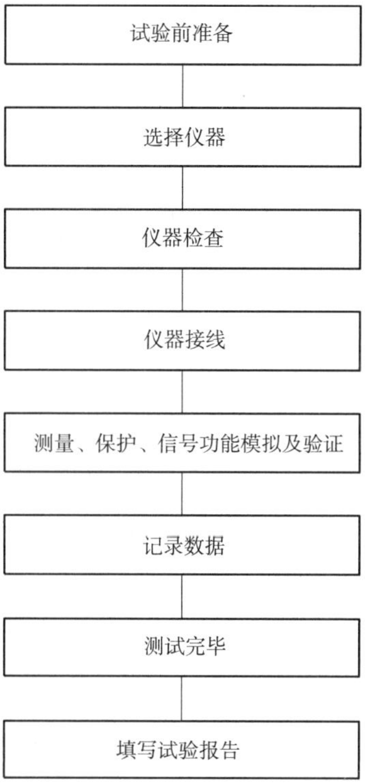

图 1-10-8　整流器测量、保护、信号功能验证工艺流程

10.3.2.2　试验准备

(1)试验组织(表 1-10-5)

表 1-10-5　人员组织

序　号	项　　目	单　　位	数　　量	备　　注
1	工作负责人	人	1	全面负责
2	试验员	人	2	试验

(3)仪器、设备及材料配置(表 1-10-6)

表 1-10-6　设备及材料配置

序　号	名　　称	型　　号	技术规格	单　位	数　量	备　　注
1	隔离变压器		380/1 300 V	台	1	
2	三相调压器		0～380 V	台	1	
3	试验连线			条	6	
4	万用表	F17B		块	1	
5	三相自动空气开关			个	1	
6	产品出厂试验报告			份	1	
7	原始记录表格			份	1	

10.3.2.3　电气数据测量

(1)试验条件

该项试验应在被试物安装就位后进行,试验应按表1-10-5、表1-10-6做准备,试验整流器应有稳定的三相交流电源。

(2)测试

根据设计图纸要求,对每一只元器件以及所要求实现的功能进行模拟试验。

①单快熔信号:每支硅元件串有RS系列熔断器1只,当整流管反向击穿,造成变压器二次短路时,快速熔断器熔断,切除事故支路,防止事故扩大。当各整流臂中有一元件损坏后,不影响整流器的正常输出,只发出声光报警信号检查指示灯的位置是否正确。

②双快熔信号:当同一个供电臂内有两支元件同时损坏的时候,发出声光报警。并应使整流器退出运行。

③过压信号:交流侧和支流侧的过电压熔断器故障。对其实施模拟试验分别检查其指示灯是否正常指示。

④3倍过流:3倍额定电流超过1 min。对其实施模拟试验分别检查声光报警是否正确。

⑤超温、过温信号:高温报警信号是整流器柜内温度超过70 ℃,分别的声光报警。过温信号在整流器柜内温度超过90 ℃分别有声光信号和跳闸信号。

⑥主开关通断指示:主回路的接通和切除分别有指示灯。检查其指示灯是否正确。

⑦闭锁回路检查:当整流器柜门任意一对打开时,10 kV侧断路器及直流侧快开开关不能合闸。当10 kV侧断路器及直流侧快开任意一侧合闸时,整流器柜门不能打开。

⑧高压柜合闸闭锁电磁锁:当10 kV侧断路器及直流侧快开分闸时,电磁锁带电,可以操作柜门。当10 kV侧断路器及直流侧快开合闸时,电磁锁不带电,不可以操作柜门。

⑨高压柜合闸强行开门报警:当10 kV侧断路器及直流侧快开合闸时,电磁锁不带电,不可以操作柜门时,只能使用电磁锁钥匙,才能强行打开整流器门。如强行打开整流器柜门,整流器本地报警。

(3)记录

测试时应作详细记录。记录内容包括:试验时间、试验地点、温度、湿度、仪器型号、编号、被试设备铭牌、测试数据。记录采用专门的原始记录表格,记录测试数据时应复述,操作人确认后方可记录。

10.3.2.4　试验结束

(1)测试完毕后,工作负责人应对原始记录进行审核,内容包括:记录内容是否漏项、测试数据有效数字、单位是否正确、记录人、试验人签字是否完整;核查测试结果是否符合标准规程的要求,对于不合格项应查找原因或重测,确认设备问题后填写《试验问题通知单》。全部检查无误后,审核人应签字。

(2)如被试设备不做其他项目测试,应准确恢复拆除的所有外部引线,并经工作负责人确认。

10.3.2.5　填写试验报告

测试完毕后,应及时将原始数据录入电子版试验报告妥善保存。待全部检测项目完成后一并打印纸质试验报告按照规定程序审核、签发和保存。

10.3.3　试验标准

测试方法及结果应符合产品技术条件的规定。

10.3.4　注意事项

辅助回路功能检查时应该注意每个灯所对应的位置。

10.4　轻载试验

10.4.1　试验目的

考核整流器的整流性能是否符合产品技术条件的规定,同时检验交直流回路所对应的表计是否显示准确,保证整流器可靠运行。

10.4.2　操作程序

10.4.2.1　试验工序流程图

图 1-10-9　整流器轻载试验工艺流程

10.4.2.2　试验准备

(1)试验组织(表 1-10-7)

表 1-10-7　人员组织

序　号	项　　目	单　　位	数　　量	备　　注
1	工作负责人	人	1	全面负责
2	试验员	人	2	试验

(2)仪器、设备及材料配置(表 1-10-8)

表 1-10-8 设备及材料配置

序 号	名 称	型 号	技术规格	单 位	数 量	备 注
1	干湿温度计			个	1	
2	隔离变压器		380/1 300 V	台	1	
3	三相调压器		0～380 V	台	1	
4	试验连线			条	9	
5	三相自动空气开关			个	1	
6	万用表	F17B		块	1	
7	短接线			条	10	
8	产品出厂试验报告			份	1	
9	原始记录表格			份	1	

10.4.2.3 电气数据测量

(1)试验条件

该项试验应在被试物安装就位后进行,将一次回路的外部电缆全部拆下并保证离开整流器有足够的安全距离,做好安全防护措施,试验应按表 1-10-7、表 1-10-8 做准备,试验整流器应有稳定的三相电源。

(2)选择仪器

调压器、隔离变压器、数字万用表、空气开关。

(3)仪器检查

试验前必须对仪器做必要的检查工作,检查外观应完好无损,状态标识在有效期之内,保证仪器设备状态良好。

(4)接线

用测试线连接空开、调压器、隔离变,将隔离变高压侧分成两路连接整流器交流接线端子,确认空开分位后连接上三相电源,如图 1-10-10 所示接线。隔离变压器三相输出端接至整流器交流输入端,调压器缓慢升压至整流器额定交流电压输入值,检查测量表计指示和整流器状态是否正常,验证轻载试验结果。

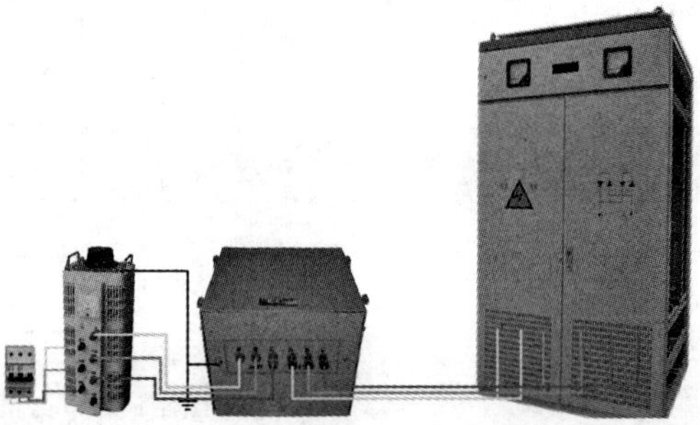

图 1-10-10 整流器轻载试验接线

(5)测试

确认人员全部撤离整流器,做好防护措施,试验负责人命令接通电源,操作员缓慢调节调压器升压,待到仪表观察人员确认交流电压已经升到 590 V(1 180 V)时停止升压。观察直流电压表指示,记录读数。1 min 后将调压器降为零,断开电源。经充分放电后拆除试验接线。

(6)记录

测试时应作详细记录。记录内容包括:试验时间、试验地点、温度、湿度、仪器型号、编号、被试设备铭牌、测试数据。记录采用专门的原始记录表格,记录测试数据时应复述,操作人确认后方可记录。

10.4.2.4　试验结束

(1)测试完毕后,工作负责人应对原始记录进行审核,内容包括:记录内容是否漏项、测试数据有效数字、单位是否正确、记录人、试验人签字是否完整;核查测试结果是否符合标准规程的要求,对于不合格项应查找原因或重测,确认设备问题后填写《试验问题通知单》。全部检查无误后,审核人应签字。

(2)如被试设备不做其他项目测试,应恢复正常运行状态。

10.4.2.5　填写试验报告

测试完毕后,应及时将原始数据录入电子版试验报告妥善保存。待全部检测项目完成后一并打印纸质试验报告按照规定程序审核、签发和保存。

10.4.3　试验标准

测试方法及结果应符合产品技术条件的规定,测量回路及指示仪表检查时误差不应大于 0.5%。

10.4.4　注意事项

轻载试验应在安全监护员操作人员工作负责人口令统一的情况下进行,测试时注意仪表显示是否正确,试验时一人负责加压,另一人查看仪表的显示情况和动作情况。

第 11 章　直流开关柜试验工艺

11.1　主回路、辅助回路及框架的绝缘电阻

11.1.1　试验目的

直流开关柜主回路、辅助回路绝缘电阻测量主要是对直流开关柜回路绝缘的检查，绝缘受潮或有故障，例如各种短路、接地、绝缘子破裂等都能有效的反映出来。

11.1.2　操作程序

11.1.2.1　试验工序流程图(图 1-11-1)

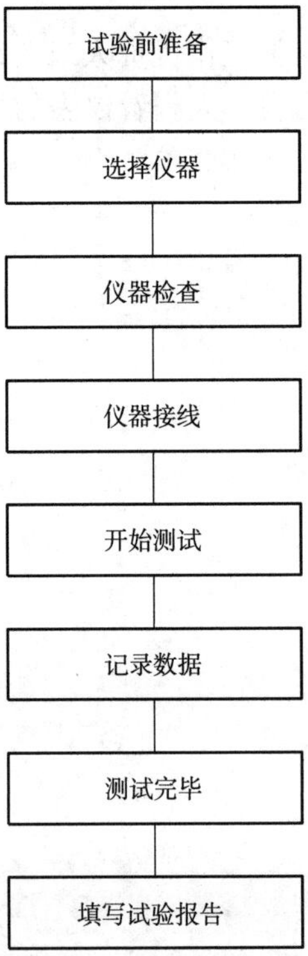

图 1-11-1　直流开关柜主回路、辅助回路及框架绝缘电阻试验工艺流程

11.1.2.2　试验准备

(1)试验组织(表 1-11-1)

表 1-11-1　人员组织

序　号	项　　目	单　　位	数　　量	备　　注
1	工作负责人	人	1	全面负责
2	试验员	人	2	试验

(2)仪器、设备及材料配置(表 1-11-2)

表 1-11-2　设备及材料配置

序　号	名　　称	型　　号	技术规格	单　位	数　量	备　　注
1	绝缘电阻测试仪	MIT515	0～5 000 V	台	1	
2	温湿度计			个	1	
3	试验连线			条	10	
4	短接线			条	10	
5	产品出厂试验报告			份	1	
6	原始记录表格			份	1	

11.1.2.3　电气数据测量

(1)试验条件

该项试验应在直流开关设备安装就位后进行,试验前应将所有直流断路器小车推进工作位并合闸,所有二次回路短接,试验时应按表 1-11-1、表 1-11-2 做准备。接线前确认所有的框架已连接,绝缘安装已完成,框架接地电缆已完成。

(2)选择仪器

试选择绝缘电阻测试仪,该仪器测试电压可选。

(3)仪器检查

试验前必须对仪器做必要的检查工作,检查外观应完好无损,状态标识在有效期之内,保证仪器设备状态良好。

(4)接线

将直流柜一次母排短接,影响绝缘测试的电压采集线、表计连接线拆下,使用绝缘电阻测试仪测量直流母排主回路绝缘电阻值。接线方式如图 1-11-2 所示。

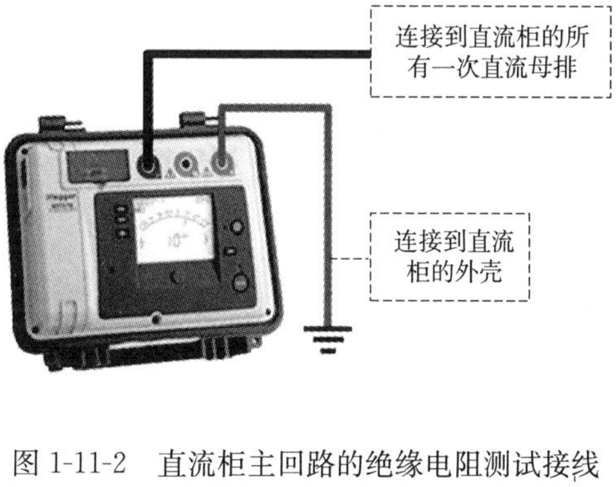

图 1-11-2　直流柜主回路的绝缘电阻测试接线

将辅助回路短接,影响绝缘测试的 PLC、表计等断开,使用绝缘电阻测试仪测量直流柜二次回路绝缘电阻值。接线方式如图 1-11-3 所示。

将直流柜框架接地连接电缆断开,绝缘电阻测试仪测试接线分别接至直流柜外壳和接地端,测量直流柜框架对地的绝缘电阻值。接线方式如图 1-11-4 所示。

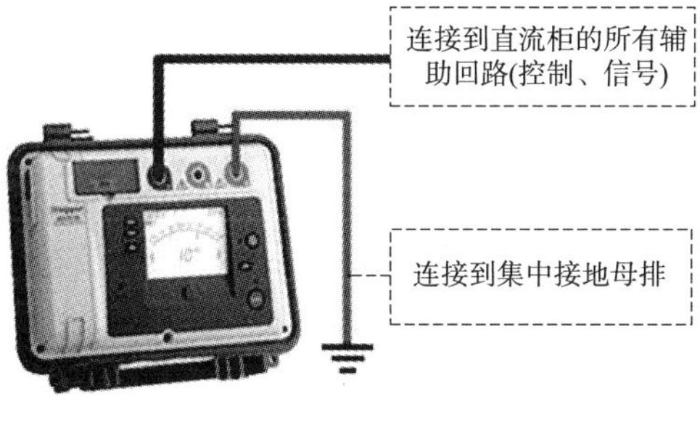

图 1-11-3　直流柜辅助回路的绝缘电阻测试接线

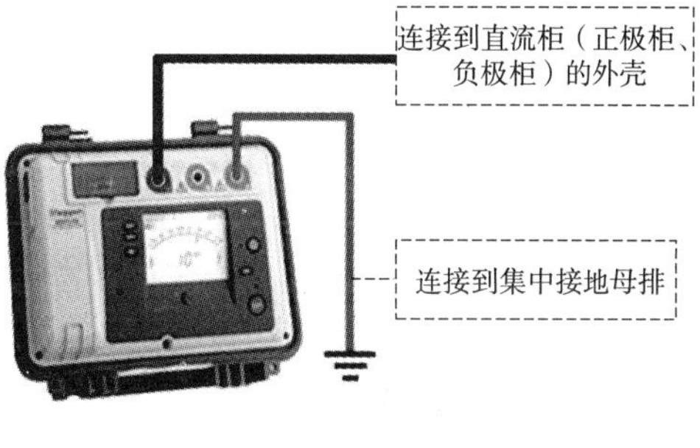

图 1-11-4　直流柜框架的绝缘电阻测试接线

(5)测试

①应将兆欧表放在绝缘垫上,操作人应站在绝缘垫上,工作负责人负责安全防护。

②按“测试”键,60 s时,记录绝缘电阻的数值(记录试验时环境温度、湿度)。

③读取数值后,按“停止”键停止测试,测试仪自动放电。

(6)记录

测试时应作详细记录。记录内容包括:试验时间、试验地点、温度、湿度、仪器型号、编号、被试设备铭牌、测试数据。记录采用专门的原始记录表格,记录测试数据时应复述,操作人确认后方可记录。

11.1.2.4 试验结束

(1)试验完毕或重复试验时,必须将被试品对地充分放电至少5 min。

(2)测试完毕后,工作负责人应对原始记录进行审核,内容包括:记录内容是否漏项、测试数据有效数字、单位是否正确、记录人、试验人签字是否完整;核查测试结果是否符合标准规程的要求,对于不合格项应查找原因或重测,确认设备问题后填写《试验问题通知单》。全部检查无误后,审核人应签字。

(3)如被试设备不做其他项目测试,应准确恢复拆除的所有外部引线,恢复正常运行状态,并经工作负责人确认。

11.1.2.5 填写试验报告

测试完毕后,应及时将原始数据录入电子版试验报告妥善保存。待全部检测项目完成后一并打印纸质试验报告按照规定程序审核、签发和保存。

11.1.3 试验标准

(1)使用2 500 V兆欧表测试主电路对柜体外壳的绝缘电阻,应无闪络及击穿现象,阻值应大于5 MΩ。

(2)使用500 V兆欧表测试辅助回路对柜体外壳绝缘电阻1 min,阻值应大于1 MΩ。比较潮湿的地方可大于0.5 MΩ。

(3)使用500 V兆欧表测试柜体框架对地的绝缘电阻1 min,阻值应大于2 MΩ。

11.1.4 注意事项

(1)测试前断开或短封与主回路、辅助回路连接的保护装置、PLC、数字仪表,防止测试过程中产生高压损坏设备。

(2)根据测量的设备选好兆欧表的电压等级。

(3)绝缘测量时一定要拆除与被测设备相连的连接线,防止高压串到其他设备上造成设备损坏和人员伤害。

(4)绝缘电阻测完后要对被测设备进行放电,防止被测设备残存电压造成人员伤害。

11.2 主回路、辅助回路的工频耐压

11.2.1 试验目的

工频交流耐压试验主要是检查直流开关柜内部是否有绝缘缺陷及耐压能力能否达到技术要求。

11.2.2　操作程序

11.2.2.1　试验工序流程图(图 1-11-5)

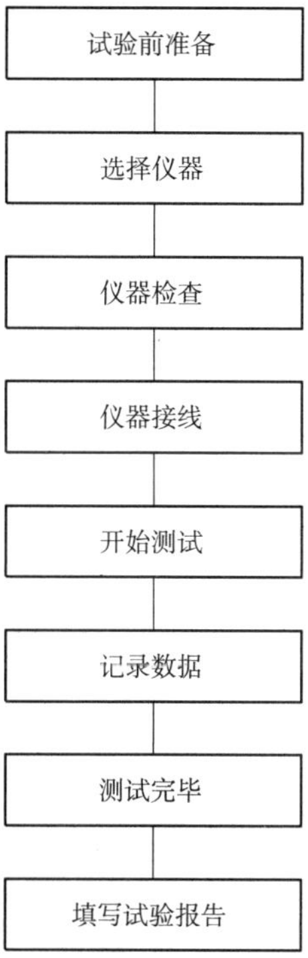

图 1-11-5　直流开关柜主回路、辅助回路工频耐压试验工艺流程

11.2.2.2　试验准备

(1)试验组织(表 1-11-3)

表 1-11-3　人员组织

序　号	项　　目	单　　位	数　　量	备　　注
1	工作负责人	人	1	全面负责
2	试验员	人	2	试验

(2)仪器、设备及材料配置(表 1-11-4)

表 1-11-4　设备及材料配置

序　号	名　　称	型　　号	技术规格	单　位	数　量	备　　注
1	耐压测试仪		0～5 000 V	台	1	
2	温湿度计			个	1	
3	试验连线			条	10	
4	绝缘垫			块	1	
5	短接线			条	10	
6	产品出厂试验报告			份	1	
7	原始记录表格			份	1	

11.2.2.3　电气数据测量

(1)试验条件

该项试验应在其他试验完成后进行,试验前应将所有直流断路器小车推进工作位合闸进行整体对地耐压,分闸做直流断路器端口耐压;所有二次回路短接,试验现场应有稳定的电源和良好的接地点。测试前断开主回路的所有设备、PLC 和数字仪表。试验准备按表 1-11-3、表 1-11-4 进行。

(2)选择仪器

试验选择耐压测试仪,该仪器测试电压可选。

(3)仪器检查

试验前必须对仪器做必要的检查工作,检查外观应完好无损,状态标识在有效期之内,保证仪器设备状态良好。

(4)接线

将直流柜一次母排短接,影响绝缘测试的电压采集线、表计连接线拆下,使用耐压测试仪进行直流母排主回路耐压试验。接线如图 1-11-6 所示。

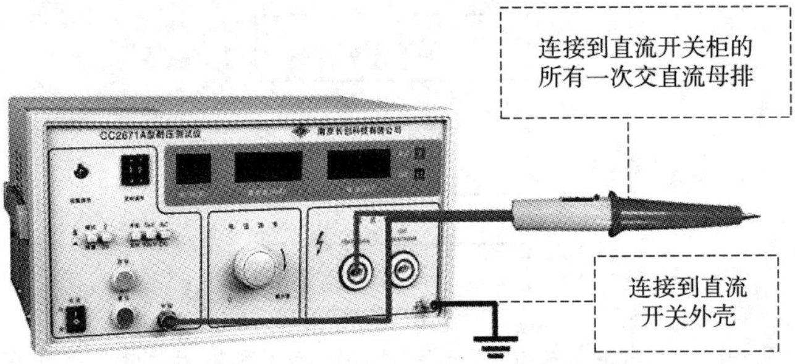

图 1-11-6　主回路的工频耐压接线

将辅助回路短接,影响绝缘测试的 PLC、表计等断开,使用耐压测试仪进行辅助回路耐压试验。接线如图 1-11-7 所示。

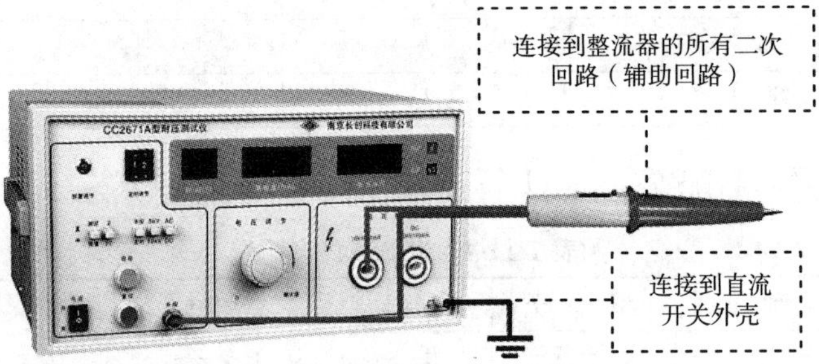

图 1-11-7　辅助回路的工频耐压接线

(5)测试

主回路、辅助回路的工频耐压。采用耐压测试仪,测试电压出厂试验耐压值的 80%,试验持续时间为 1 min。

①连接试品,检查调压旋钮是否在零位。

②接通电源后，试验负责人发出“将要合闸”命令，其他人员退出防护围栏以外，指定操作人员合上电源开关，开机，一人连接好探头和测试部位并按住外控按键，然后另一人速度均匀地将电压升至试验标准电压。开始计时(一般要求 1 min)，时间到后，迅速均匀地将试验电压降至零，断开电源。试验过程中，其他试验人员应站在安全地带注意被试设备有无异常声音和弧光，如有异常现象，应高声呼喊“降压”，操作人应立即停止试验查找原因。

③试验完毕，充分放电，并将放电棒挂在高压输出端，才可宣布“高压已断开”。可进行换线连接，准备下一次试验。

(6)记录

测试时应作详细记录。记录内容包括：试验时间、试验地点、温度、湿度、仪器型号、编号、被试设备铭牌、测试数据。记录采用专门的原始记录表格，记录测试数据时应复述，操作人确认后方可记录。测试数据包括：试验电压、持续时间、试验结果。

11.2.2.4　试验结束

(1)测试完毕后，工作负责人应对原始记录进行审核，内容包括：记录内容是否漏项、测试数据有效数字、单位是否正确、记录人、试验人签字是否完整；核查测试结果是否符合标准规程的要求，对于不合格项应查找原因或重测，确认设备问题后填写《试验问题通知单》。全部检查无误后，审核人应签字。

(2)如被试设备不做其他项目测试，应准确恢复拆除的所有外部引线，恢复正常运行状态，并经工作负责人确认。

11.2.2.5　填写试验报告

测试完毕后，应及时将原始数据录入电子版试验报告妥善保存。待全部检测项目完成后一并打印纸质试验报告按照规定程序审核、签发和保存。

11.2.3　试验标准

主回路、辅助回路的工频耐压为出厂试验耐压值的 80%，试验持续时间为 1 min。

(1)主回路试验电压 3 000 V，当回路绝缘电阻值在 10 MΩ 以上时，可采用 2 500 V 兆欧表代替，试验持续时间为 1 min。

(2)控制回路试验电压 1 000 V，1 min 应无闪络及击穿现象，电力电子件短接，控制线拆开。当绝缘电阻值在 10 MΩ 以上时，可采用 2 500 V 兆欧表代替，试验持续时间为 1 min。

11.2.4　注意事项

(1)试验前厂家配合对相关元器件进行短封或拆除，以免试验对元器件有损坏。

(2)为了安全，应将耐压设备放在绝缘垫上，操作人应站在绝缘垫上，工作负责人负责安全防护。

11.3　回路电阻测量

11.3.1　试验目的

直流断路器要求用电流不小于 100 A 的直流压降法测量，电阻值应符合产品技术条件的规定；负极刀闸也应测量导电回路的电阻值。

11.3.2　操作程序

11.3.2.1　试验工序流程图(图 1-11-8)

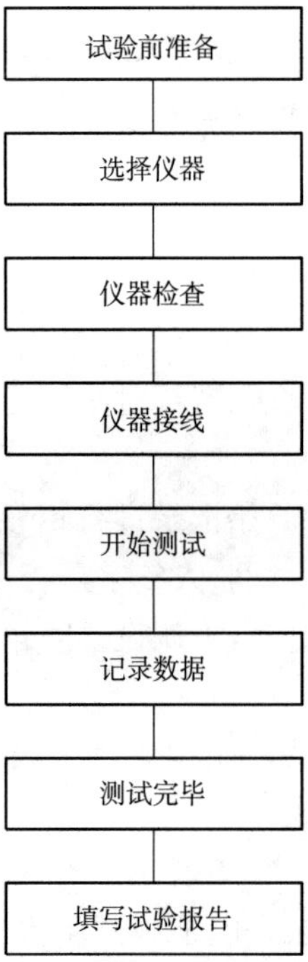

图 1-11-8　直流开关柜回路电阻测量工艺流程

11.3.2.2　试验准备

(1)试验组织(表 1-11-5)

表 1-11-5　人员组织

序　号	项　　目	单　　位	数　　量	备　　注
1	工作负责人	人	1	全面负责
2	试验员	人	2	试验

(2)仪器、设备及材料配置(表 1-11-6)

表 1-11-6　设备及材料配置

序　号	名　　称	型　　号	技术规格	单　位	数　量	备　　注
1	微欧计	BV-2	0～100 A	台	1	
2	温湿度计			个	1	
3	试验连线			条	2	
4	产品出厂试验报告			份	1	
5	原始记录表格			份	1	

11.3.2.3　电气数据测量

(1)试验条件

该项试验应在被试物安装就位后进行，试验前应将所有直流断路器小车推进工作位并合闸，试验时应按表 1-11-5、表 1-11-6 做准备。

(2)选择仪器

根据试验要求，选择微欧计进行试验。

(3)仪器检查

试验前必须对仪器做必要的检查工作，检查外观应完好无损，状态标识在有效期之内，保证仪器设备状态良好。

(4)接线

使用微欧计按照图 1-11-9 所示接线，从相邻柜的电缆连接处测量直流开关柜导电回路电阻值。

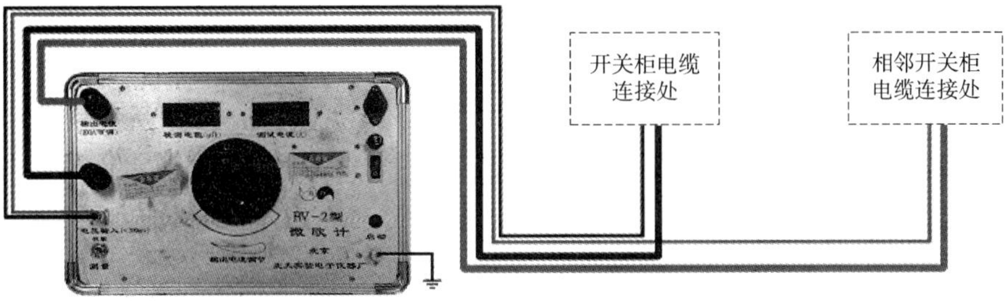

图 1-11-9　微欧计测量直流开关柜导电回路电阻接线

(5)测试

①测量前应先分合几次断路器，以破坏触头上的金属氧化膜，减少电阻值误差；

②测量时应注意测量点的位置要相同，以保证测量数据的可比性；

③测量导电回路的回路阻值(包括进线柜、馈线柜及负极柜)；

④接通测试仪电源，启动“开始”按钮；

⑤待数值稳定后记录测试结果，电流输出为零后断开电源。

(6)记录

测试时应作详细记录。记录内容包括：试验时间、试验地点、温度、湿度、仪器型号、编号、被试设备铭牌、测试数据。记录采用专门的原始记录表格，记录测试数据时应复述，操作人确认后方可记录。

11.3.2.4　试验结束

(1)测试完毕后，工作负责人应对原始记录进行审核，内容包括：记录内容是否漏项、测试数据有效数字、单位是否正确、记录人、试验人签字是否完整；核查测试结果是否符合标准规程的要求，对于不合格项应查找原因或重测，确认设备问题后填写《试验问题通知单》。全部检查无误后，审核人应签字。

(2)如被试设备不做其他项目测试，应恢复正常运行状态。

11.3.2.5　填写试验报告

测试完毕后，应及时将原始数据录入电子版试验报告妥善保存。待全部检测项目完成后一并打印纸质试验报告按照规定程序审核、签发和保存。

11.3.3　试验标准

电阻值及测试方法应符合产品技术条件的规定。

11.3.4　注意事项

(1)接线时应用弹性较大的线夹,牢固夹在触头最近端,且用力拧线夹,以破坏线夹与断路器接触面的氧化膜,减小接触电阻。

(2)采用微欧计测试时,在测试过程中,不可断开测试线,以防损坏仪器。

(3)为了减少误差测试时电压测试线应在测试电流线的内部。

11.4　测量回路及仪表检查

11.4.1　试验目的

检查测量回路是否正常,仪表显示是否正确。

11.4.2　操作程序

11.4.2.1　试验工序流程图(图1-11-10)

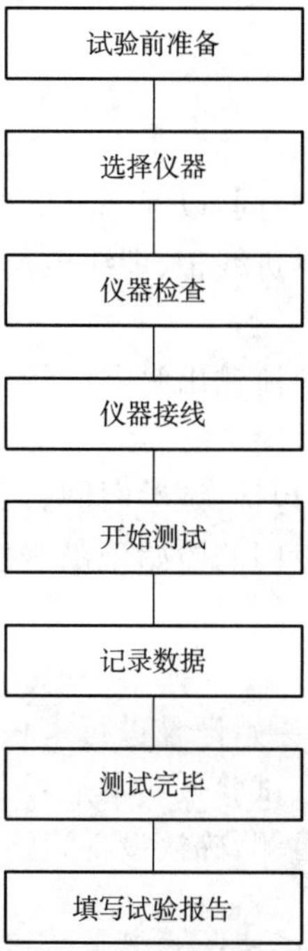

图1-11-10　直流开关柜测量回路及仪表检查工艺流程

11.4.2.2　试验准备

(1)试验组织(表1-11-7)

表 1-11-7　人员组织

序　号	项　　目	单　　位	数　　量	备　　注
1	工作负责人	人	1	全面负责
2	试验员	人	2	试验

(2)仪器、设备及材料配置(表 1-11-8)

表 1-11-8　设备及材料配置

序　号	名　　称	型　　号	技术规格	单　位	数　量	备　　注
1	绝缘电阻测试仪	MIT515	0～5 000 V	台	1	
2	毫伏发生器	JCX-116	0～100 mV	台	2	
3	温湿度计			个	1	
4	试验连线			条	10	
5	短接线			条	10	
6	产品出厂试验报告			份	1	
7	原始记录表格			份	1	

11.4.2.3　电气数据测量

(1)试验条件

该项试验应在被试物安装就位后进行。

(2)选择仪器

根据试验要求,电流回路可选择毫伏发生器进行测试,电压回路可选择绝缘电阻测试仪在母排上施加模拟直流电压进行测试。

(3)仪器检查

试验前必须对仪器做必要的检查工作,检查外观应完好无损,状态标识在有效期之内,保证仪器设备状态良好。

(4)接线

将分流器电流采集线拆下一根,使用毫伏发生器将测试线分别接至分流器和拆下的采集线上,输入电压模拟量验证电流测量是否准确。如图 1-11-11 所示。

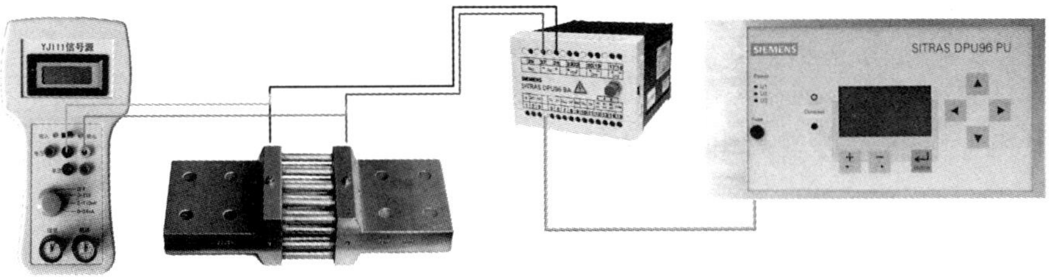

图 1-11-11　直流电流测量回路及仪表测试接线

使用绝缘电阻测试仪在直流开关柜正、负母排之间施加额定电压以内的直流电压,观察电压采集数据是否准确。如图 1-11-12 所示。

(5)测试

①指示仪表检查:用一台毫伏发生器,在分流器两端加毫伏电压(注意正负接线),检查电

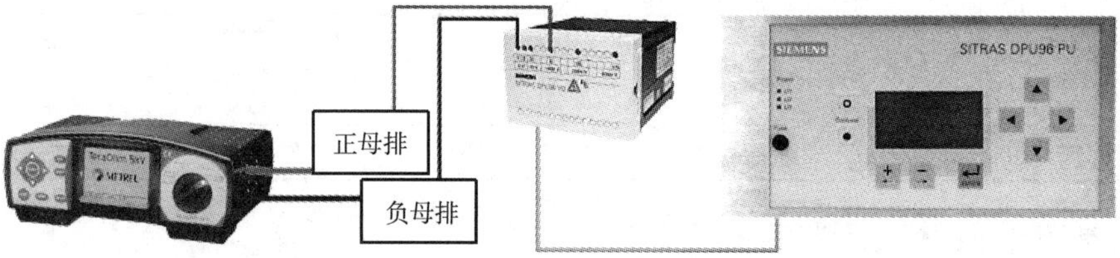

图 1-11-12　直流电压测量回路及仪表测试接线

流表、保护装置显示是否正确。

②保护装置测量电压检查:在正负母线电压测量采样处施加 1 000 V 直流电压,检查电压表和保护装置的显示情况是否正确。

(6)记录

测试时应作详细记录。记录内容包括:试验时间、试验地点、温度、湿度、仪器型号、编号、被试设备铭牌、测试数据。记录采用专门的原始记录表格,记录测试数据时应复述,操作人确认后方可记录。

11.4.2.4　试验结束

(1)测试完毕后,工作负责人应对原始记录进行审核,内容包括:记录内容是否漏项、测试数据有效数字、单位是否正确、记录人、试验人签字是否完整;核查测试结果是否符合标准规程的要求,对于不合格项应查找原因或重测,确认设备问题后填写《试验问题通知单》。全部检查无误后,审核人应签字。

(2)如被试设备不做其他项目测试,应准确恢复拆除的所有外部引线,并经工作负责人确认。

11.4.2.5　填写试验报告

测试完毕后,应及时将原始数据录入电子版试验报告妥善保存。待全部检测项目完成后一并打印纸质试验报告按照规定程序审核、签发和保存。

11.4.3　试验标准

测试结果及测试方法应符合产品技术条件的规定。

11.4.4　注意事项

测试前注意电流电压的方向,测试时查看保护装置显示的电压电流值和方向是否正确,测试完后恢复电流电压线,恢复后由负责人确认无误。

第 12 章　钢轨电位限位装置

12.1　主电路回路、辅助电路回路的绝缘电阻测试

12.1.1　试验目的

测量设备的绝缘电阻，能够有效地检查出设备本身的绝缘整体受潮，部件表面受潮或脏污，以及贯穿性的集中性缺陷，如引线接壳、金属接地等缺陷。

12.1.2　操作程序

12.1.2.1　试验工序流程图(图 1-12-1)

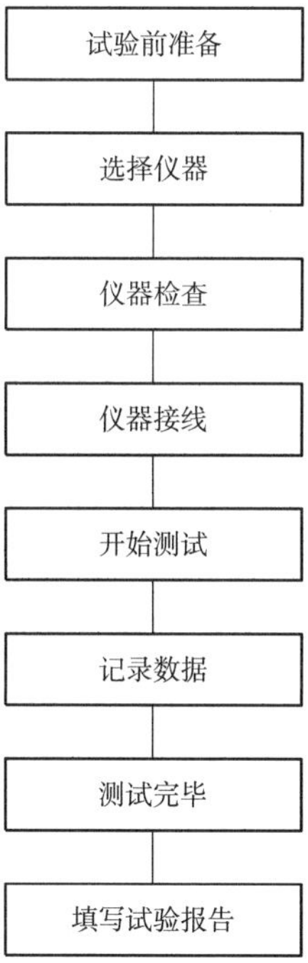

图 1-12-1　主电路回路、辅助电路回路绝缘电阻测试工艺流程

12.1.2.2　试验准备

(1)试验组织(表 1-12-1)

表 1-12-1　人员组织

序　号	项　　目	单　　位	数　　量	备　　注
1	工作负责人	人	1	全面负责
2	试验员	人	2	试验

(2)仪器、设备及材料配置(表 1-12-2)

表 1-12-2　设备及材料配置

序　号	名　　称	型　　号	技术规格	单　位	数　量	备　　注
1	温湿度计			个	1	
2	兆欧表	AVO	0～5 000 V	台	1	
3	产品出厂试验报告			份	1	
4	原始记录表格			份	1	
5	试验连线			条	5	

12.1.2.3　电气数据测量

(1)试验条件

该项试验应在直流开关设备安装就位后进行,所有二次回路短接,接线前应拆除钢轨限位装置的外部连线和电缆,试验时应按表 1-12-1、表 1-12-2 做准备。

(2)选择仪器

试选择绝缘电阻测试仪,该仪器测试电压可选。

(3)仪器检查

试验前必须对仪器做必要的检查工作,检查外观应完好无损,状态标识在有效期之内,保证仪器设备状态良好。

(4)接线

将辅助回路短接,影响绝缘测试的 PLC、表计等断开,使用兆欧表测量钢轨电位限制柜二次回路绝缘电阻值。如图 1-12-2 所示。

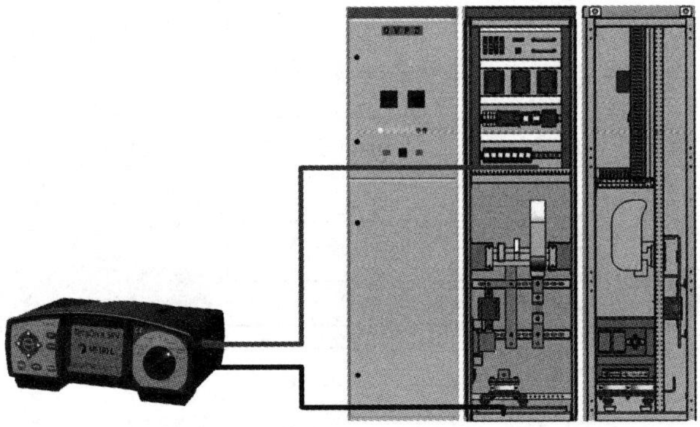

图 1-12-2　钢轨电位限制柜辅助回路绝缘电阻测试接线

将一次母排短接,影响绝缘测试的电压采集线、表计连接线拆下,使用兆欧表测量母排主回路绝缘电阻值。如图 1-12-3 所示。

(5)测试

①应将兆欧表放在绝缘垫上,操作人应站在绝缘垫上,工作负责人负责安全防护。

②按“测试”键,60 s 时,记录绝缘电阻的数值(记录试验时环境温度、湿度)。

③读取数值后,按“停止”键停止测试,测试仪自动放电。

(6)记录

测试时应作详细记录。记录内容包括:试验时间、试验地点、温度、湿度、仪器型号、编号、

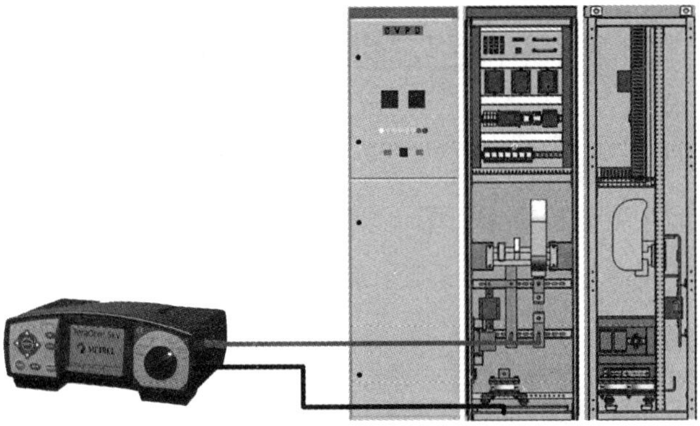

图 1-12-3　钢轨电位限制柜主回路绝缘电阻测试接线

被试设备铭牌、测试数据。记录采用专门的原始记录表格，记录测试数据时应复述，操作人确认后方可记录。

12.1.2.4　试验结束

(1)试验完毕或重复试验时，必须将被试品对地充分放电至少 5 min。

(2)测试完毕后，工作负责人应对原始记录进行审核，内容包括：记录内容是否漏项、测试数据有效数字、单位是否正确、记录人、试验人签字是否完整；核查测试结果是否符合标准规程的要求，对于不合格项应查找原因或重测，确认设备问题后填写《试验问题通知单》。全部检查无误后，审核人应签字。

(3)如被试设备不做其他项目测试，应准确恢复拆除的所有外部引线，恢复正常运行状态，并经工作负责人确认。

12.1.2.5　填写试验报告

测试完毕后，应及时将原始数据录入电子版试验报告妥善保存。待全部检测项目完成后一并打印纸质试验报告按照规定程序审核、签发和保存。

12.1.3　试验标准

(1)使用 2 500 V 兆欧表测试主回路对柜体外壳绝缘电阻 1 min，应无闪络及击穿现象，阻值应大于 5 MΩ。

(2)使用 500 V 兆欧表测试辅助回路对外壳绝缘电阻 1 min，阻值应大于 1 MΩ。在比较潮湿的地方，可大于 0.5 MΩ。

12.1.4　注意事项

(1)测试前断开或短封与主回路、辅助回路连接的保护装置、PLC、数字仪表，防止测试过程中产生高压损坏设备。

(2)根据测量的设备选好兆欧表的电压等级。

(3)绝缘测量时一定要拆除与被测设备相连的连接线，防止高压串到其他设备上造成设备损坏和人员伤害。

(4)绝缘电阻测完后要对被测设备进行放电，防止被测设备残存电压造成人员伤害。

12.2　主回路、辅助回路的工频耐压

12.2.1　试验目的

工频交流耐压试验主要是检查钢轨限位装置内部是否有绝缘缺陷及耐压能力能否达到技术要求。

12.2.2　操作程序

12.2.2.1　试验工序流程图(图 1-12-4)

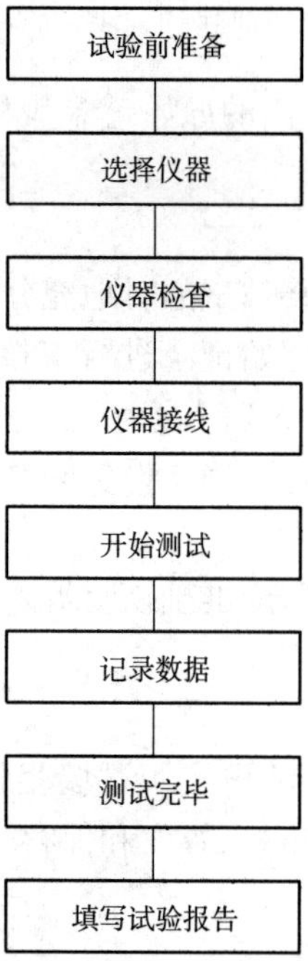

图 1-12-4　主回路、辅助回路工频耐压试验工艺流程

12.2.2.2　试验准备

(1)试验组织(表 1-12-3)

表 1-12-3　人员组织

序　号	项　　目	单　　位	数　　量	备　　注
1	工作负责人	人	1	全面负责
2	试验员	人	2	试验

(2)仪器、设备及材料配置(表 1-12-4)

表 1-12-4　设备及材料配置

序　号	名　　称	型　　号	技术规格	单　位	数　量	备　　注
1	温湿度计			个	1	
2	耐压测试仪			台	1	

续上表

序　号	名　　称	型　　号	技术规格	单　位	数　量	备　　注
3	万用表	F17B		块	1	
4	产品出厂试验报告			份	1	
5	原始记录表格			份	1	
6	试验连线			条	5	

12.2.2.3　电气数据测量

(1)试验条件

该项试验应在其他试验完成后进行,所有二次回路短接,试验现场应有稳定的电源和良好的接地点。测试前应断开主回路的所有设备、PLC 和数字仪表。试验准备按表 1-12-3、表 1-12-4 进行。

(2)选择仪器

试选择耐压测试仪,该仪器测试电压可选。

(3)仪器检查

试验前必须对仪器做必要的检查工作,检查外观应完好无损,状态标识在有效期之内,保证仪器设备状态良好。

(4)接线

将辅助回路短接,影响绝缘测试的 PLC、表计等断开,使用耐压测试仪进行辅助回路耐压试验。如图 1-12-5 所示。

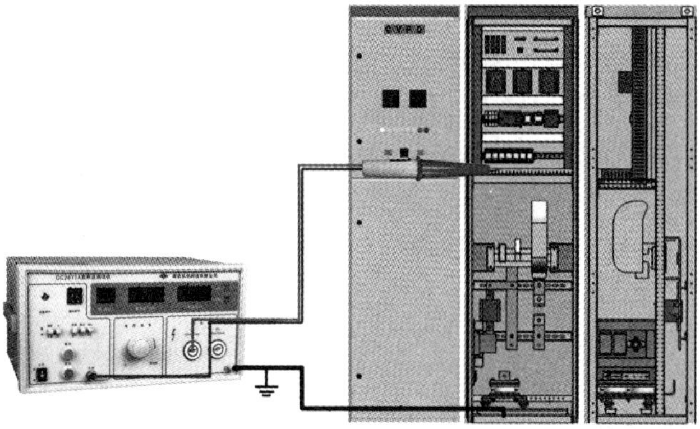

图 1-12-5　钢轨限位装置柜辅助回路的工频耐压接线

将一次母排短接,影响绝缘测试的电压采集线、表计连接线拆下,使用耐压测试仪进行母排主回路耐压试验。如图 1-12-6 所示。

(5)测试

主回路、辅助回路的工频耐压。采用耐压测试仪,测试电压出厂试验耐压值的 80%,试验持续时间为 1 min。

①连接试品,检查调压旋钮是否在零位。

②接通电源后,试验负责人发出"将要合闸"命令,其他人员退出防护围栏以外,指定操作人员合上电源开关,开机,一人连接好探头和测试部位并按住外控按键,然后另一人速度均匀地将电压升至试验标准电压。开始计时(一般要求 1 s),时间到后,迅速均匀地将试验电压降

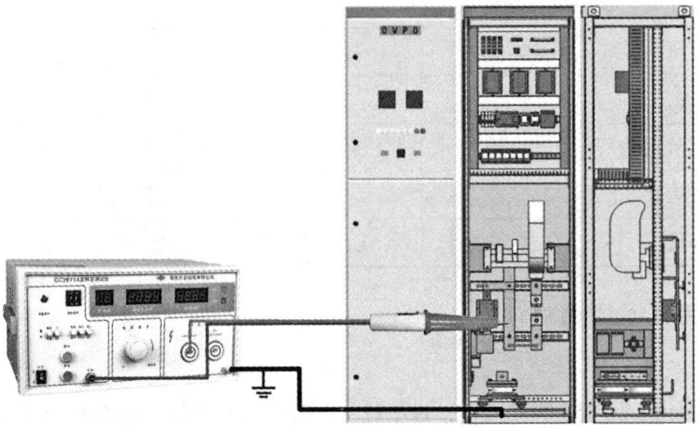

图 1-12-6　钢轨限位装置柜主回路的工频耐压接线

至零，断开电源。试验过程中，其他试验人员应站在安全地带注意被试设备有无异常声音和弧光，如有异常现象，应高声呼喊"降压"，操作人应立即停止试验查找原因。

③试验完毕，充分放电，并将放电棒挂在高压输出端，才可宣布"高压已断开"。可进行换线连接，准备下一次试验。

(6)记录

测试时应作详细记录。记录内容包括：试验时间、试验地点、温度、湿度、仪器型号、编号、被试设备铭牌、测试数据。记录采用专门的原始记录表格，记录测试数据时应复述，操作人确认后方可记录。测试数据包括：试验电压、持续时间、试验结果。

12.2.2.4　试验结束

(1)测试完毕后，工作负责人应对原始记录进行审核，内容包括：记录内容是否漏项、测试数据有效数字、单位是否正确、记录人、试验人签字是否完整；核查测试结果是否符合标准规程的要求，对于不合格项应查找原因或重测，确认设备问题后填写《试验问题通知单》。全部检查无误后，审核人应签字。

(2)如被试设备不做其他项目测试，应准确恢复拆除的所有外部引线，恢复正常运行状态，并经工作负责人确认。

12.2.2.5　填写试验报告

测试完毕后，应及时将原始数据录入电子版试验报告妥善保存。待全部检测项目完成后一并打印纸质试验报告按照规定程序审核、签发和保存。

12.2.3　试验标准

主回路、辅助回路的工频耐压为出厂试验耐压值的 80%，试验持续时间为 1 min。

(1)主回路试验电压为 3 000 V，当回路绝缘电阻值在 10 MΩ 以上时，可采用 2 500 V 兆欧表代替，试验持续时间为 1 min。

(2)控制回路试验电压为 1 000 V，1 min 应无闪络及击穿现象，电力电子件短接，控制线拆开。当绝缘电阻值在 10 MΩ 以上时，可采用 2 500 V 兆欧表代替，试验持续时间为 1 min。

12.2.4　注意事项

(1)试验前厂家配合对相关元器件进行短封或拆除，以免对元器件有破坏。

(2)为了安全，应将耐压设备放在绝缘垫上，操作人应站在绝缘垫上，工作负责人负责安全防护。

12.3　保护功能测试

12.3.1　试验目的

主要是检查钢轨限位装置各项功能是否达到技术要求，以保证设备安全运行。

12.3.2　操作程序

12.3.2.1　试验工序流程图(图 1-12-7)

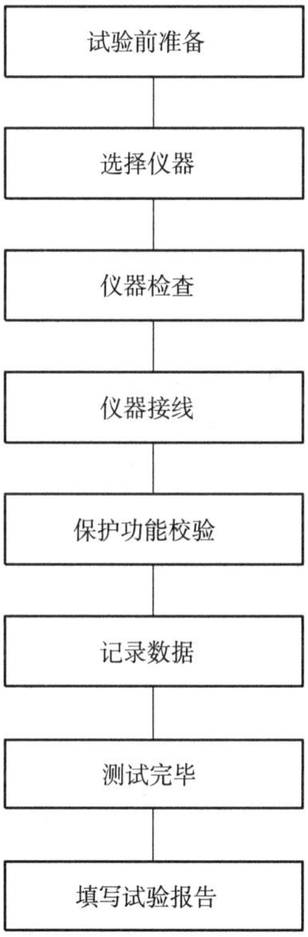

图 1-12-7　钢轨电位限制装置保护功能测试工艺流程

12.3.2.2　试验准备

(1)试验组织(表 1-12-5)

表 1-12-5　人员组织

序　号	项　　目	单　　位	数　　量	备　　注
1	工作负责人	人	1	全面负责
2	试验员	人	2	试验

（2）仪器、设备及材料配置（表 1-12-6）

表 1-12-6　设备及材料配置

序　号	名　　称	型　　号	技术规格	单　位	数　量	备　　注
1	温湿度计			个	1	
2	继电保护测试仪	MP3000		台	1	
3	微欧计	BV-3		台	1	
4	兆欧表	AVO	500 V/2 500 V/5 000 V	台	1	
5	万用表			块	1	
6	产品出厂试验报告			份	1	
7	原始记录表格			份	1	
8	设计定值单			份	1	
9	试验连线			条	5	

12.3.2.3　电气数据测量

（1）试验条件

该组试验应在被试物安装就位后进行。试验现场应有稳定的交流电源和可靠的接地点。接线前应拆除被试设备的外部连线，拆前应做好标记，防止错误恢复。

（2）选择仪器

温湿度计，继电保护测试仪，绝缘电阻测试仪，微欧计，万用表。

（3）仪器检查

由于仪器设备到达现场，经过长途运输和装卸，所以试验前必须对仪器做必要的检查工作，保证仪器设备状态良好。首先检查外观应完好无损，然后作通电检查，将温湿度计放置于通风阳光不能直射的地方。

（4）接线

使用继电保护测试仪，分别验证 $U<$、$U>$和 $U>>$是否符合设计定值要求。如图 1-12-8 所示。

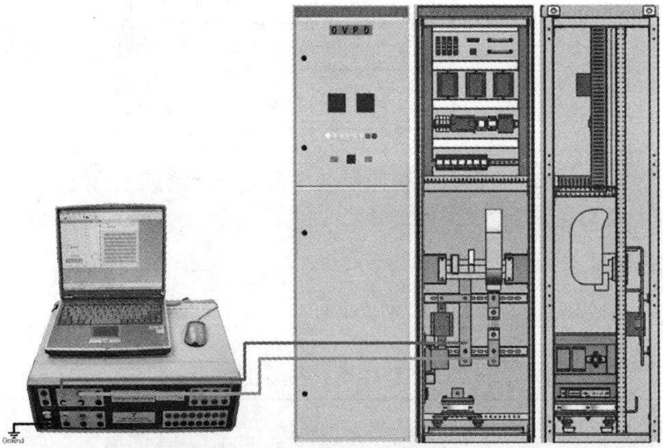

图 1-12-8　钢轨限位装置 $U<$、$U>$和 $U>>$动作调试接线

使用兆欧表，测试线接至晶闸管两端，验证导通电压值。如图 1-12-9 所示。

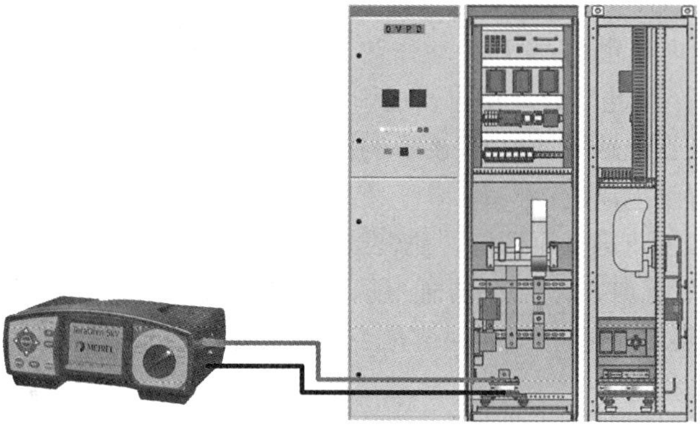

图 1-12-9　钢轨限位装置晶闸管导通值调试接线

使用微欧计/继电保护测试仪，测试线接至钢轨限位装置电流继电器两端，验证电流继电器动作值是否符合设计要求。如图 1-12-10 所示。

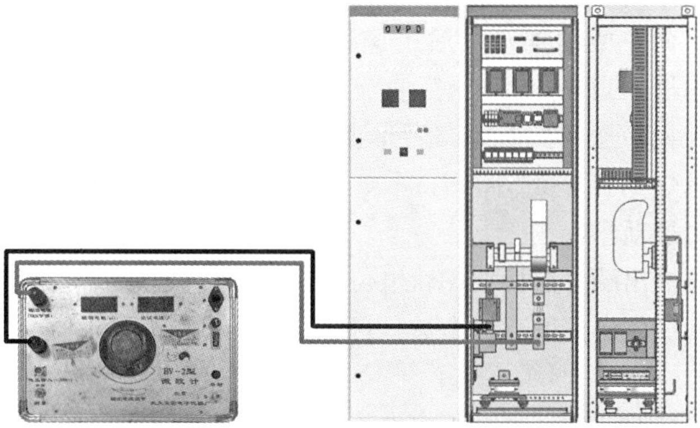

图 1-12-10　钢轨限位装置电流继电器及电流测量回路调试接线

(5)测试

①检查 *U*>动作电压值及动作时间：

用三相继保仪输出直流电压的两根线分别加到 L 端与框架端的一次电压取样线上，电压输出直流到 80 V，检查电压表 P11 指针指示是否与所加量一致，并与上传数值核对；将直流电压输出到 90 V，时间为 600 ms，检查电压继电器 F21 是否吸合，同时观察直流接触器是否动作，接通指示灯 HOE 是否变为绿色，告警指示灯是否亮起，操作计数器 P01 是否增加，如果不动作，将时间改变到 800 ms，没变化再将时间增加到 1 s，直至将所加量增加到电压继电器动作为止，核对动作电压值及动作时间是否与设计定值(90 V/600 ms)一致。(电压整定值可通过调节电压继电器 F21 的旋钮来实现)

当直流接触器把主电路短接后，经过 10 s，直流接触器自行断开，加量使其动作 3 次后，闭锁指示灯 S31 亮起，让后台遥控复归闭锁状态，(此操作无法实现，即因多次连续短路的闭锁状态无法远方撤销闭锁)现场可按动 S31 将其闭锁状态手动复归。

②检查 *U*>>动作电压值及动作时间：

同 *U*>的检查方法，用三相继保仪将直流电压值加到 150 V，时间设定 0 s，观察电压继电器 F22 是否动作，直流接触器是否动作，接通指示灯 HOE 是否改变，告警指示灯是否亮起，操作计数器 P01 是否增加，电压表 P11 指针指示是否一致，闭锁指示灯 S31 是否亮起；然后将电压值依次增加，直至电压继电器 F22 动作为止，核对动作电压值及动作时间与设计定值(150 V/0 s)是否一致。(电压整定值可通过调节电压继电器 F22 的旋钮来实现)

当直流接触器使主电路短接后，直接闭锁，可现场手动复归。

③检查晶闸管导通电压值：

使用绝缘兆欧表的步进电压挡位，兆欧表 L 端和 E 端直接加到晶闸管两端，L 接钢轨端，E 接框架端，使晶闸管正向导通，核对导通电压值是否与设计定值一致；然后将兆欧表 L 端和 E 端调换，使晶闸管反向导通，核对导通值是否与设计定值一致(正反向定值相同)，误差不应超过 5%。

④检查 $U<$ 动作值及动作时间：

将 PLC 内 $U<$ 的时间参数 B05 设置为 00:01 h，将电压继电器 F24 设为 50 V，约 1 min 后，报警指示灯亮起，将转换开关 S24 向左或向右搬动一次，报警指示灯熄灭。测试完毕将 PLC 内 B05 重新设置为 60:00 h、电压继电器 F24 设为 2 V。

⑤手动操作控制开关模拟测试：

将转换开关 S24 向左搬动到 $U>$ 后迅速返回，F21 吸合，直流接触器动作，接通指示灯 HOE 亮起，告警指示灯 H11 亮起，10 s 后直流接触器断开，指示灯 HOE 熄灭，HOA 亮起。

将转换开关 S24 向右搬动到 $U>>$ 后迅速返回，F22 吸合，直流接触器动作，接通指示灯 HOE 亮起，告警指示灯 H11 亮起，闭锁指示灯 S31 亮起。

⑥检查电流继电器动作：

用微欧计的电流输出端分别接在钢轨电位限制器的负极和地，测试电流继电器的动作，一般微欧计稳定输出大于整定值的直流电流，电流继电器应可靠动作。

⑦信号核对：

控制电源断电：模拟控制电源故障，主电路将直接短接，与后台核对信号是否正确。

轨电位限制装置故障检测：模拟直流接触器故障，主电路会直接短接，经可调整时间，告警指示灯亮起。

(6)记录

测试时应作详细记录。记录内容包括：试验时间、试验地点、温度、湿度、仪器型号、编号、被试设备铭牌、测试数据。记录采用专门的原始记录表格，记录测试数据时应复述，操作人确认后方可记录。

12.3.2.4　试验结束

(1)测试完毕后，工作负责人应对原始记录进行审核，内容包括：记录内容是否漏项、测试数据有效数字、单位是否正确、记录人、试验人签字是否完整；核查测试结果是否符合标准规程的要求，对于不合格项应查找原因或重测，确认设备问题后填写《试验问题通知单》。全部检查无误后，审核人应签字。

(3)如被试设备不做其他项目测试，应准确恢复拆除的所有外部引线，恢复正常运行状态，并经工作负责人确认。

12.3.2.5　填写试验报告

测试完毕后，应及时将原始数据录入电子版试验报告妥善保存。待全部检测项目完成后一并打印纸质试验报告按照规定程序审核、签发和保存。

12.3.3　试验标准

测试结果及测试方法应符合产品技术条件的规定。

12.3.4　注意事项

测试前认真研究图纸，对调试过程中出现的错误经认真考虑思索后方可改线，改线后重新调试直到设备联动满足设计需要为止。

测试过程中注意电流电压的方向应符合设计需要。

第 13 章　排流柜试验工艺

13.1　主电路回路、辅助电路回路的绝缘电阻测试

13.1.1　试验原理

测量设备的绝缘电阻，能够有效地检查出设备本身的绝缘整体受潮，部件表面受潮或脏污，以及贯穿性的集中性缺陷，如引线接壳、金属接地等缺陷。

13.1.2　操作程序

13.1.2.1　试验工序流程图(图 1-13-1)

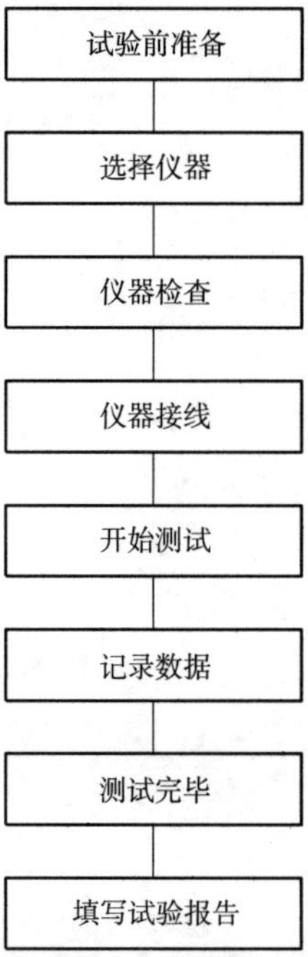

图 1-13-1　主电路回路、辅助电路回路的绝缘电阻测试工艺流程

13.1.2.2　试验准备

(1)试验组织(表 1-13-1)

表 1-13-1　人员组织

序　号	项　目	单　位	数　量	备　注
1	工作负责人	人	1	全面负责
2	试验员	人	2	试验

(2)仪器、设备及材料配置(表 1-13-2)

表 1-13-2　设备及材料配置

序　号	名　　称	型　　号	技术规格	单　位	数　量	备　　注
1	温湿度计			个	1	
2	兆欧表	AVO	0～5 000 V	台	1	
3	万用表	F17B		块	1	
4	产品出厂试验报告			份	1	
5	原始记录表格			份	1	

13.1.2.3　电气数据测量

(1)试验条件

主电路回路、辅助电路回路的绝缘电阻测试应在安装就位后进行,所有二次回路短接,试验时应按表 1-13-1、表 1-13-2 做准备。

(2)选择仪器

试选择绝缘电阻测试仪,该仪器测试电压可选。

(3)仪器检查

试验前必须对仪器做必要的检查工作,检查外观应完好无损,状态标识在有效期之内,保证仪器设备状态良好。

(4)接线

将排流柜所有一次母排短接,影响绝缘测试的电压采集线、表计连接线拆下,使用绝缘电阻测试仪测量一次母排主回路绝缘电阻值。如图 1-13-2 所示。

将辅助回路短接,影响绝缘测试的 PLC、表计等断开,使用绝缘电阻测试仪测量排流柜二次回路绝缘电阻值。如图 1-13-3 所示。

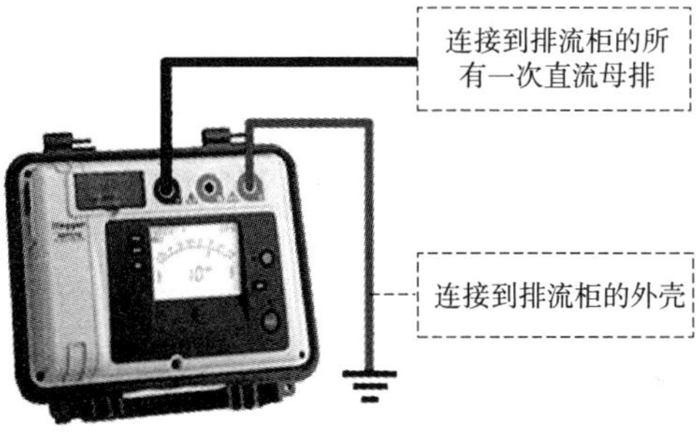

图 1-13-2　排流柜主回路的绝缘电阻测试接线

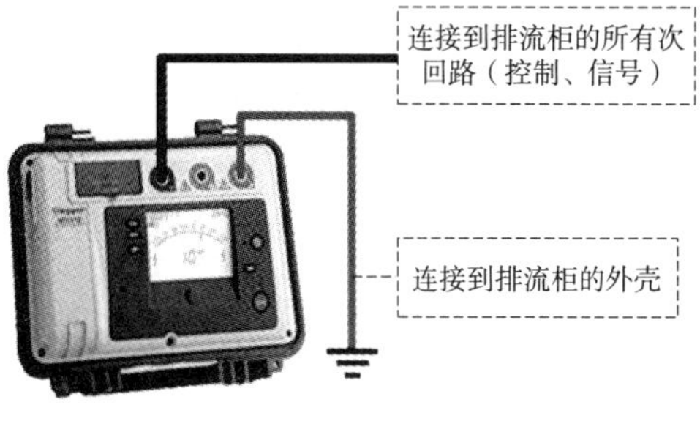

图 1-13-3　排流柜辅助回路的绝缘电阻测试接线

(5)测试

①应将兆欧表放在绝缘垫上,操作人应站在绝缘垫上,工作负责人负责安全防护。

②按“测试”键,60 s 时,记录绝缘电阻的数值(记录试验时环境温度、湿度)。

③读取数值后,按“停止”键停止测试,测试仪自动放电。

(6)记录

测试时应作详细记录。记录内容包括:试验时间、试验地点、温度、湿度、仪器型号、编号、被试设备铭牌、测试数据。记录采用专门的原始记录表格,记录测试数据时应复述,操作人确认后方可记录。

13.1.2.4　试验结束

(1)试验完毕或重复试验时,必须将被试品对地充分放电至少 5 min。

(2)测试完毕后,工作负责人应对原始记录进行审核,内容包括:记录内容是否漏项、测试数据有效数字、单位是否正确、记录人、试验人签字是否完整;核查测试结果是否符合标准规程的要求,对于不合格项应查找原因或重测,确认设备问题后填写《试验问题通知单》。全部检查无误后,审核人应签字。

(3)如被试设备不做其他项目测试,应准确恢复拆除的所有外部引线,恢复正常运行状态,并经工作负责人确认。

13.1.2.5　填写试验报告

测试完毕后,应及时将原始数据录入电子版试验报告妥善保存。待全部检测项目完成后一并打印纸质试验报告按照规定程序审核、签发和保存。

13.1.3　试验标准

(1)主回路绝缘电阻的测试。使用 2 500 V 进行,持续时间为 1 min,应无闪络及击穿现象,阻值应大于 5 MΩ。

(2)辅助回路绝缘电阻的测试。使用 500 V 进行,持续时间为 1 min,应无闪络及击穿现象,阻值应大于 1 MΩ。

13.1.4　注意事项

(1)测试前断开或短封与主回路、辅助回路连接的保护装置、PLC、数字仪表,防止测试过程中产生高压损坏设备。

(2)根据测量的设备选好兆欧表的电压等级。

(3)绝缘测量时一定要拆除与被测设备相连的连接线,防止高压串到其他设备上造成设备损坏和人员伤害。

(4)绝缘电阻测完后要对被测设备进行放电,防止被测设备残存电压造成人员伤害。

13.2　主回路、辅助回路的工频耐压

13.2.1　试验目的

工频交流耐压试验主要是检查排流柜内部是否有绝缘缺陷及耐压能力能否达到技术要求。

13.2.2　操作程序

13.2.2.1　试验工序流程图(图 1-13-4)

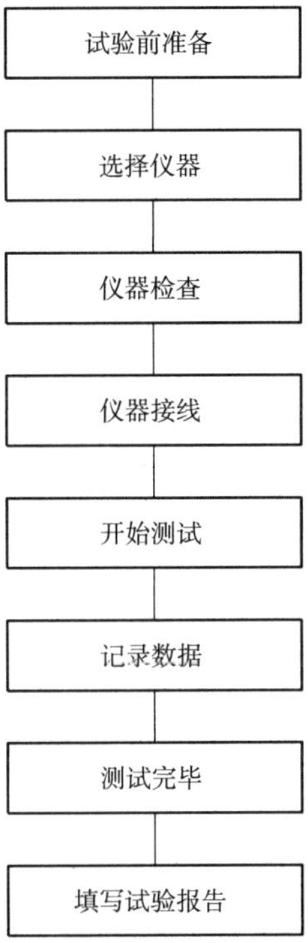

图 1-13-4　主回路、辅助回路工频耐压试验工艺流程

13.2.2.2　试验准备

(1)试验组织(表 1-13-3)

表 1-13-3　人员组织

序　号	项　　目	单　　位	数　　量	备　　注
1	工作负责人	人	1	全面负责
2	试验员	人	2	试验

(2)仪器、设备及材料配置(表 1-13-4)

表 1-13-4　设备及材料配置

序　号	名　　称	型　　号	技术规格	单　位	数　量	备　　注
1	温湿度计			个	1	
2	耐压测试仪			台	1	
3	万用表	F17B		块	1	
4	产品出厂试验报告			份	1	
5	原始记录表格			份	1	

13.2.2.3　电气数据测量

(1)试验条件

该项试验应在其他试验完成后进行,所有二次回路短接,试验现场应有稳定的电源和良好

的接地点。测试前断开主回路的所有设备、PLC 和数字仪表，应把 IGBT 等电力电子元件短接，控制线拆开或短接。试验准备按表 1-13-3、表 1-13-4 进行。

(2)选择仪器

试选择耐压测试仪，该仪器测试电压可选。

(3)仪器检查

试验前必须对仪器做必要的检查工作，检查外观应完好无损，状态标识在有效期之内，保证仪器设备状态良好。

(4)接线

将排流柜一次母排短接，影响绝缘测试的电压采集线、表计连接线拆下，使用耐压测试仪进行主回路工频耐压试验。如图 1-13-5 所示。

将辅助回路短接，影响绝缘测试的 PLC、表计等断开，使用耐压测试仪进行辅助回路工频耐压试验。如图 1-13-6 所示。

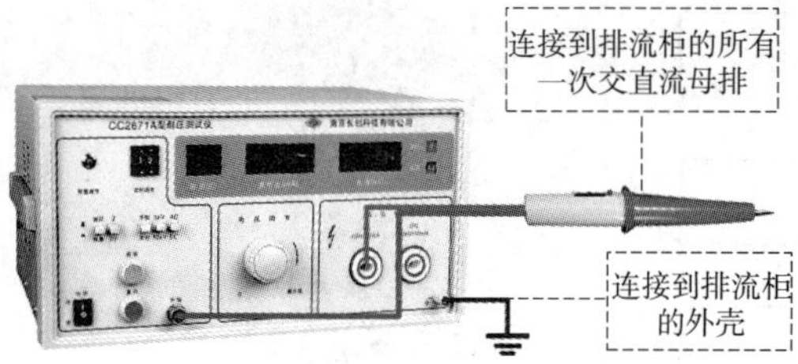

图 1-13-5　主回路的工频耐压试验接线

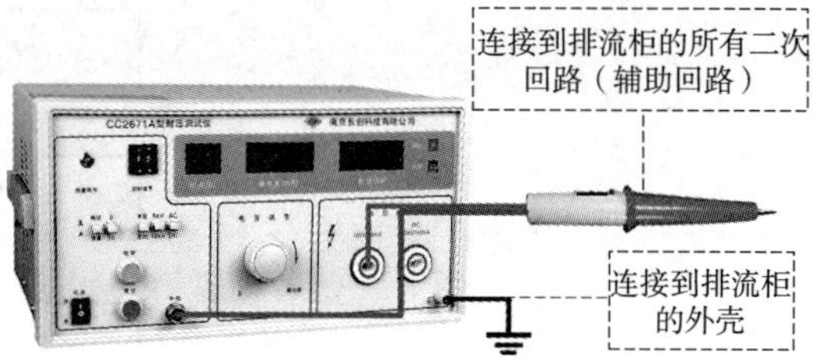

图 1-13-6　辅助回路的工频耐压接线

(5)测试

主回路、辅助回路的工频耐压。采用耐压测试仪，测试电压出厂试验耐压值的 80%，试验持续时间为 1 min。

①连接试品，检查调压旋钮是否在零位。

②接通电源后，试验负责人发出“将要合闸”命令，其他人员退出防护围栏以外，指定操作人员合上电源开关，开机，一人连接好探头和测试部位并按住外控按键，然后另一人速度均匀地将电压升至试验标准电压。开始计时(一般要求 1 min)，时间到后，迅速均匀地将试验电压降至零，断开电源。试验过程中，其他试验人员应站在安全地带注意被试设备有无异常声音和弧光，如有异常现象，应高声呼喊“降压”，操作人应立即停止试验查找原因。

③试验完毕，充分放电，并将放电棒挂在高压输出端，才可宣布“高压已断开”。可进行换线连接，准备下一次试验。

(6)记录

测试时应作详细记录。记录内容包括：试验时间、试验地点、温度、湿度、仪器型号、编号、被试设备铭牌、测试数据。记录采用专门的原始记录表格，记录测试数据时应复述，操作人确认后方可记录。测试数据包括：试验电压、持续时间、试验结果。

13.2.2.4　试验结束

(1)测试完毕后，工作负责人应对原始记录进行审核，内容包括：记录内容是否漏项、测试数据有效数字、单位是否正确、记录人、试验人签字是否完整；核查测试结果是否符合标准规程的要求，对于不合格项应查找原因或重测，确认设备问题后填写《试验问题通知单》。全部检查无误后，审核人应签字。

(2)如被试设备不做其他项目测试,应准确恢复拆除的所有外部引线,恢复正常运行状态,并经工作负责人确认。

13.2.2.5　填写试验报告

测试完毕后,应及时将原始数据录入电子版试验报告妥善保存。待全部检测项目完成后一并打印纸质试验报告按照规定程序审核、签发和保存。

13.2.3　试验标准

主回路、辅助回路的工频耐压为出厂试验耐压值的 80%,试验持续时间为 1 min。

(1)主回路试验电压为 3 000 V,当回路绝缘电阻值在 10 MΩ 以上时,可采用 2 500 V 兆欧表代替,试验持续时间为 1 min。

(2)控制回路试验电压为 1 000 V,1 min 应无闪络及击穿现象,电力电子件短接,控制线拆开。当绝缘电阻值在 10 MΩ 以上时,可采用 2 500 V 兆欧表代替,试验持续时间为 1 min。

13.2.4　注意事项

(1)试验前厂家配合对相关元器件进行短封或拆除,以免对元器件有破坏。

(2)为了安全,应将耐压设备放在绝缘垫上,操作人应站在绝缘垫上,工作负责人负责安全防护。

13.3　排流柜功能性试验

13.3.1　试验目的

该项测试主要是检查排流柜内部测量、保护、信号功能能否达到技术要求。

13.3.2　操作程序

13.3.2.1　试验工序流程图(图 1-13-7)

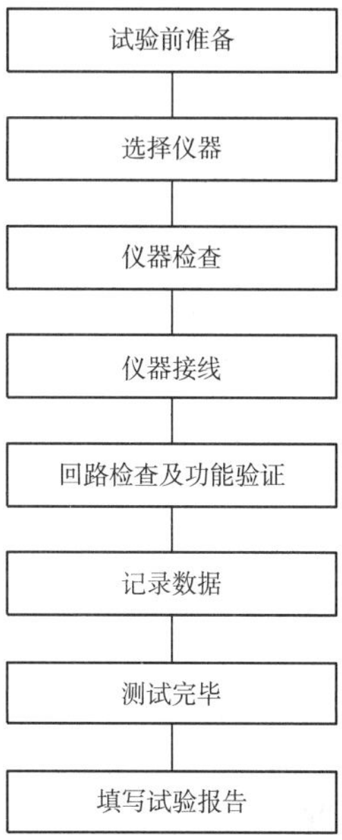

图 1-13-7　排流柜功能性试验工艺流程

13.3.2.2　电气数据测量

(1)试验条件

该项试验应在被试物安装就位后进行。

(2)测试

根据设计图纸要求,对每一只元器件以及所要求实现的功能进行模拟试验。

①基本检查:

排流柜上电后,电源指示灯亮起,检查面板上的显示是否正确、正常。观察排流控制装置与上位机通信是否正常。

②确定排流回路是否对应:

可以先合上"1号接地投入"开关,其所属回路开关变位,依次合开关1号接地退出、2号上行道床投入、2号上行道床退出、3号下行道床投入、3号下行道床退出、4号上行道床投入、4号上行道床退出、5号下行道床投入、5号下行道床退出,就可以确定出排流控制装置上的排流回路编号和实际的排流回路及指示灯是否对应。同时与上传值核对。将转换开关打到远方位,让后台依次摇合、摇分各个排流回路。

③仪表检查:

排流回路中,我们可以把5个回路分别叫作①②③D和E。

使用三相继保仪输出直流电压两根线分别加到回路A的电压取样线VA+和-V上,查看电压表量程,然后加直流电压,转动面板上数字电压表转换开关到1(即第1排流回路),观察其指针指示是否准确。依次从回路②③DE的电压采样线VB+、-V;VC+、-V;VD+、-V;VE+、-V上加电压,同时转动数字电压表转换开关到相应回路,观察指针指示是否准确。

分别将各回路电流传感器的两根电流检测线拆开,5回路分别为A-11+、A-11-;B-11+、B-11-;C-11+、C-11-;D-11+、D-11-;E-11+、E-11-,同时查看电流表量程和变比,使用毫伏发生器分别加量,转动数字电流表转换开关分别观察面板上各回路电流表指针指示是否准确,上传数值是否准确。

④各排流回路定值校验:

通过排流控制器显示屏的"基本状态屏"—"主菜单"—"采样"可以查看各个排流回路的排流设定值、排流电流值和开入量、开出量的状态。

可以通过"基本状态屏"—"主菜单"—"排流设定"来修改排流设定值。

使用毫伏发生器分别从各个回路的电流采样线上根据整定值加量,检查各个排流回路动作值是否与定值一致。

⑤排流回路故障信号核对:

分别模拟各排流回路IGBT故障、熔断器故障,排流柜面板上各回路对应的故障指示灯应该发光,同时排流控制器面板上的红色故障指示灯应该发光,核对故障信号上传是否准确。

⑥排流控制器信号核对:

首先观察面板上的绿色运行指示灯是否在正常状态下,黄色通信指示灯通信正常时闪烁(如果常亮或常灭,表明装置没有接收到上位机数据或接收数据不正确),并与后台核对。

模拟排流控制器通信故障,与上传信号核对。

模拟IPM模块故障报警和熔断器熔断报警,观察面板故障指示灯是否亮起,上传信号是否正确。

⑦杂散电流监测装置信号核对：

给装置上电同样观察面板上的绿色运行指示灯是否在正常状态下，黄色通信指示灯通信正常时闪烁(如果常亮或常灭，表明装置没有接收到上位机数据或接收数据不正确)，并与后台核对。

模拟杂散电流检测装置通信故障，与上传信号核对。

通过显示屏的“基本显示屏”—“主菜单”—“电压”可以查看监测点的实时电位和相对电位。

从参考电极接线盒处加模拟电压(电压范围是−8 V 到+8 V)，观察监测装置监测点实时电位值是否与所加电压值相符，同时核对上传的实时电位值是否与监测装置上的相符。

(3)记录

测试时应作详细记录。记录内容包括：试验时间、试验地点、温度、湿度、仪器型号、编号、被试设备铭牌、测试数据。记录采用专门的原始记录表格，记录测试数据时应复述，操作人确认后方可记录。

13.3.2.3　试验结束

(1)测试完毕后，工作负责人应对原始记录进行审核，内容包括：记录内容是否漏项、测试数据有效数字、单位是否正确、记录人、试验人签字是否完整；核查测试结果是否符合标准规程的要求，对于不合格项应查找原因或重测，确认设备问题后填写《试验问题通知单》。全部检查无误后，审核人应签字。

(2)如被试设备不做其他项目测试，应准确恢复拆除的所有外部引线，并经工作负责人确认。

13.3.2.4　填写试验报告

测试完毕后，应及时将原始数据录入电子版试验报告妥善保存。待全部检测项目完成后一并打印纸质试验报告按照规定程序审核、签发和保存。

13.3.3　试验标准

测试方法及结果应符合产品技术条件的规定。

13.3.4　注意事项

测试前认真研究图纸，对调试过程中出现的错误经认真考虑思索后方可改线，改线后重新调试直到设备联动满足设计需要为止。

第 14 章　蓄电池试验

14.1　蓄电池内阻测试

14.1.1　试验目的

蓄电池内阻测试是检查蓄电池性能一种重要技术指标，通过内阻测试可以发现单个蓄电池的缺陷，以便及时处理。

14.1.2　操作程序

14.1.2.1　试验工程流程图(图 1-14-1)

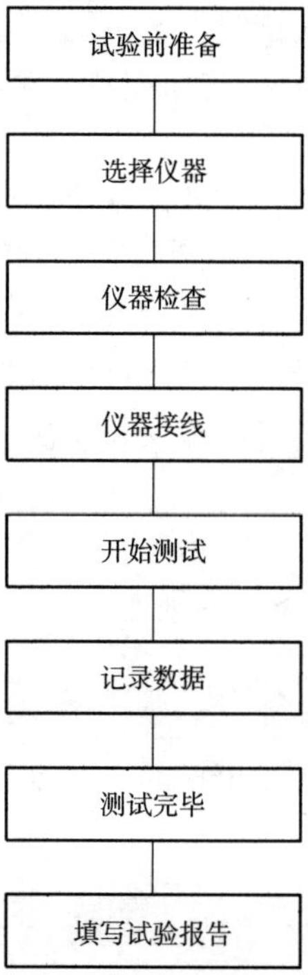

图 1-14-1　蓄电池内阻测试工艺流程

14.1.2.2　试验准备

(1)试验组织(表 1-14-1)

表 1-14-1　人员组织

序　号	项　　目	单　　位	数　　量	备　　注
1	工作负责人	人	1	全面负责
2	试验员	人	2	试验

(2)仪器、设备及材料配置(表 1-14-2)

表 1-14-2　设备及材料配置

序　号	名　　称	型　　号	技术规格	单　位	数　量	备　　注
1	蓄电池内阻测试仪			台	1	
2	万用表	F17B		块	1	
3	干湿温度计			块	1	
4	试验连线		1.5mm²	条	6	
5	出厂试验报告			份	1	数据对比
6	原始记录表格			份	1	

14.1.2.3　电气数据测量

(1)试验条件

该项试验应在蓄电池安装完成后或蓄电池组断开与外部连接后进行。

(2)选择仪器

蓄电池内阻测试选蓄电池内阻测试仪。

(3)仪器检查

试验前必须对仪器做必要的检查工作,检查外观应完好无损,状态标识在有效期之内,保证仪器设备状态良好,检查蓄电池组外观是否有无漏液、气泡、鼓包现象,蓄电池组正负极接线柱无闪络、粘连等现象,蓄电池组温度正常。

(4)接线

接线前应拆除蓄电池组与外部连线(必要时应拆除单个电池之间的连线),将蓄电池内阻测试仪的正极与电池正极、负极与负极连接。

(5)测试

检查接线后,启动仪器,选择电池内阻测量,按下测试键进行测量。

(6)记录

测试时应作详细记录。记录内容包括:试验时间、试验地点、温度、湿度、仪器型号、编号、被试设备铭牌、测试数据。记录采用专门的原始记录表格,记录测试数据时应复述,操作人确认后方可记录。

14.1.2.4　试验结束

(1)测试完毕后,工作负责人应对原始记录进行审核,内容包括:记录内容是否漏项、测试数据有效数字、单位是否正确、记录人、试验人签字是否完整;核查测试结果是否符合标准规程的要求,对于不合格项应查找原因或重测,确认电缆有问题后填写《试验问题通知单》。全部检查无误后,审核人应签字。

(2)如被试设备不做其他项目测试,应准确恢复拆除的所有外部引线,并经工作负责人确认。

14.1.2.5　填写试验报告

测试完毕后,应及时将原始数据录入电子版试验报告妥善保存。待全部检测项目完成后一并打印纸质试验报告按照规定程序审核、签发和保存。

14.1.3　试验标准

蓄电池内阻不应大于出厂规定值的 1 倍以上。

14.2　蓄电池充放电测试

14.2.1　试验目的

蓄电池放电测试是检查蓄电池性能最直接的方法，通过测试可以检测出蓄电池的容量是否降低，还可以发现单个蓄电池的缺陷，以便及时处理，及时有效的充放电测试能延长蓄电池的使用寿命。

14.2.2　操作程序

14.2.2.1　试验工序流程图

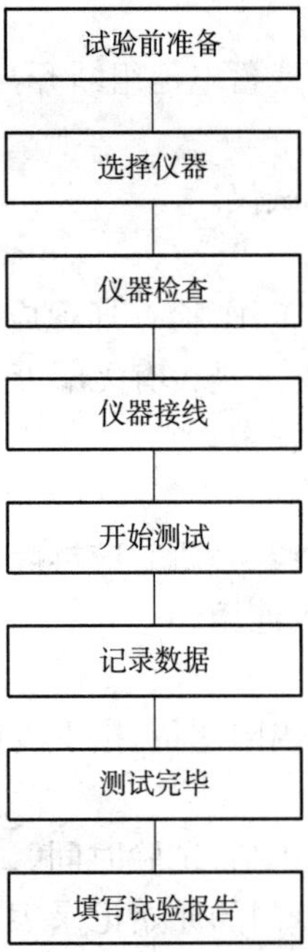

图 1-14-2　蓄电池充放电测试工艺流程

14.2.2.2　试验准备

(1)试验组织(表 1-14-3)

表 1-14-3　人员组织

序　号	项　　目	单　　位	数　　量	备　　注
1	工作负责人	人	1	全面负责
2	试验员	人	2	试验

(2)仪器、设备及材料配置(表 1-14-4)

表 1-14-4　设备及材料配置

序　号	名　　称	型　　号	技术规格	单　位	数　量	备　　注
1	蓄电池组在线充放电仪	HXO 22060A		台	1	

续上表

序　号	名　　称	型　　号	技术规格	单　位	数　量	备　　注
2	万用表	F17B		块	1	
3	干湿温度计			块	1	
4	试验连线		1.5mm^2	条	6	
5	地线		25mm^2	条	4	接地
6	出厂试验报告			份	1	数据对比
7	原始记录表格			份	1	

14.2.2.3　电气数据测量

(1)试验条件

该项试验应在蓄电池组与外部连接断开后进行。

(2)选择仪器

蓄电池充放电测试选蓄电池充放电测试仪。

(3)仪器检查

试验前必须对仪器做必要的检查工作，检查外观应完好无损，状态标识在有效期之内，保证仪器设备状态良好，检查蓄电池组外观是否有无漏液、气泡、鼓包现象，蓄电池组正负极接线柱无闪络、黏连等现象，蓄电池组温度正常。

(4)接线

拆除蓄电池组与外部连线(必要时应拆除单个电池之间的连线)，将蓄电池充放电测试仪输出端的正极与电池正极、负极与负极连接，严谨反接。如图 1-14-3 所示。如需要实时监测，可通过连接 RS-232 接入到 PC 机。

蓄电池测试仪通信模块应保持与各电池通信良好，如图 1-14-4 所示。

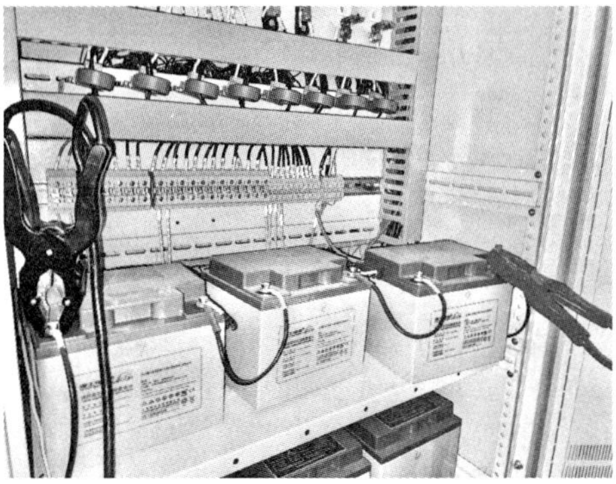

图 1-14-3　电池组放电测试示意

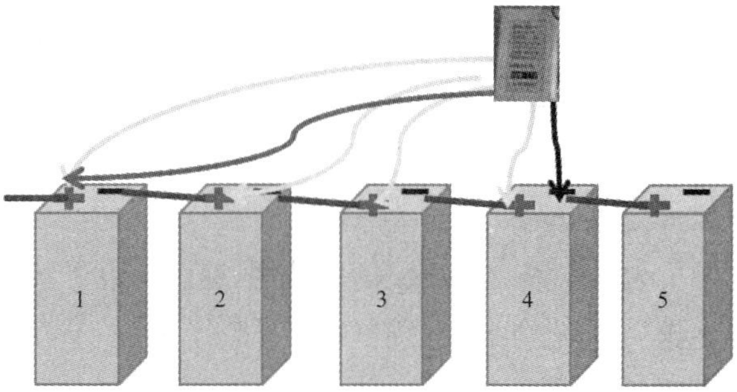

图 1-14-4　电池组与通信模块接线示意

(5)测试

检查接线后，启动设备，在主菜单下选择对应的功能进入子菜单，以绿色显示的项目的表示当前选择对象。在主菜单下选择参数预置项，并按确认键进入参数预置菜单，进行参数设置，电池参数设定参照《电力系统用蓄电池直流电源装置运行与维护技术规程》确定电池放电电流与放电终止电压，按下测试键进行测量。阀控蓄电池组的恒流限压充电电流和恒流放电电流均为 I_{10}，额定电压为 6 V 的组合式电池，放电终止电压为 5.25 V；额定电压为 12 V 的组合蓄电池，放电终止电压为 10.5 V。

在主菜单下选择查看单体项查看是否都检测到每个测试单体电池，本次测试支持可以数字和柱状图两种形式查看。

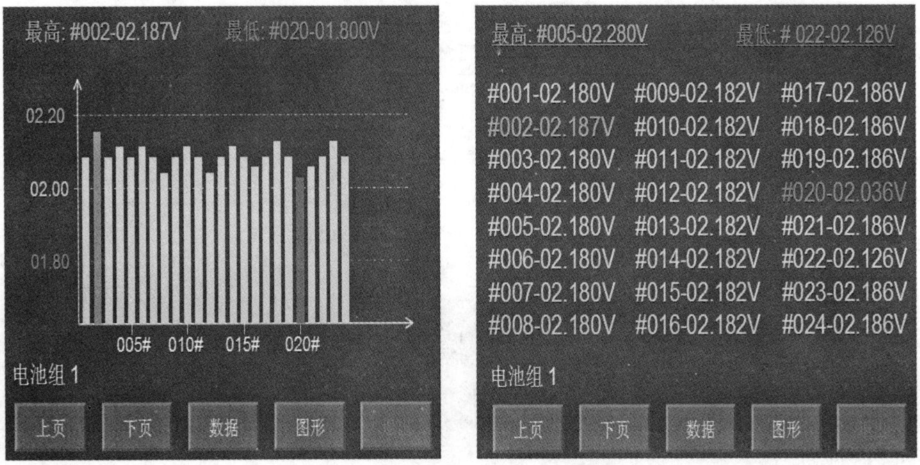

图 1-14-5 电池组测试数据

(6)记录

测试时应作详细记录，电池组应按编号记录单个电池的电压，每间隔 1 h 记录一次单体电池电压，直至放电测试停止为止。记录内容包括：试验时间、试验地点、温度、湿度、仪器型号、编号、被试设备铭牌、测试数据。记录采用专门的原始记录表格，电池组因按编号记录测试数据时应复述，操作人确认后方可记录。

14.2.2.4 试验结束

(1)测试完毕后，工作负责人应对原始记录进行审核，内容包括：记录内容是否漏项、测试数据有效数字、单位是否正确、记录人、试验人签字是否完整；核查测试结果是否符合标准规程的要求，对于不合格项应查找原因或重测，确认电缆有问题后填写《试验问题通知单》。全部检查无误后，审核人应签字。

(2)如被试设备不做其他项目测试，应准确恢复拆除的所有外部引线，并经工作负责人确认。

14.2.2.5 填写试验报告

测试完毕后，应及时将原始数据录入电子版试验报告妥善保存。待全部检测项目完成后一并打印纸质试验报告按照规定程序审核、签发和保存。

14.2.3 试验标准

直流屏只有一组蓄电池组时，用 I_{10} 电流恒流放出额定容量的 50%，放电过程中，蓄电池端电压不得低于 12 V(6 V)。放电后立即用 I_{10} 电流进行恒流限压充电—恒压充电—浮充电，反复充放 2～3 次，蓄电池容量可得到恢复；直流屏有两组蓄电池时，对其中一组蓄电池组进行全核对性放电，用 I_{10} 电流恒流放电，当蓄电池端电压下降到 10.8 V 时，停止放电，隔 1～2 h 后，在用 I_{10} 电流进行恒流限压充电—恒压充电—浮充电。若经过 3 次全核对性放充电，蓄电池组容量均达不到额定容量的 80%以上，则认为此组蓄电池使用年限已到。

进行蓄电池全核对性充放电时，浮充电 15 min 后可认为蓄电池已达到满容量。

第 15 章　接地系统调试工艺

15.1　接地阻抗的测试

15.1.1　试验目的

检查接地装置的接地阻抗是否满足设计要求。检查各电气设备接地的完整性是否满足安全运行要求。

15.1.2　操作程序

15.1.2.1　试验工序流程图

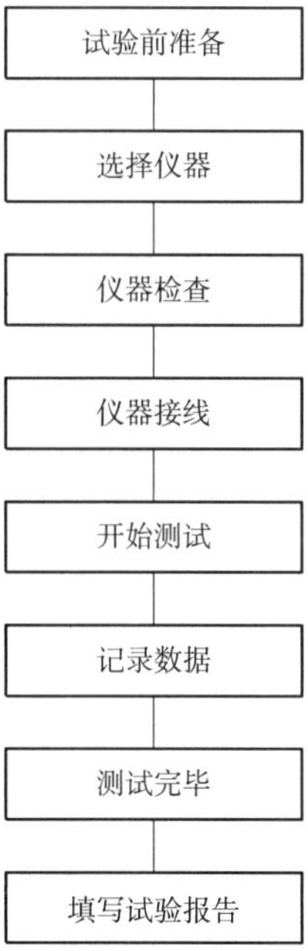

图 1-15-1　接地系统测试工艺流程

15.1.2.2　试验准备

(1)试验组织(表 1-15-1)

表 1-15-1　人员组织

序　号	项　　目	单　　位	数　　量	备　　注
1	工作负责人	人	1	全面负责
2	试验员	人	2	试验

(2)仪器、设备及材料配置(表 1-15-2)

表 1-15-2　设备及材料配置

序　号	名　　称	型　　号	技术规格	单　位	数　量	备　　注
1	接地电阻表	ZC-8		台	1	
2	干湿温度计			个	1	
3	数字万用表	F187		块	1	
4	试验连线			条	5	
5	出厂试验报告			份	1	
6	原始记录表格			份	1	

15. 1. 2. 3　电气数据测量

(1)试验条件

试验准备按表 1-15-1、表 1-15-2 进行。

(2)选择仪器

ZC-8 接地电阻测试仪。

(3)仪器检查

试验前必须对仪器做必要的检查工作,检查外观应完好无损,状态标识在有效期之内,保证仪器设备状态良好。

(4)接线

接地阻抗测试接线如图 1-15-2 所示。

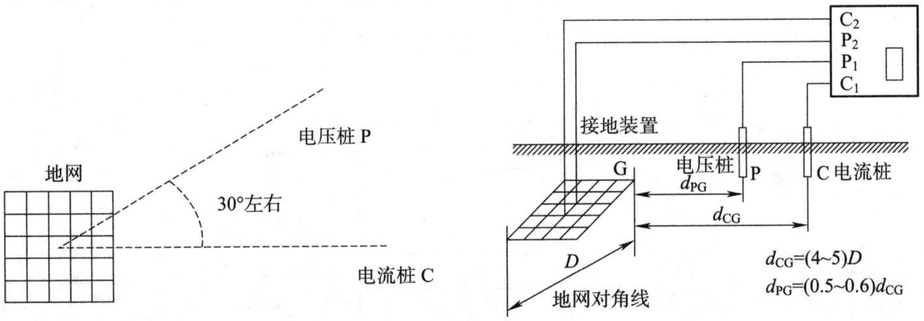

图 1-15-2　试验设备接线

(5)测试

①直线法

电流桩、电压桩与待测接地装置呈直线。通常电流桩 C 与被试接地装置边缘的距离 d_{CG} 应为地网对角线长度的 4～5 倍;电压桩 P 与被试接地装置边缘的距离 d_{PG} 通常为(0.5～0.6)d_{CG}。在放线时,应使电流线和电压线保持尽量远的距离,以减小电磁耦合对测试结果的影响。应尽量减小电流桩电阻,如果必要可浇水降低电阻。用仪器"电流桩"或"电压桩"方式测量,电流桩电阻应小于 80 Ω,电压桩应小于 200 Ω。

②夹角法

一般情况下,大型接地装置接地阻抗的测试都采用电流电压线夹角布置的方式。通常电流桩 C 与被试接地装置边缘的距离 d_{CG} 应为地网对角线长度的 4～5 倍;d_{PG} 的长度和 d_{CG} 相近。接地阻抗公式可用下式修正。

$$Z=\frac{Z'}{1-\frac{D}{2}\left[\frac{1}{d_{PG}}+\frac{1}{d_{CG}}-\frac{1}{\sqrt{d_{PG}^2+d_{CG}^2-2d_{PG}d_{CG}\cos\theta}}\right]} \quad (式 1\text{-}15\text{-}1)$$

式中　θ——电流线和电压线的夹角；

Z'——接地阻抗的测试值。

如果土壤电阻率均匀，可采用 d_{PG} 和 d_{CG} 相等的等腰三角形布线，此时 θ 约为 30°，$d_{PG}=d_{CG}=2D$ 接地阻抗的修正计算公式仍为上式。

③用 ZC-8 接地电阻表测量的方法

将“倍率”置于最大倍数，慢慢转动发电机的手柄，同时旋动“测量盘”使检流计指针指于中心线。当检流计指针接近平衡时，加快发电机手柄的转速，使之达到每分钟 120 转以上，调整测量盘使指针指于中心线上。

随着测量值的大小，调整“倍率”和“测量盘”以得到准确读数，测量结果为“测量盘”读数乘以“倍率”即为所测的接地电阻值，记录该值及天气、环境条件等。

(6)记录

测试时应作详细记录。记录内容包括：试验时间、试验地点、温度、湿度、仪器型号、编号、被试设备铭牌、测试数据。记录采用专门的原始记录表格，记录测试数据时应复述，操作人确认后方可记录。

15.1.2.4　试验结束

测试完毕后，工作负责人应对原始记录进行审核，内容包括：记录内容是否漏项、测试数据有效数字、单位是否正确、记录人、试验人签字是否完整；核查测试结果是否符合标准规程的要求，对于不合格项应查找原因或重测，确认设备问题后填写《试验问题通知单》。全部检查无误后，审核人应签字。

15.1.2.5　填写试验报告

测试完毕后，应及时将原始数据录入电子版试验报告妥善保存。待全部检测项目完成后一并打印纸质试验报告按照规定程序审核、签发和保存。

15.1.3　试验标准

测试结果应符合设计要求。

15.1.4　注意事项

(1)雷雨天气、正在运行的所亭不得进行测量工作。

(2)当用 0/10/100 Ω 四端钮仪表测量小于 1 Ω 的接地电阻时，应将 C_2P_2 间的连片打开，分别将导线连接到被测接地体上，以消除连接导线造成的测量误差。

测量时检流计的灵敏度过高时，可将电位探测针插入浅一些，当检流计的灵敏度不够时，可沿电位探测针和电流探测针注水使其所接触的土壤湿润。

(3)在选择地形时需考虑土质不均匀的影响，例如地上水和地下水的影响。注意周围环境的影响主要是电磁场的干扰，应尽量避免架空线路及漏磁较大的电气设备的影响。注意地下环境的影响，如尽量避开地下金属管道、地下电缆、其他接地等。避免其他的影响，如放置的导线不能绞在一起，电流极和电压极要分开，导线接头要牢固，探测极周围要填实等。

(4)被测量点应清除干净,必要时用锯条或砂布打磨光洁,将导线牢固地接好。

15.2　接地网电气完整性测试

15.2.1　试验目的

检查各电气设备接地的完整性是否满足安全运行要求。

15.2.2　操作程序

15.2.2.1　试验工序流程图(图 1-15-3)

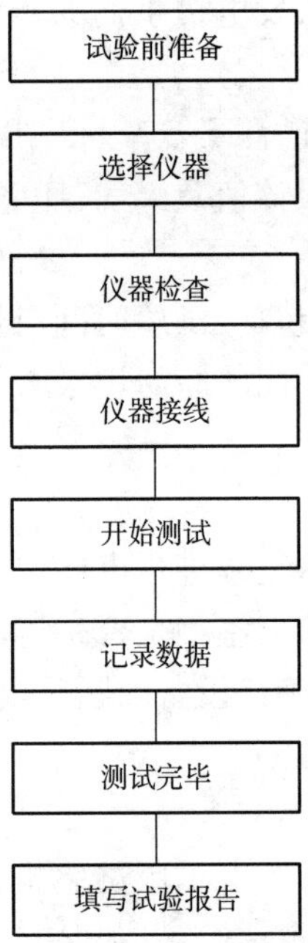

图 1-15-3　接地网电气完整性测试工艺流程

15.2.2.2　试验准备

(1)试验组织(表 1-15-3)

表 1-15-3　人员组织

序　号	项　　目	单　位	数　量	备　注
1	工作负责人	人	1	全面负责
2	试验员	人	2	试验

(2)仪器、设备及材料配置(表 1-15-4)

表 1-15-4　设备及材料配置

序　号	名　　称	型　　号	技术规格	单　位	数　量	备　　注
1	直流双臂电桥	QJ44		台	1	

续上表

序　号	名　　称	型　　号	技术规格	单　位	数　量	备　　注
2	干湿温度计			个	1	
3	数字万用表	F187		块	1	
4	试验连线			条	5	
5	出厂试验报告			份	1	
6	原始记录表格			份	1	

15.2.2.3　电气数据测量

(1)试验条件

试验准备按表 1-15-3、表 1-15-4 进行。

(2)选择仪器

QJ44 直流双臂电桥。

(3)仪器检查

试验前必须对仪器做必要的检查工作,检查外观应完好无损,状态标识在有效期之内,保证仪器设备状态良好。

(4)接线

使用直流双臂电桥测试设备接地点之间直流电阻值,如图 1-15-4 所示。

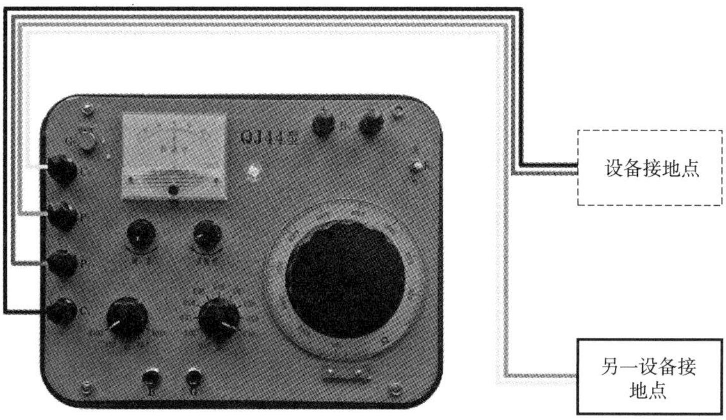

图 1-15-4　接地网电气完整性测试接线

(5)测试

用 QJ44 电桥测量所有连在同一接地网的各相邻设备接地线间的直流电阻。

(6)记录

测试时应作详细记录。记录内容包括:试验时间、试验地点、温度、湿度、仪器型号、编号、被试设备铭牌、测试数据。记录采用专门的原始记录表格,记录测试数据时应复述,操作人确认后方可记录。

15.2.2.4　试验结束

测试完毕后,工作负责人应对原始记录进行审核,内容包括:记录内容是否漏项、测试数据有效数字、单位是否正确、记录人、试验人签字是否完整;核查测试结果是否符合标准规程的要求,对于不合格项应查找原因或重测,确认设备问题后填写《试验问题通知单》。全部检查无误后，审核人应签字。

15.2.2.5　填写试验报告

测试完毕后，应及时将原始数据录入电子版试验报告妥善保存。待全部检测项目完成后一并打印纸质试验报告按照规定程序审核、签发和保存。

15.2.3　试验标准

同一接地网中各相邻设备接地线间的直流电阻不宜大于 0.05 Ω。

15.2.4　注意事项

(1)为满足测量精度要求测试线的直流电阻不应大于 0.05 Ω。

(2)被测量点应清除干净，必要时用锯条或砂布打磨光洁，将导线牢固地接好。

(3)测量时，测试地点不应有电气焊人员作业。

(4)雷雨天气，严禁做测试。

第 16 章　测量仪表试验工艺

16.1　试验目的

检验新安装的指示仪表的准确度是否满足设计要求，保证仪表工作正常和显示数值的准确性。包括功率因数表、功率表、交流电压表、直流毫伏表、交流电流表、直流电流表等。

16.2　操作程序

16.2.1　试验工序流程图(图 1-16-1)

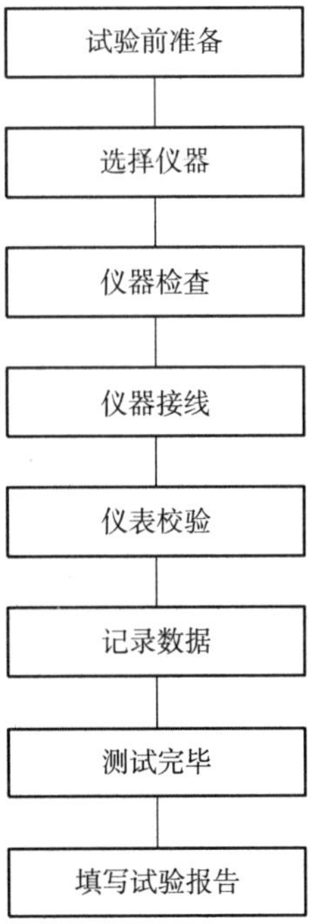

图 1-16-1　测量仪表试验工艺流程

16.2.2　试验准备

(1)试验组织(表 1-16-1)

表 1-16-1　人员组织

序　号	项　　目	单　　位	数　　量	备　　注
1	工作负责人	人	1	全面负责
2	试验员	人	2	试验

(2)仪器、设备及材料配置(表 1-16-2)

表 1-16-2　设备及材料配置

序　号	名　　称	型　　号	技术规格	单　位	数　量	备　　注
1	继电保护测试仪	MP3000		台	1	
2	毫伏发生器			台	1	
3	数字万用表	FLUKE	187	台	1	
4	干湿温度计			个	1	
5	试验连线			条	10	
6	产品出厂试验报告			份	1	试验对比
7	原始记录表格			份	1	记录数据

16.2.3　电气数据测量

(1)试验条件

试验时应按表 1-16-1、表 1-16-2 做准备。试验现场应有稳定的交流电源和可靠的接地点。

(2)选择仪器

继电保护测试仪、数字万用表、干湿温度计。

(3)仪器检查

试验前必须对仪器做必要的检查工作,检查外观应完好无损,状态标识在有效期之内,保证仪器设备状态良好。

(4)接线

使用继电保护测试仪,接入相应的电压、电流回路,观察仪表显示数值是否符合标准要求。如图 1-16-2 所示。

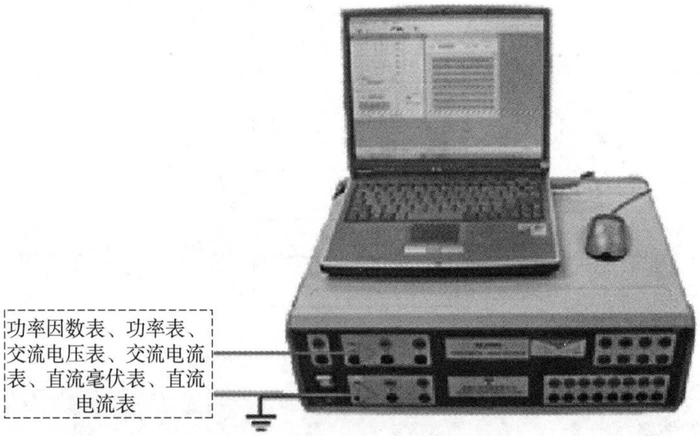

图 1-16-2　测量仪表试验接线

(5)测试

①一般性检查

检查仪表的外观质量。

②基本误差测定

调整仪表零位。将仪表接入测量回路,缓慢地增加电压(或电流),使指示器顺序地指示在每个数字分度线上，并记录这些点的实际值。

③升降变差测定

增加电量至仪表量限以上，立刻缓慢地减少，使指示器顺序地指示在每个数字分度线上，并记录这些点的实际值。

④偏离零位检查

调节电量至测量上限，停 30 s 后，立刻减小施加量至零并切断电源，15 s 内读取指示器对零位的偏离值。

⑤测试完毕，恢复现场。

(6)记录

测试时应作详细记录。记录内容包括：试验时间、试验地点、温度、湿度、仪器型号、编号、被试设备铭牌、测试数据。记录采用专门的原始记录表格，记录测试数据时应复述，操作人确认后方可记录。

16.2.4　试验结束

(1)测试完毕后，工作负责人应对原始记录进行审核，内容包括：记录内容是否漏项、测试数据有效数字、单位是否正确、记录人、试验人签字是否完整；核查测试结果是否符合标准规程的要求，对于不合格项应查找原因或重测，确认设备问题后填写《试验问题通知单》。全部检查无误后，审核人应签字。

(2)如被试设备不做其他项目测试，应准确恢复拆除的所有外部引线，并经工作负责人确认。

16.2.5　填写试验报告

测试完毕后，应及时将原始数据录入电子版试验报告妥善保存。待全部检测项目完成后一并打印纸质试验报告按照规定程序审核、签发和保存。

16.3　试验标准

(1)仪表外观应完整、清洁、防尘密封良好，与底座连接紧密牢固，端子接线可靠且相互间有一定间隙，铭牌标示清晰且与设计要求相符合。内部清洁，可动部分灵活各部位安装完好无松动。

(2)仪表基本误差按照式(1-16-1)计算

$$\Upsilon=\frac{X-X_0}{X_N}\times 100\% \tag{1-16-1}$$

式中　X——被测仪表标度值；

X_0——被测标度实际值；

X_N——被测仪表测量范围上限。

表 1-16-3　基本误差限

等级指数	1.0	1.5	2.0	2.5	3.0	5.0	10	20
基本误差限(%)	±1.0	±1.5	±2.0	±2.5	±3.0	±5.0	±10	±20

(3)仪表升降变差按照式(1-16-2)计算

$$\Upsilon=\frac{X_{01}-X_{02}}{X_N}\times 100\% \tag{1-16-2}$$

式中　X_{01}、X_{02}——被测标度上升和下降的实际值；

X_N——被测仪表测量范围上限。

16.4　注意事项

(1)被试仪表应从设备测量回路断开后再进行测试线的连接，防止测试电源串入其他回路危及其他设备和人员。

(2)测试前正确连接继保仪与仪表的连接线，接线方式应与所选择的输出方式一致。

(3)操作时精力集中，一旦发现异常情况，立即断开电源，查明原因并排除故障后再继续进行试验。

第 17 章　直流快速开关大电流脱扣试验工艺

17.1　试验目的

大电流脱扣对于直流的近端短路保护非常灵敏，可迅速切断故障，大电流脱扣装置是直流快速开关自带机械装置。其突出特点是保护的灵敏性，其固有时间仅为几个毫秒。由于大电流脱扣的定值大、时间短，校正其保护定值的准确性尤为重要。

17.2　操作程序

17.2.1　试验工序流程图(图 1-17-1)

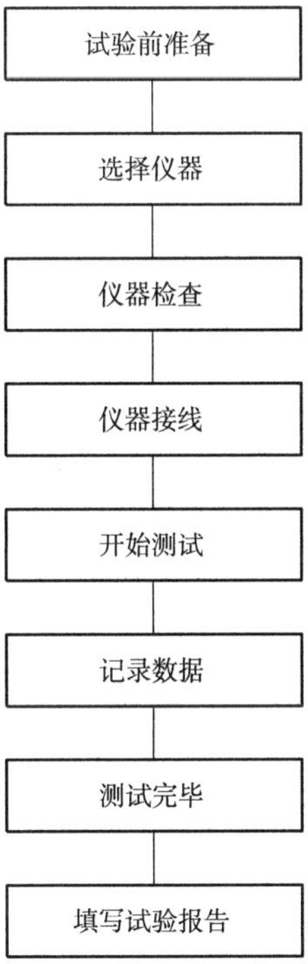

图 1-17-1　直流快速开关大电流脱扣试验工艺流程

17.2.2　试验准备

(1)试验组织(表 1-17-1)

表 1-17-1　人员组织

序　号	项　　目	单　　位	数　　量	备　　注
1	工作负责人	人	1	全面负责

续上表

序　号	项　　目	单　　位	数　　量	备　　注
2	试验员	人	2	试验

(2)仪器、设备及材料配置(表 1-17-2)

表 1-17-2　设备及材料配置

序　号	名　　称	型　　号	技术规格	单　位	数　量	备　　注
1	直流大电流发生器	SR15000	0～15 000 A	台	1	
2	温度计			个	1	
3	专用电源线			根	1	
4	专用连接电缆			组	1	
5	接地线			根	2	
6	设计定值单			份	1	
7	原始记录表格			份	1	

17.2.3　电气数据测量

(1)试验条件

该项试验应在直流开关设备安装就位后进行,试验前应将断路器小车(被试品)拉到直流柜外面,拔下航空插头,分析图纸,确认断路器合闸线圈是电保持型还是磁保持型。

若是电保持型,在断路器合闸后需持续给驱动线圈通电,才能保持断路器不分闸。因此,需要给驱动线圈一个稳定的控制电源。

若是磁保持型,在断路器合闸通过永磁铁的电磁力使断路器保持在合闸位置,因此不需要控制电源。

断路器合闸后,先用微欧计测量直流快速断路器的回路电阻。判断触头是否接触良好,若接触不良,需专业人员进行打磨触头,直至合格。

(2)选择仪器

SR15000 大电流发生器,稳定的三相输入电源。

(3)仪器检查

试验前必须对仪器做必要的检查工作,检查外观应完好无损,状态标识在有效期之内,保证仪器设备状态良好。

装置的两组输出汇流排分别标有“+”、“−”符号,请务必按极性连接负载。最好使用铜汇流排连接,连接时必须打磨平滑去除表面氧化膜,然后再涂上防腐导电膏。连接输出的汇流铜排总截面积不应小于装置输出铜排的总截面积,以确保汇流排长期大电流通电工作时,不会温升过高造成大量电能损耗和产生电蚀现象。

(4)接线

将直流大电流发生器与直流快速开关按照图 1-17-2 所示接线。

(5)测试

①首先准备好一套断路器合闸的控制回路,分析图纸,找到合闸线圈的线号,用直流电源产生 220 V 直流电接到控制回路,注意正负不能接反,使断路器小车合闸。

②按图 1-17-2,把 SR15000 直流大电流发生器、断路器小车用专用试验电缆连在一起。

③由于测试电流特别大，一般在 10 000 A 左右，所有电气连接处必须连接牢固，试验仪器以及被试品应可靠接地。

④使用仪器必须两人进行，一人操作，一人监护，做好安全防护。

⑤打开主开关，开机，在主操作界面上输入大电流脱扣定值（由于脱扣定值是机械整定，输入电流要稍大于整定值），即输入 i_1 的电流值。调整 t_1、t_2 的时间（t_1 为电流上升时间，t_2 为最大电流保持的时间）。

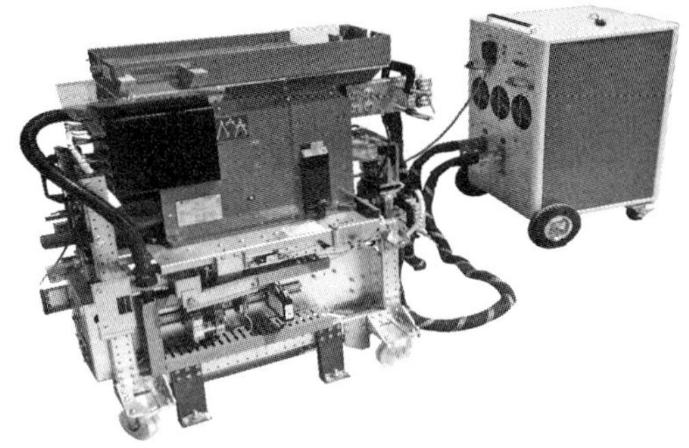

图 1-17-2　直流快速开关大电流脱扣试验接线

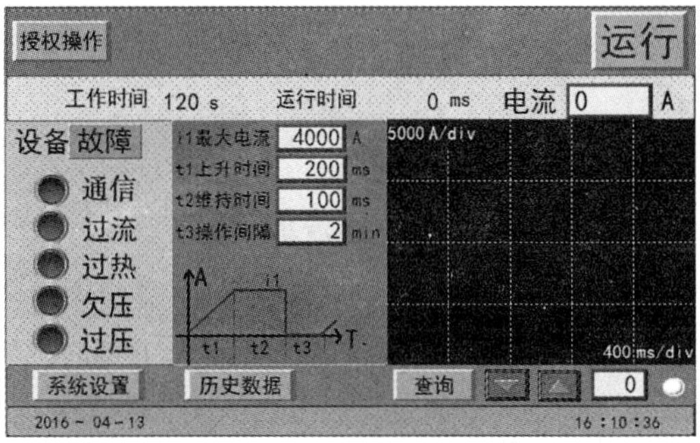

图 1-17-3　大电流装置操作主界面

⑥通过调整磁扼中的磁通路来改变整定值，如图 1-17-4 所示。

大电流脱扣保护是直流开关上利用电磁力原理实现直流保护的一种装置。有一个由硅钢片叠成的磁扼垂直套在动触头外侧，只要开关回路中的电流达到整定值，磁扼中产生的磁场把衔铁吸合下来，衔铁带动连杆，连杆的运动顶起牵引触头的棘齿，原来在水平方向力的平衡被打破，棘轮向上顶起，轴脱扣后，动触头在分闸弹簧作用下迅速弹开。手动调整脱扣器 1200 的位置改变磁通，调整被测开关后在重新试验。

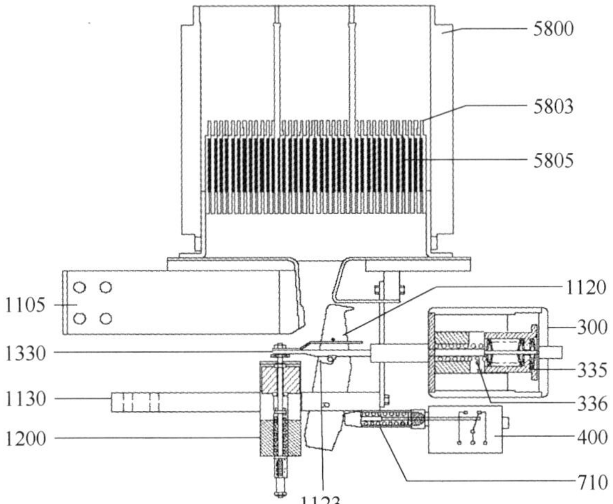

图 1-17-4　直流快速开关原理

1105、1130—导体连接排；1200—直接过流脱扣器；1330—限位叉；1123—棘爪；5805—金属栅片；5803—消电离板；5800—灭弧室；710—分闸弹簧；400—辅助开关；336—接触弹簧；335—中心传动杆；330—合闸线圈；1120—动触头

⑦同上，记录五次跳闸时的电流值，确认最后两次测量值的误差不超过 5%，为最终测量值。

(6)记录

测试时应作详细记录。记录内容包括:试验时间、试验地点、温度、湿度、仪器型号、编号、被试设备铭牌、测试数据。记录采用专门的原始记录表格,记录测试数据时应复述,操作人确认后方可记录。

17.2.4 试验结束

(1)测试完毕后,工作负责人应对原始记录进行审核,内容包括:记录内容是否漏项、测试数据有效数字、单位是否正确、记录人、试验人签字是否完整;核查测试结果是否符合标准规程的要求,对于不合格项应查找原因或重测,确认设备问题后填写《试验问题通知单》。全部检查无误后,审核人应签字。

(2)如被试设备不做其他项目测试,应准确恢复拆除的所有外部引线,恢复正常运行状态,并经工作负责人确认。

17.2.5 填写试验报告

测试完毕后,应及时将原始数据录入电子版试验报告妥善保存。待全部检测项目完成后一并打印纸质试验报告按照规定程序审核、签发和保存。

17.3 试验标准

所测量的试验定值满足设计要求。

17.4 注意事项

(1)测试前确认安全范围,拉好安全警戒带,向外悬挂“止步,高压危险!”警示牌并派专人防护好以防其他人员误入试验区。

(2)试验过程中应密切监视试验设备输出电流、指示灯的显示,故障灯亮时应立即切断输出。

(3)应使本电源装置避免输出电压很低时输出较大电流,即所接负载不可远超其电流输出能力。

(4)输出电流超过 10 000 A 以上时,应间歇使用,装置运行时,应保证仪器周围空气流动畅通,温度不超过 40 ℃。

第二篇　电气分系统调试

第1章　所用电自动切换系统调试

1.1　试验目的

检查交流屏绝缘、仪表指示及功能是否满足设计要求。

1.2　操作程序

1.2.1　试验工序流程图(图2-1-1)

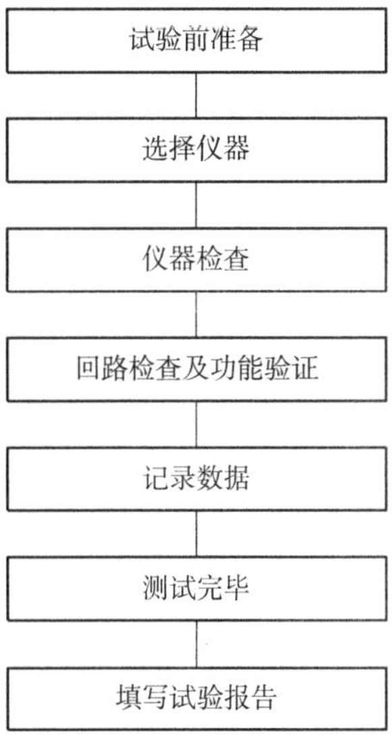

图2-1-1　交流屏调试工艺流程

1.2.2　试验准备

(1)试验组织(表2-1-1)

表2-1-1　人员组织

序　号	项　　目	单　　位	数　　量	备　　注
1	工作负责人	人	1	全面负责
2	试验员	人	2	试验

(2)仪器、设备及材料配置(表 2-1-2)

表 2-1-2　设备及材料配置

序　号	名　　称	型　　号	技术规格	单　位	数　量	备　　注
1	干湿温度计			个	1	
2	数字万用表	F187		台	1	
3	CT 综合测试仪	HQ-2000C		台	1	
4	兆欧表	AVO	0～5 000 V	台	1	
5	耐压测试仪			台		
6	继电保护测试仪	MP3000		台	1	
7	试验连线			条	5	
8	出厂试验报告			份	1	
9	原始记录表格			份	1	

1.2.3　电气数据测量

(1)试验条件

该项试验应在交流盘安装就位后进行。试验时应按表 2-1-1、表 2-1-2 做准备。

(2)选择仪器

绝缘电阻表、耐压测试仪、数字万用表。

(3)仪器检查

试验前必须对仪器做必要的检查工作,检查外观应完好无损,状态标识在有效期之内,保证仪器设备状态良好。

(4)测试

①依照图纸,检查盘内主回路及二次回路接线的正确性和螺钉压紧的紧固情况。检查交流馈出回路名称及开关容量应与设计文件一致,各馈出电缆去向及连接的正确性。

②用 500 V 绝缘电阻表测量主回路及辅助回路的绝缘电阻。测试各馈出回路连同开关的绝缘电阻应良好。绝缘电阻符合要求后,分别将各回路进行 1 000 V 交流耐压测试。

③临时在电源进线的端子处,临时接入两路 380 V 三相四线交流电源。将运行方式设置为分段运行,先投入一路,检查电源电压在屏上的显示情况。投入另外一路,同样检查仪表的显示情况。检查断开其中的任一路进线电源,检查母线联络接触器的自动投入情况。将运行方式切换到 1 号主供,1 号电源带全部负荷,母联接触器合闸,2 号进线备用,此时将 1 号进线电源失压,2 号电源自动投入,将 1 号电源电压恢复,2 号进线自动分闸 1 号进线自动合闸。将运行方式切换到 2 号主供,2 号电源带全部负荷,母联接触器合闸,1 号进线备用。此时将 2 号进线电源失压,1 号电源自动投入,将 2 号电源电压恢复,1 号进线自动分闸 2 号进线自动合闸。将备投方式停用,两路电源分别供电,其中一路电源失压,母线联络接触器不动作。

(5)记录

测试时应作详细记录。记录内容包括:温度、湿度、仪器型号、编号、被试设备铭牌、测试数据。记录采用专门的原始记录表格。记录测试数据时应复述,操作人确认后方可记录。

1.2.4　试验结束

测试完毕后,工作负责人应对原始记录进行审核,内容包括:记录内容是否漏项、测试数据有效数字、单位是否正确、记录人、试验人签字是否完整,检查无误后,审核人应签字。

1.2.5 填写试验报告

测试完毕后，应及时将原始数据录入电子版试验报告妥善保存。全部检测项目完成后一并打印纸质试验报告按照规定程序审核、签发、发放和保存。

1.3 注意事项

(1)试验电压为交流 1 000 V。当回路绝缘电阻值在 10 MΩ 以上时，可采用 2 500 V 兆欧表代替，试验持续时间为 1 min，试验完毕或重复试验时，必须将被试品对地充分放电至少 5 min。

(2)测试过程中测试人员应站在绝缘垫上，戴好绝缘手套，挂好警戒线。

(3)通电检查时，最好两人配合，一人测量，一人拿表、读数。

(4)通电过程中要经常巡视屏上各装置组件，发现异常应立即切断电源。

(5)交流屏试验完毕后，应断开暂时不用的馈出电源。

第 2 章　直流电源系统调试

2.1　试验目的

检查直流屏绝缘、仪表指示及功能是否满足设计要求。

2.2　操作程序

2.2.1　试验工序流程图(图 2-2-1)

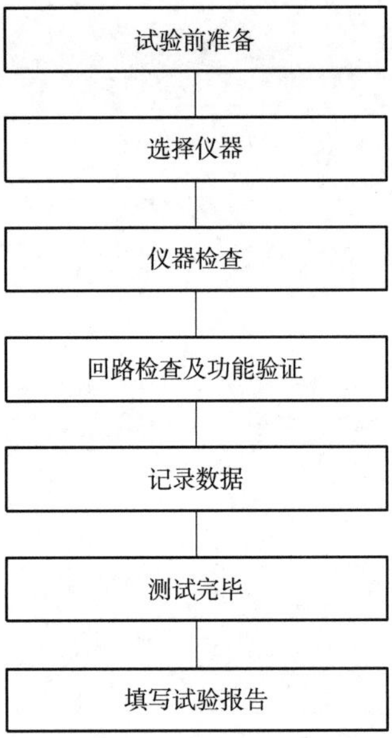

图 2-2-1　直流电源系统调试工艺流程

2.2.2　试验准备

(1)试验组织(表 2-2-1)

表 2-2-1　人员组织

序　号	项　　目	单　　位	数　　量	备　　注
1	工作负责人	人	1	全面负责
2	试验员	人	2	试验

(2)仪器、设备及材料配置(表 2-2-2)

表 2-2-2　设备及材料配置

序　号	名　　称	型　　号	技术规格	单　位	数　量	备　　注
1	干湿温度计			个	1	

续上表

序　号	名　　称	型　　号	技术规格	单　位	数　量	备　　注
2	数字万用表	F187		台	1	
3	CT 综合测试仪	HQ-2000C		台	1	
4	兆欧表	AVO	0～5 000 V	台	1	
5	耐压测试仪			台		
6	继电保护测试仪	MP3000		台	1	
7	试验连线			条	5	
8	出厂试验报告			份	1	
9	原始记录表格			份	1	

2.2.3　电气数据测量

(1)试验条件

该项试验应在直流盘安装就位后，并且厂家内部连接线全部连接完成，厂家确认可以进行交接试验。试验时应按表 2-2-1、表 2-2-2 做准备。

(2)选择仪器

绝缘电阻表、耐压测试仪、数字万用表。

(3)仪器检查

试验前必须对仪器做必要的检查工作，检查外观应完好无损，状态标识在有效期之内，保证仪器设备状态良好。

(4)测试

①核对直流屏的型号、蓄电池的安装容量，检查各直流馈出回路的名称和开关容量应与设计文件一致。

②检查进线交流电缆及馈出电缆连同开关的绝缘电阻，绝缘电阻测试仪选择 500 V 的挡位。绝缘电阻符合要求后，分别将各回路进行 1 000 V 交流耐压测试。

③将交流电源从交流盘送指至直流盘，检查充电机应正常工作，电压电流显示情况应正常。

④模拟交流过压、交流欠压、直流过压、直流欠压、充电机故障、馈出开关跳闸，检查信号显示情况。

⑤检查控制母线手动调压、自动调压功能。

⑥检查装置的绝缘监察功能。

⑦分别给各个馈出回路试送电，检查送电方向同回路标识的一致性。

(5)记录

测试时应作详细记录。记录内容包括：温度、湿度、仪器型号、编号、被试设备铭牌、测试数据。记录采用专门的原始记录表格。记录测试数据时应复述，操作人确认后方可记录。

2.2.4　试验结束

测试完毕后，工作负责人应对原始记录进行审核，内容包括：记录内容是否漏项、测试数据有效数字、单位是否正确、记录人、试验人签字是否完整，检查无误后，审核人应签字。

2.2.5　填写试验报告

测试完毕后，应及时将原始数据录入电子版试验报告妥善保存。全部检测项目完成后一并打印纸质试验报告按照规定程序审核、签发、发放和保存。

2.3　注意事项

(1)试验电压为 1 000 V。当回路绝缘电阻值在 10 MΩ 以上时,可采用 2 500 V 兆欧表代替,试验持续时间为 1 min。试验完毕或重复试验时,必须将被试品对地充分放电至少 5 min。

(2)测试过程中测试人员应站在绝缘垫上,戴好绝缘手套,挂好警戒线。

(3)通电检查时,最好两人配合,一人测量,一人拿表、读数。

(4)通电过程中要经常巡视屏上各装置组件,发现异常应立即切断电源。

(5)直流屏试验完毕后,应断开暂时不用的馈出电源。

第3章　10(35) kV 环网进线、出线系统调试

3.1　整组试验

3.1.1　试验目的

检查各装置运行情况是否正常；检查各装置的接线是否正确；检查系统整组功能是否正确。检查各设备间的保护连锁是否正确；各装置运行情况是否正常；检查各装置间的接线是否正确；检查系统整组功能是否正确。

3.1.2　操作程序

3.1.2.1　试验工序流程图（图 2-3-1）

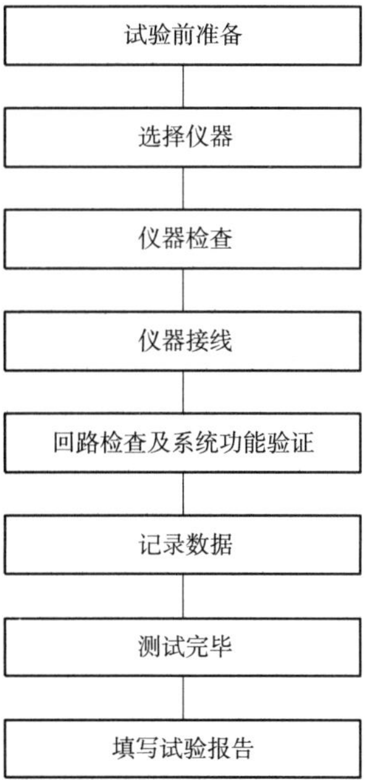

图 2-3-1　环网进线、出线系统调试工艺流程

3.1.2.2　试验准备

（1）试验组织（表 2-3-1）

表 2-3-1　人员组织

序　号	项　　目	单　　位	数　　量	备　　注
1	工作负责人	人	1	全面负责
2	试验员	人	2	试验

(2)仪器、设备及材料配置(表 2-3-2)

表 2-3-2　设备及材料配置

序　号	名　称	型　号	技术规格	单　位	数　量
1	干湿温度计			个	1
2	数字万用表	F187		台	1
3	CT 综合测试仪	HQ-2000C		台	1
4	兆欧表	AVO	500 V/2 500 V	台	1
5	继电保护测试仪	MP3000		台	1
6	试验连线			条	5
7	出厂试验报告			份	1
8	原始记录表格			份	1

3.1.2.3　电气数据测量

(1)试验条件

该项试验应在开关柜和保护装置单体试验调试完毕后进行。试验时应按表 2-3-1、表 2-3-2 做准备。

(2)选择仪器

继电保护测试仪、数字万用表。

(3)仪器检查

试验前必须对仪器做必要的检查工作,检查外观应完好无损,状态标识在有效期之内,保证仪器设备状态良好。

(4)接线

使用继电保护测试仪输入电压、电流对应回路进行功能验证。如图 2-3-2 所示。

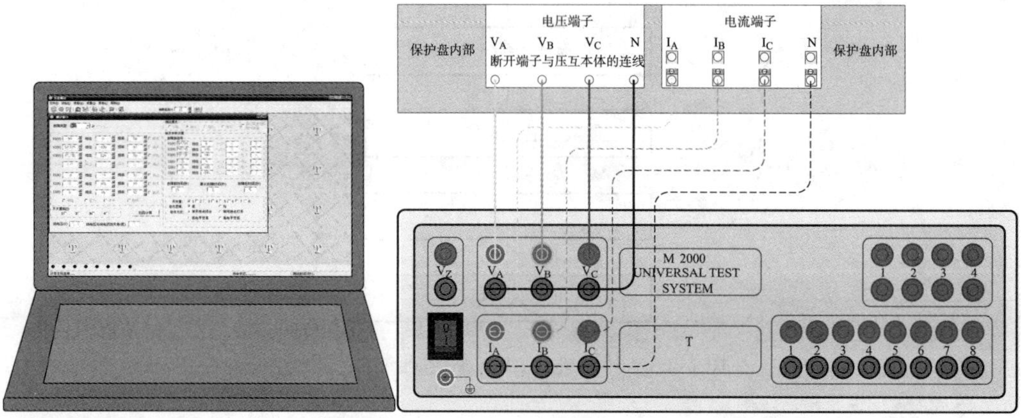

图 2-3-2　试验设备接线

(5)测试

①互感器接线检查

检查互感器二次绕组所有二次接线的正确性及端子排引线螺钉压接的可靠性。检查电流二次回路的接地点与接地状况,电流互感器的二次回路必须分别且只能有一点接地,有几组电流互感器二次组合的电流回路应在有直接电气连接处一点接地。

②直流传动

检查所有在运行中需要由运行值班员操作的把手及连片的连线、名称、位置标号是否正确，在运行过程中与这些设备有关的名称、使用条件是否一致。

在其他回路电源均正常工作的情况下拉开电源开关，改变有关开关或接点的状态检查直流回路有无寄生回路出现。

检查断路器就地、远方分合闸操作传动是否正常。

检查断路器防跳功能应能正确工作。

检查断路器操作闭锁功能检查应可靠闭锁。

检查断路器、手车位置信号显示是否正确。

③交流传动

交流传动，在互感器的二次端子处对二次接线施加电压电流，观察保护装置的测量显示情况，检查连接到保护装置的电压电流的极性是否一致，将电量施加到保护动作值，检查保护应可靠动作，断路器可靠跳闸。

断开保护压板保护动作时断路器应可靠不动作。

④馈线失灵保护动作测试

本段所有变压器馈线失灵动作跳本段环网开关：

分别在任一变压器开关保护 CT(或零序 CT)二次加电流至保护整定值，环网保护装置收到馈线失灵信号，输入量××变位，同时在本段环网开关保护 CT(或零序 CT)二次加电流至馈线失灵保护整定值，失灵保护动作，环网断路器跳闸成功。

⑤联跳功能测试

本段环网进线开关与本段环网出线开关相互联跳：

用两根光纤分别把一段母线环网进线开关与二段母线环网出线开关，一段母线环网出线开关与二段母线环网进线开关连起来，在每个开关保护 CT(零序 CT)二次加电流至整定值，本开关过流、零流一段、馈线失灵保护跳闸，其他开关均被联跳。

⑥闭锁功能检查

同一段的环网进线开关与环网出线开关相互闭锁：

同时在本段的环网进出线开关保护 CT(零序 CT)二次加电流至整定值(过流、零序保护启动)，环网进出线开关保护装置相互收到闭锁信号，输入量××变位，过流、零流一段保护被闭锁，过流、零流一段保护不动作。

本段所有变压器馈线开关闭锁本段环网开关：

同时在任意一个馈线开关和环网开关保护 CT(零序 CT)二次加电流至整定值(过流、零序保护启动)，环网开关保护装置收到闭锁信号，输入量××变位，过流、零流一段保护被闭锁，过流、零流一段保护不动作。

母联开关闭锁所有环网开关：

同时在母联开关保护 CT 和环网开关保护 CT(零序 CT)二次加电流至整定值(过流保护启动)，环网开关保护装置收到闭锁信号，输入量××变位，过流、零流一段保护被闭锁，过流、零流一段保护不动作。

⑦断路器合闸条件检验

断路器手车拉至试验位，保护装置手合允许灯亮，断路器可合闸。

断路器手车拉至工作位，在线路 PT 二次端子排任意两相之间加 70 V 以上电压，母线 PT 二次端子排任意两相之间加 30 V 以下电压或不加电压，母线 PT 工作位置，母线 PT MCB 合位，保护动作复归，保护装置手合允许灯亮，断路器可合闸。

断路器手车拉至工作位，在母线 PT 二次端子排任意两相之间加 70 V 以上电压，线路 PT 二次端子排任意两相之间加 30 V 以下电压或不加电压，线路 PT 工作位置，线路 PT MCB 合位，对侧地刀分位，保护动作复归，保护装置手合允许灯亮，断路器可合闸。

⑧一次电流试验

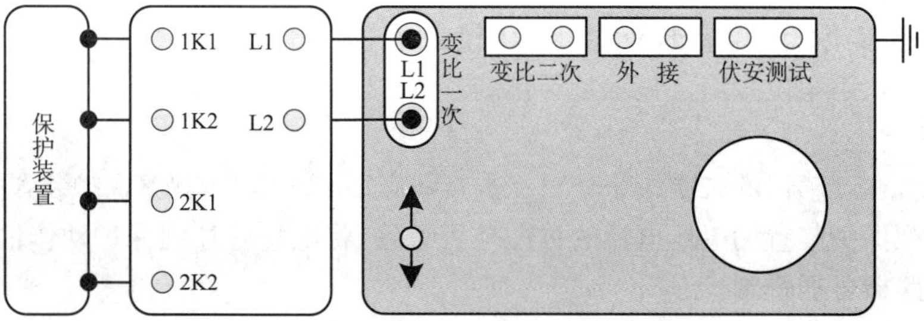

图 2-3-3　一次电流试验接线

如上图所示，在流互的一次侧施加大电流，检查保护装置的电流显示情况，核对流互的变比应正确。

⑨一次电压试验

用继保仪在线路压互的一次侧施加三相对称 57.7 V 电压，用万用表测量二次回路电压的数值应正确，分别去掉一相，判断二次接线是否能与一次对应。

(6)记录

测试时应作详细记录。记录内容包括：温度、湿度、仪器型号、编号、被试设备铭牌、测试数据。记录本采用专门的原始记录表格。记录测试数据时应复述，操作人确认后方可记录。

3.1.2.4　试验结束

测试完毕后，工作负责人应对原始记录进行审核，内容包括：记录内容是否漏项、测试数据有效数字、单位是否正确、记录人、试验人签字是否完整，检查无误后，审核人应签字。

3.1.2.5　填写试验报告

测试完毕后，应及时将原始数据录入电子版试验报告妥善保存。全部检测项目完成后一并打印纸质试验报告按照规定程序审核、签发、发放和保存。

3.1.3　注意事项

(1)二次回路传动试验开始前应检查安全措施是否符合要求，运行设备和试验设备应有明显的隔离标志，试验时应仔细核对设备名称。防止误碰运行设备造成运行设备继电保护误动作。

(2)二次回路传动试验时，应先将电压互感器二次接线与互感器断开，高压侧隔离开关断开。

(3)电气设备做远方传动试验时，应有联络和就地应急操作处理措施，设备处应有专人监护。

(4)在带电的电流互感器二次回路上测试时严禁二次开路。必须使用短路片或短路线做可靠的短路连接。严禁用导线缠绕的方法或用鱼夹线进行短路。

(5)在带电的电压互感器二次回路上测试时严禁二次短路或接地。要有防止因电压消失而引起保护装置误动作的技术措施。

(6)二次回路变动时应按审批后的图纸进行,严防寄生回路存在。

(7)试验结束后应对所传动的回路进行恢复和检查。

(8)应按图纸检查二次接线。拆动的二次线必须逐一做好记录,恢复时严格核对。

(9)整组试验后不得再在二次回路上进行工作。

3.2　电缆导引线纵联差动保护调试

3.2.1　试验目的

光纤差动保护调试分两步,第一步单继电器调试,调试方法等同于过流保护调试。该调试只能检查整定值的准确性以及跳闸出口的完好性,而对于一、二次接线、设备极性是否准确均不易发现。等待高压电缆敷设、安装完毕,光缆熔接完毕,且衰减率测试合格;继电器单机调试完毕后,就要进行第二步——双继电器调试。保证两侧差动回路极性符合保护装置的算法。

3.2.2　操作程序

3.2.2.1　试验工序流程图(图2-3-4)

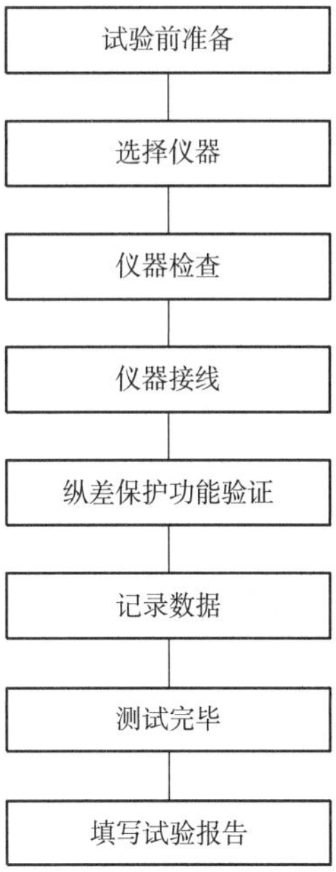

图2-3-4　纵联差动保护调试工艺流程

3.2.2.2　试验准备

(1)试验组织(表2-3-3)

表 2-3-3　人员组织

序　号	项　　目	单　　位	数　　量	备　　注
1	工作负责人	人	1	全面负责
2	试验员	人	2	试验

(2)仪器、设备及材料配置(表 2-3-4)

表 2-3-4　设备及材料配置

序　号	名　　称	型　　号	技术规格	单　位	数　量	备　　注
1	干湿温度计			个	1	
2	数字万用表	F187		台	1	
3	CT 综合测试仪	HQ-2000C		台	1	
4	三相升流器			组	1	
5	继电保护测试仪	MP3000		台	1	
6	软铜线		25 mm^2	组	1	
7	试验连线			条	10	
8	出厂试验报告			份	1	
9	原始记录表格			份	1	

3.2.2.3　电气数据测量

(1)试验条件

该项试验在电流互感器配线接好后，区间电缆敷设完毕、光纤通信正常后进行。

(2)选择仪器

选用 CT 综合测试仪。

(3)仪器检查

试验前必须对仪器做必要的检查工作，检查外观应完好无损，状态标识在有效期之内，保证仪器设备状态良好。

(4)接线

检查电缆纵差保护两端保护装置定值、电缆连接、光纤通信是否正常。图 2-3-5 所示。

试验纵联差动保护试验原理如图 2-3-6 所示。

(5)测试

①以主变电所馈向牵引变电所 35 kV 电缆为例，示意图如图 2-3-5 所示。

②在主变电所利用三相升流器加电流，在牵引变电所使用 25mm^2 软铜线将三相短路接地，接线图如图 2-3-6 所示。

③接线完毕后，先合牵引变电所的断路器，再合主变电所的开关。缓慢升电流至整定值，如果接线与电流互感器、差动继电器的极性均正确，则从 CD1、CD2 读取的相电流应相同，差动电流应为零。

④降下电流，关闭电源。将电流互感器与差动继电器之间的二次线倒接一根(比如将 A 相零、火线倒接)，此时再加电流到整定值，此时断路器应跳闸。

⑤试验完毕后，将电流降至零，关闭电源，将所有临时接线均拆除干净，将现场收拾干净。

⑥经过此次试验后，变电所主接线、二次接线均不得随意拆动。

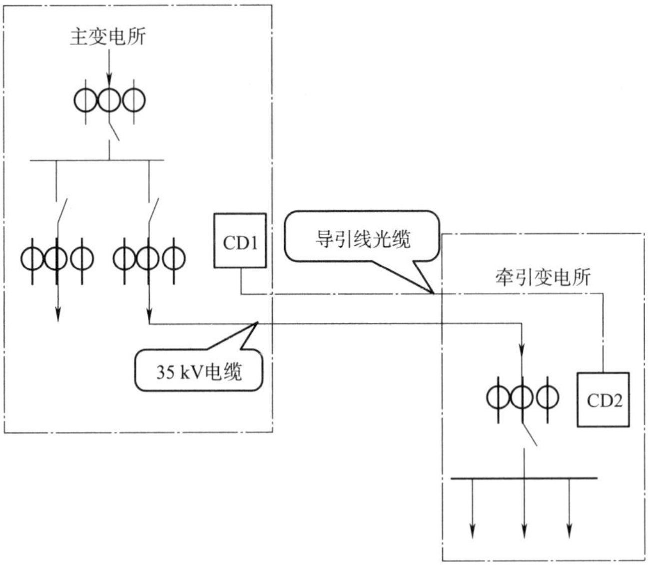

图 2-3-5　电缆纵差保护示意

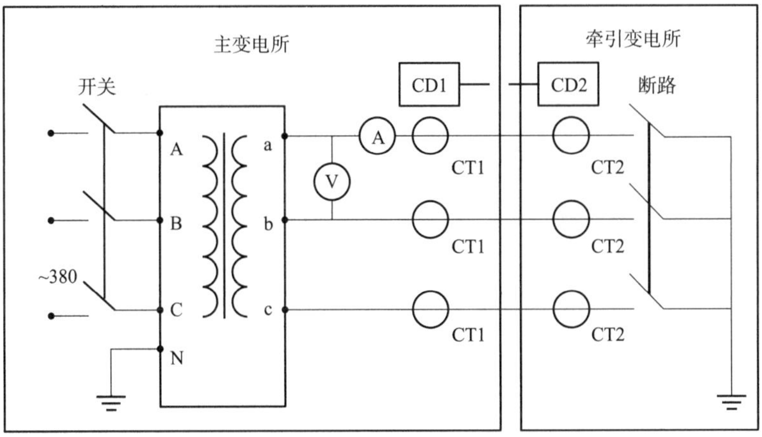

图 2-3-6　纵联差动保护试验接线

(6)记录

测试时应作详细记录。记录内容包括:温度、湿度、仪器型号、编号、被试设备铭牌、测试数据。记录本采用专门的原始记录表格。记录测试数据时应复述,操作人确认后方可记录。

3.2.2.4　试验结束

试验完毕或重复试验时,必须将被试品对地充分放电至少 5 min。测试完毕后,工作负责人应对原始记录进行审核,内容包括:记录内容是否漏项、测试数据有效数字、单位是否正确、记录人、试验人签字是否完整,检查无误后,审核人应签字。

3.2.2.5　填写试验报告

测试完毕后,应及时将原始数据录入电子版试验报告妥善保存。全部检测项目完成后一并打印纸质试验报告按照规定程序审核、签发、发放和保存。

3.2.3　注意事项

(1)在一次侧加电流时一定要确认二次无开路情况,检查各支路电流互感器的变比应与设计图纸一致,并检查数字式仪表电流互感器变比和是否正确,保护装置显示是否正确。观察电流表读数是否正确,如不正确检查电流互感器变比和数字表电流互感器变比设定值是否正确。

(2)电流传动时禁止流互的二次回路开路。

(3)测试完毕,恢复一次、二次接线并检查确认。

第 4 章　母线系统调试

4.1　试验目的

检查各装置运行情况是否正常；检查各装置的接线是否正确；检查系统整组功能是否正确。检查各设备间的保护连锁是否正确；各装置运行情况是否正常；检查各装置间的接线是否正确。

4.2　操作程序

4.2.1　试验工序流程图(图 2-4-1)

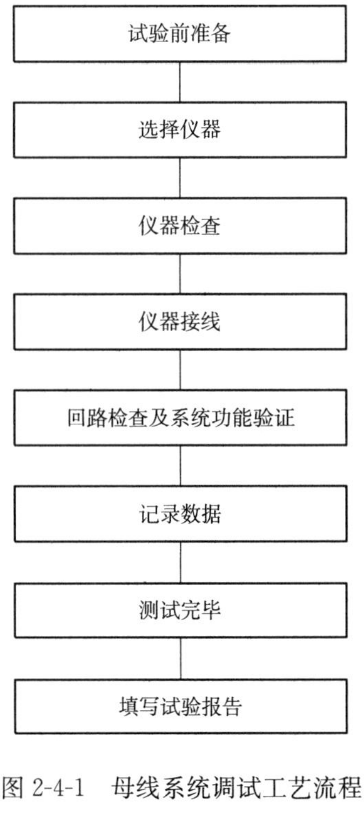

图 2-4-1　母线系统调试工艺流程

4.2.2　试验准备

(1)试验组织(表 2-4-1)

表 2-4-1　人员组织

序　号	项　　目	单　　位	数　　量	备　　注
1	工作负责人	人	1	全面负责
2	试验员	人	2	试验

(2)仪器、设备及材料配置(表 2-4-2)

表 2-4-2 设备及材料配置

序 号	名 称	型 号	技术规格	单 位	数 量	备 注
1	温湿度计			个	1	
2	数字万用表	F187		台	1	
3	CT 综合测试仪	HQ-2000C		台	1	
4	兆欧表	AVO	500 V/2 500 V/5 000 V	台	1	
5	继电保护测试仪	M2000		台	1	
6	试验连线			条	5	
7	设计定制单、逻辑图			份	1	
8	出厂试验报告			份	1	
9	原始记录表格			份	1	

4.2.3 电气数据测量

(1)试验条件

该项试验应在开关柜和保护装置单体试验调试完毕后进行。试验时应按表 2-4-1、表 2-4-2 做准备。

(2)选择仪器

继电保护测试仪、数字万用表。

(3)仪器检查

试验前必须对仪器做必要的检查工作,检查外观应完好无损,状态标识在有效期之内,保证仪器设备状态良好。

(4)接线

使用继电保护测试仪,进行交、直流传动试验,验证闭锁、联跳等功能是否符合设计要求。如图 2-3-2 所示。

(5)测试

①互感器接线检查

检查互感器二次绕组所有二次接线的正确性及端子排引线螺钉压接的可靠性。检查电流二次回路的接地点与接地状况,电流互感器的二次回路必须分别且只能有一点接地,有几组电流互感器二次组合的电流回路应在有直接电气连接处一点接地。

②直流传动

检查所有在运行中需要由运行值班员操作的把手及连片的连线、名称、位置标号是否正确,在运行过程中与这些设备有关的名称、使用条件是否一致。

在其他回路电源均正常工作的情况下拉开电源开关,改变有关开关或接点的状态检查直流回路有无寄生回路出现。

检查断路器就地、远方分合闸操作传动是否正常。

检查断路器防跳功能应能正确工作。

检查断路器操作闭锁功能检查应可靠闭锁。

检查断路器、手车位置信号显示是否正确。

③交流传动

交流传动，在互感器的二次端子处对二次接线施加电流，观察保护装置的测量显示情况，检查连接到保护装置的电压电流的极性是否一致，将电量施加到保护动作值，检查保护应可靠动作，断路器可靠跳闸。

断开保护压板保护动作时断路器应可靠不动作。

④馈线失灵保护动作测试

所有变压器馈线失灵动作跳本段联络开关。

分别在任一变压器开关保护 CT(零序 CT)二次加电流至保护整定值，母联保护装置收到馈线失灵信号，输入量××变位，同时在母联联络开关保护 CT 二次加电流至馈线失灵保护整定值，失灵保护动作，断路器跳闸成功。

⑤保护闭锁功能测试

所有变压器馈线开关闭锁母联开关。

同时在任意一个馈线开关保护 CT(零序 CT)和母联开关保护 CT 二次加电流至整定值(过流、零序保护启动)，母联开关保护装置收到闭锁信号，输入量××变位，过流一段保护被闭锁，过流一段保护不动作。

Ⅰ段任一环网进出线开关和Ⅱ段任一环网进出线开关同时闭锁母联。

同时在Ⅰ段任一环网进出线开关保护 CT(零序 CT)和Ⅱ段任一环网进出线开关保护 CT(零序 CT)和母联开关保护 CT 二次加电流至整定值(过流、零序保护启动)，母联开关保护装置收到闭锁信号，输入量××变位，过流一段保护被闭锁，过流一段保护不动作。

⑥断路器合闸条件检验

断路器手车拉至试验位，保护装置手合允许灯亮，断路器可合闸。

断路器手车拉至工作位，母联隔离车拉至工作位，将Ⅰ段母线 PT 端子排任意两相之间加 70 V 以上电压，Ⅱ段母线 PT 端子排任意两相之间加 30 V 以下电压或不加电压，Ⅱ段母线 PT 工作位置，母线 PT MCB 合位，母联柜合环允许手柄打到退出位，保护动作复归，保护装置手合允许灯亮，断路器可合闸。

断路器手车拉至工作位，母联隔离车拉至工作位，将Ⅱ段母线 PT 端子排任意两相之间加 70 V 以上电压，Ⅰ段母线 PT 端子排任意两相之间加 30 V 以下电压或不加电压，Ⅰ段母线 PT 工作位置，母线 PT MCB 合位，母联柜合环允许手柄打到退出位，保护动作复归，保护装置手合允许灯亮，断路器可合闸。

断路器手车拉至工作位，母联隔离车拉至工作位，将Ⅰ段和Ⅱ段母线 PT 端子排任意两相之间加 70 V 以上电压，母联柜合环允许手柄打到任一选跳位，保护动作复归，保护装置手合允许灯亮，断路器可合闸。

⑦开关联锁功能检查

母联断路器合闸，不能拉出母联隔离柜。

⑧备自投功能测试

将母联断路器、母联隔离车推入工作位，两段进线开关合上，母联分位，备自投远方和就地压板投入，母线 PT 工作位置，母线 PT MCB 合位，进线 PT 工作位置，进线 PT MCB 合位，拆除母线二次线，母线 PT 二次端子排任意两相之间加 70 V 以上电压，15 s 后母联保护装置备自投充电完成指示灯亮。

模拟一段失压，并将本段母线电压关掉，本段进线开关跳闸，母联自投，备自投动作指示灯亮。

将另一段母线电压关掉，延时 5 s 跳母联开关。

一段备自投试验完毕，二段试验与一段方法相同。

⑨合环选跳检查

将两段进线和母联开关合上，合环手柄打到选跳母联、1 号进线、2 号进线任一位置，在母联开关保护 CT 二次加电流至合环保护整定值，合环保护动作，合环手柄打到跳什么位置便跳那个开关。

⑩一次电流、一次电压试验

接线图如图 2-3-3 所示，在流互的一次侧施加大电流，检查保护装置的电流显示情况，核对流互的变比应正确。

用继保仪在母线压互的一次侧施加三相对称 57.7 V 电压，用万用表测量二次回路电压的数值应正确，分别去掉一相，判断二次接线是否能与一次对应。

施加三相对称电源测量零序电压滤序器滤出的电压为零。模拟一相电压消失，检查开口三角的电压应为相应的数值。检查开口三角上的消谐电阻应正常。检查零序电压接入的装置的绝缘监察报警功能。

(6)记录

测试时应作详细记录。记录内容包括：温度、湿度、仪器型号、编号、被试设备铭牌、测试数据。记录本采用专门的原始记录表格。记录测试数据时应复述，操作人确认后方可记录。

4.2.4 试验结束

试验完毕或重复试验时，必须将被试品对地充分放电至少 5 min。测试完毕后，工作负责人应对原始记录进行审核，内容包括：记录内容是否漏项、测试数据有效数字、单位是否正确、记录人、试验人签字是否完整，检查无误后，审核人应签字。

4.2.5 填写试验报告

测试完毕后，应及时将原始数据录入电子版试验报告妥善保存。全部检测项目完成后一并打印纸质试验报告按照规定程序审核、签发、发放和保存。

4.3 注意事项

(1)二次回路传动试验开始前应检查安全措施是否符合要求，运行设备和试验设备应有明显的隔离标志，试验时应仔细核对设备名称。防止误碰运行设备造成运行设备继电保护误动作。

(2)二次回路传动试验时，应先将电压互感器二次接线与互感器断开，高压侧隔离开关断开。

(3)电气设备远方传动试验时，应有联络和就地应急操作处理措施，设备处应有专人监护。

(4)在带电的电流互感器二次回路上测试时严禁二次开路。必须使用短路片或短路线做可靠的短路连接。严禁用导线缠绕的方法或用鱼夹线进行短路。

(5)在带电的电压互感器二次回路上测试时严禁二次短路或接地。要有防止因电压消失而引起保护装置误动作的技术措施。

(6)二次回路变动时应按审批后的图纸进行，严防寄生回路存在。

(7)试验结束后应对所传动的回路进行恢复和检查。

(8)应按图纸检查二次接线。拆动的二次线必须逐一做好记录，恢复时严格核对。

(9)整组试验后不得再在二次回路上进行工作。

第 5 章　降压变压器系统调试

5.1　试验目的

检查各装置运行情况是否正常；检查各装置的接线是否正确；检查系统整组功能是否正确。检查各设备间的保护连锁是否正确；各装置运行情况是否正常；检查各装置间的接线是否正确；检查系统整组功能是否正确。

5.2　操作程序

5.2.1　试验工序流程图（图 2-5-1）

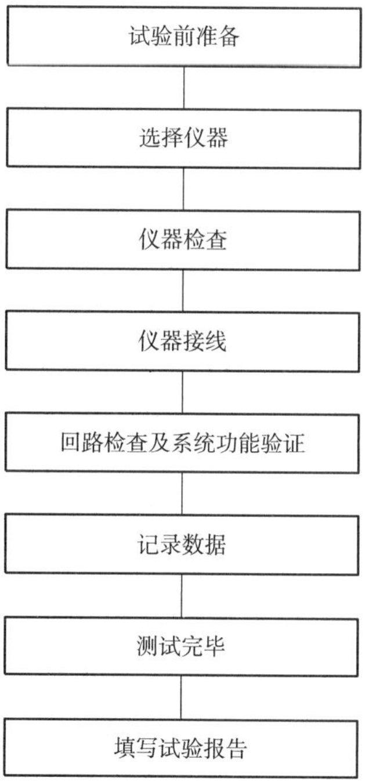

图 2-5-1　降压变压器系统调试工艺流程

5.2.2　试验准备

（1）试验组织（表 2-5-1）

表 2-5-1　人员组织

序　号	项　　目	单　　位	数　　量	备　　注
1	工作负责人	人	1	全面负责
2	试验员	人	2	试验

(2)仪器、设备及材料配置(表 2-5-2)

表 2-5-2　设备及材料配置

序　号	名　　称	型　　号	技术规格	单　位	数　量	备　　注
1	温湿度计			个	1	
2	数字万用表	F187		台	1	
3	CT 综合测试仪	HQ-2000C		台	1	
4	兆欧表	AVO	500 V/2 500 V	台	1	
5	继电保护测试仪	MP3000		台	1	
6	试验连线			条	5	
7	出厂试验报告			份	1	
8	原始记录表格			份	1	

5.2.3　电气数据测量

(1)试验条件

该项试验应在开关柜和保护装置单体试验调试完毕后进行。试验时应按表 2-5-1、表 2-5-2 做准备。

(2)选择仪器

继电保护测试仪、数字万用表。

(3)仪器检查

试验前必须对仪器做必要的检查工作,检查外观应完好无损,状态标识在有效期之内,保证仪器设备状态良好。

(4)接线

如图 2-3-2 所示。

(5)测试

①互感器接线检查

检查变压器、高低压侧断路器、隔离开关及电流互感器的铭牌参数是否完整,出厂合格证及试验资料是否齐全。检查电流互感器的变比、容量、准确级是否符合设计要求。测试互感器各绕组间的极性关系,核对铭牌上的极性标识是否正确。检查互感器各次绕组的连接方式及其极性关系是否与设计相符,相别标识是否正确。

检查电流互感器二次绕组所有二次接线的正确性及端子排引线螺钉压接的可靠性。检查电流二次回路的接地点与接地状况,电流互感器二次回路必须分别且只能有一点接地,有几组电流互感器二次组合的电流回路应在有直接电气连接处一点接地。

②直流传动

检查所有在运行中需要由运行值班员操作的把手及连片的连线、名称、位置标号是否正确,在运行过程中与这些设备有关的名称、使用条件是否一致。

在其他回路电源均正常工作的情况下拉开电源开关,改变有关开关或接点的状态检查直流回路有无寄生回路出现。

检查断路器就地、远方分合闸操作传动是否正常。

检查断路器防跳功能应能正确工作。

检查断路器操作闭锁功能检查应可靠闭锁。

检查断路器、手车位置信号显示是否正确。

③交流传动

交流传动，在互感器的二次端子处对二次接线施加电流，观察保护装置的测量显示情况，检查连接到保护装置的电压电流的极性是否一致，将电量施加到保护动作值，检查保护应可靠动作，断路器可靠跳闸。

断开保护压板保护动作时断路器应可靠不动作。

④断路器合闸条件检验

断路器手车拉至试验位，保护装置手合允许灯亮，断路器可合闸。

断路器手车拉至工作位，接地开关分闸位置，变压器柜门关闭，保护动作复归，保护装置手合允许灯亮，断路器可合闸。

⑤变压器温度保护传动

检查温控仪测量回路的正确性，用三个标准直流电阻箱代替铂电阻接入温控仪温度采样回路，检查对应标准电阻下温控仪测量显示的正确性。手动启动风机，风机应正常启动，调整温度为 100 ℃时，风机自动启动，降低温度为 80 ℃时，风机自动停止运转。

模拟温控仪故障，温控仪面板信号指示灯亮，保护装置收到报警信号，输入量××变位。

温控仪温度Ⅰ段整定值为 130 ℃，模拟超温报警，温控仪面板信号指示灯亮，保护装置收到报警信号，输入量××变位。

温控仪温度Ⅱ段整定值为 150 ℃，模拟超温跳闸，温控仪面板信号指示灯亮，保护装置收到跳闸信号，输入量××变位，同时断路器跳闸成功。

⑥变压器门和断路器联锁检查

断路器开关分闸，此时电磁锁用钥匙能打开门，开关合闸，电磁锁得电，用钥匙打不开门。

断路器手车拉至工作位，变压器前门和后门关好后，保护装置收到关门信号，输入量××变位，保护动作复归，手合允许灯亮，断路器可合闸。

断路器手车拉至工作位，开关合闸，此时变压器任意一门打开，保护装置收到开门信号，输入量××变位，变压器开门信号指示灯亮，同时变压器也应发出报警。

⑦一次电流、一次电压试验

接线图同 2-3-3，在流互的一次侧施加大电流，检查保护装置的电流显示情况，核对流互的变比应正确。

用继保仪在母线压互的一次侧施加三相对称 57.7 V 电压，用万用表测量二次回路电压的数值应正确，分别去掉一相，判断二次接线是否能与一次对应。

(6)记录

测试时应作详细记录。记录内容包括：温度、湿度、仪器型号、编号、被试设备铭牌、测试数据。记录本采用专门的原始记录表格。记录测试数据时应复述，操作人确认后方可记录。

5.2.4　试验结束

试验完毕或重复试验时，必须将被试品对地充分放电至少 5 min。测试完毕后，工作负责人应对原始记录进行审核，内容包括：记录内容是否漏项、测试数据有效数字、单位是否正确、记录人、试验人签字是否完整，检查无误后，审核人应签字。

5.2.5　填写试验报告

测试完毕后，应及时将原始数据录入电子版试验报告妥善保存。全部检测项目完成后一并打印纸质试验报告按照规定程序审核、签发、发放和保存。

5.3　注意事项

(1)二次回路传动试验开始前应检查安全措施是否符合要求,运行设备和试验设备应有明显的隔离标志,试验时应仔细核对设备名称。防止误碰运行设备造成运行设备继电保护误动作。

(2)二次回路传动试验时,应先将电压互感器二次接线与互感器断开,高压侧隔离开关断开。

(3)远方传动试验时,应有联络和就地应急操作处理措施,设备处应有专人监护。

(4)在带电的电流互感器二次回路上测试时严禁二次开路。必须使用短路片或短路线做可靠的短路连接。严禁用导线缠绕的方法或用鱼夹线进行短路。

(5)在带电的电压互感器二次回路上测试时严禁二次短路或接地。要有防止因电压消失而引起保护装置误动作的技术措施。

(6)二次回路变动时应按审批后的图纸进行,严防寄生回路存在。

(7)试验结束后应对所传动的回路进行恢复和检查。

(8)应按图纸检查二次接线。拆动的二次线必须逐一做好记录,恢复时严格核对。

(9)整组试验后不得再在二次回路上进行工作。

第 6 章　整流机组系统调试

6.1　试验目的

检查各装置运行情况是否正常；检查各装置的接线是否正确；检查系统整组功能是否正确。检查各设备间的保护连锁是否正确；各装置运行情况是否正常；检查各装置间的接线是否正确。

6.2　操作程序

6.2.1　试验工序流程图(图 2-6-1)

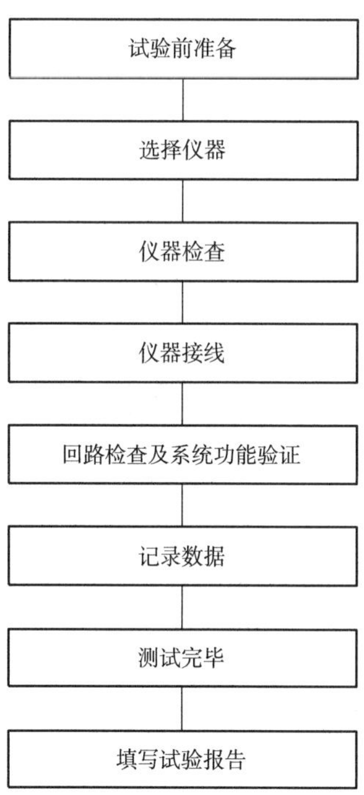

图 2-6-1　整流机组系统调试工艺流程

6.2.2　试验准备

(1)试验组织(表 2-6-1)

表 2-6-1　人员组织

序　号	项　　目	单　　位	数　　量	备　　注
1	工作负责人	人	1	全面负责
2	试验员	人	2	试验

(2)仪器、设备及材料配置(表 2-6-2)

表 2-6-2　设备及材料配置

序　号	名　　称	型　　号	技术规格	单　位	数　量	备　　注
1	温湿度计			个	1	
2	数字万用表	F187		台	1	
3	CT 综合测试仪	HQ-2000C		台	1	
4	兆欧表	AVO	500 V/2 500 V	台	1	
5	继电保护测试仪	MP3000		台	1	
6	试验连线			条	5	
7	出厂试验报告			份	1	
8	原始记录表格			份	1	

6.2.3　电气数据测量

(1)试验条件

该项试验应在开关柜和保护装置单体试验调试完毕后进行。试验时应按表 2-6-1、表 2-6-2 做准备。

(2)选择仪器

继电保护测试仪、数字万用表。

(3)仪器检查

试验前必须对仪器做必要的检查工作,检查外观应完好无损,状态标识在有效期之内,保证仪器设备状态良好。

(4)接线

同图 2-3-2 所示。

(5)测试

①互感器接线检查

检查变压器、高低压侧断路器、隔离开关及电流互感器的铭牌参数是否完整,出厂合格证及试验资料是否齐全。检查电流互感器的变比、容量、准确级是否符合设计要求。测试互感器各绕组间的极性关系,核对铭牌上的极性标识是否正确。检查互感器各次绕组的连接方式及其极性关系是否与设计相符,相别标识是否正确。

检查电流互感器二次绕组所有二次接线的正确性及端子排引线螺钉压接的可靠性。检查电流二次回路的接地点与接地状况,电流互感器二次回路必须分别且只能有一点接地,有几组电流互感器二次组合的电流回路应在有直接电气连接处一点接地。

②直流传动

检查所有在运行中需要由运行值班员操作的把手及连片的连线、名称、位置标号是否正确,在运行过程中与这些设备有关的名称、使用条件是否一致。

在其他回路电源均正常工作的情况下拉开电源开关,改变有关开关或接点的状态检查直流回路有无寄生回路出现。

检查断路器就地、远方分合闸操作传动是否正常。

检查断路器防跳功能应能正确工作。

检查断路器操作闭锁功能检查应可靠闭锁。

检查断路器、手车位置信号显示是否正确。

③交流传动

交流传动，在互感器的二次端子处对二次接线施加电流，观察保护装置的测量显示情况，检查连接到保护装置的电压电流的极性是否一致，将电量施加到保护动作值，检查保护应可靠动作，断路器可靠跳闸。

断开保护压板保护动作时断路器应可靠不动作。

④断路器合闸条件检验

断路器手车拉至试验位，保护装置手合允许灯亮，断路器可合闸。

断路器手车拉至工作位，接地开关分闸位置，变压器柜门关闭，整流器柜门关闭，保护动作复归，保护装置手合允许灯亮，断路器可合闸。

⑤变压器温度保护传动

检查温控仪测量回路的正确性，用三个标准直流电阻箱代替铂电阻接入温控仪温度采样回路，检查对应标准电阻下温控仪测量显示的正确性。手动启动风机，风机应正常启动，调整温度为 100 ℃时，风机自动启动，降低温度为 80 ℃时，风机自动停止运转。

模拟温控仪故障，温控仪面板信号指示灯亮，保护装置收到报警信号，输入量××变位。

温控仪温度Ⅰ段整定值为 130 ℃，模拟超温报警，温控仪面板信号指示灯亮，保护装置收到报警信号，输入量××变位。

温控仪温度Ⅱ段整定值为 150 ℃，模拟超温跳闸，温控仪面板信号指示灯亮，保护装置收到跳闸信号，输入量××变位，同时断路器跳闸成功。

⑥变压器门、整流器门和断路器的联锁检查

断路器开关分闸，此时变压器电磁锁用钥匙能打开门，开关合闸，电磁锁得电，用钥匙打不开门。

断路器开关分闸，此时整流器电磁锁得电手动能打开门，开关合闸，电磁锁失电，手动打不开门。断路器手车拉至工作位，变压器前门和后门关好后，保护装置收到变压器关门信号，输入量××变位，整流器前门和后门关好后，保护装置收到整流器关门信号，输入量××变位，保护动作复归，手合允许灯亮，断路器可合闸。

断路器手车拉至工作位，开关合闸，此时变压器任意一门打开，保护装置收到开门信号，输入量××变位，变压器开门信号指示灯亮。同时变压器也应发出报警。

断路器手车拉至工作位，开关合闸，此时整流器任意一门打开，变压器保护装置收到整流器开门信号，输入量××变位，整流器开门信号指示灯亮。同时整流器也应发出报警。

⑦整流器和断路器的联锁检查

模拟超温报警，整流器面板信号灯亮，保护装置收到报警信号，输入量××变位。

模拟超温跳闸，整流器面板信号指示灯亮，保护装置收到跳闸信号，输入量××变位，同时断路器跳闸成功。

模拟整流器逆流跳闸，整流器面板信号指示灯亮，保护装置收到跳闸信号，输入量××变位，同时断路器跳闸成功。

模拟整流器单硅故障报警，整流器面板信号指示灯亮，保护装置收到报警信号，输入量××变位。

模拟整流器同臂双硅跳闸，整流器面板信号指示灯亮，保护装置收到跳闸信号，输入量××变成位，同时断路器跳闸成功。

⑧整流变高压柜和直流柜联锁检查

整流变保护装置保护跳闸联跳对应直流进线开关。

模拟直流柜框架故障信号，保护装置收到跳闸信号，输入量××变位，同时断路器跳闸成功。

⑨一次电流、一次电压试验

接线如图 2-3-3 所示，在流互的一次侧施加大电流，检查保护装置的电流显示情况，核对流互的变比应正确。

用继保仪在母线压互的一次侧施加三相对称 57.7 V 电压，用万用表测量二次回路电压的数值应正确，分别去掉一相，判断二次接线是否能与一次对应。

(6)记录

测试时应作详细记录。记录内容包括：温度、湿度、仪器型号、编号、被试设备铭牌、测试数据。记录本采用专门的原始记录表格。记录测试数据时应复述，操作人确认后方可记录。

6.2.4 试验结束

试验完毕或重复试验时，必须将被试品对地充分放电至少 5 min。测试完毕后，工作负责人应对原始记录进行审核，内容包括：记录内容是否漏项、测试数据有效数字、单位是否正确、记录人、试验人签字是否完整，检查无误后，审核人应签字。

6.2.5 填写试验报告

测试完毕后，应及时将原始数据录入电子版试验报告妥善保存。全部检测项目完成后一并打印纸质试验报告按照规定程序审核、签发、发放和保存。

6.3 注意事项

(1)二次回路传动试验开始前应检查安全措施是否符合要求，运行设备和试验设备应有明显的隔离标志，试验时应仔细核对设备名称。防止误碰运行设备造成运行设备继电保护误动作。

(2)传动试验时，应先将电压互感器二次接线与互感器断开，高压侧隔离开关断开。

(3)远方传动试验时，应有联络和就地应急操作处理措施，设备处应有专人监护。

(4)在带电的电流互感器二次回路上测试时严禁二次开路。必须使用短路片或短路线做可靠的短路连接。严禁用导线缠绕的方法或用鱼夹线进行短路。

(5)在带电的电压互感器二次回路上测试时严禁二次短路或接地。要有防止因电压消失而引起保护装置误动作的技术措施。

(6)二次回路变动时应按审批后的图纸进行，严防寄生回路存在。

(7)试验结束后应对所传动的回路进行恢复和检查。

(8)应按图纸检查二次接线。拆动的二次线必须逐一做好记录，恢复时严格核对。

(9)整组试验后不得再在二次回路上进行工作。

第 7 章　400 V 低压开关柜系统试验

7.1　试验目的

对 400 V 进线断路器、母联断路器、三级负荷断路器及二次回路调试。检查 400 V 上电后电压显示情况、两段母线核相、备自投。验证低压电器的动作情况是否满足设计要求，是否满足用户对低压电器的要求。

7.2　操作程序

7.2.1　试验工序流程图(图 2-7-1)

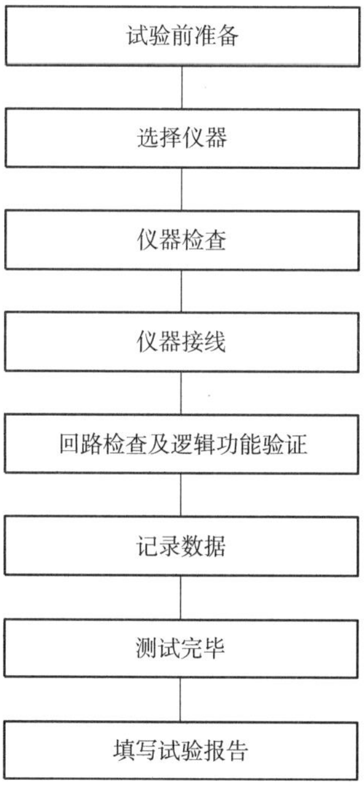

图 2-7-1　400 V 开关柜传动试验工艺流程

7.2.2　试验准备

(1)试验组织(表 2-7-1)

表 2-7-1　人员组织

序　号	项　　目	单　　位	数　　量	备　　注
1	工作负责人	人	1	全面负责
2	试验员	人	2	试验

(2)仪器、设备及材料配置(表 2-7-2)

表 2-7-2　设备及材料配置

序　号	名　　称	型　　号	技术规格	单　位	数　量	备　　注
1	干湿温度计			个	1	
2	数字万用表	F187		台	1	
3	CT 综合测试仪	HQ-2000C		台	1	
4	兆欧表	AVO	0～2 500 V	台	1	
5	继电保护测试仪	MP3000		台	1	
6	三相空开			个	3	
7	试验连线			条	9	
8	出厂试验报告			份	1	
9	原始记录表格			份	1	

7.2.3　电气数据测量

(1)试验条件

该项试验应在 400 V 低压柜、母排安装完以及二次接线完成后试验。

(2)选择仪器

400 V 低压柜逻辑验证应选择三相调压器或者三相配电箱及空气开关。

(3)仪器检查

试验前必须对仪器做必要的检查工作,检查外观应完好无损,状态标识在有效期之内,保证仪器设备状态良好。

(4)接线

将 400 V 低压开关柜按照图 2-7-2 所示接线,接线时应防止零线接地,接好线后由负责人检查。观察 400 V 表计、电压继电器显示是否准确,验证低压备自投逻辑是否符合设计要求。

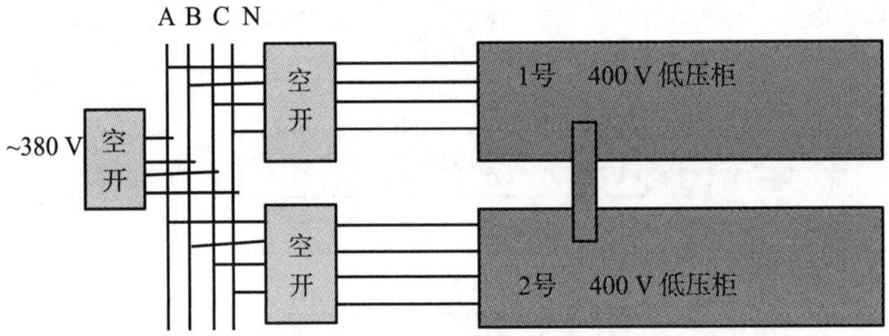

图 2-7-2　400 V 低压开关柜动作逻辑检查接线

(5)测试

①检查两段母线相序应一致,检查三级负荷母线段的连接应正确;检查进线、母联断路器三合二闭锁功能正确;检查主母线、二次回路的绝缘应正常。

②在一次侧接入两路临时电源,模拟电源失电,检查开关的动作情况是否满足要求。

手投手复模式检查:在此模式下两进线断路器和母联断路器应满足三合二要求,即三台断路器不能同时合闸,如果两进线断路器处于分闸状态,合上母联断路器后自动分闸。三级负荷断路器两进线断路器合闸或一进线断路器和母联断路器合闸时,可以手动分合。如果两进线断路器处于分闸状态,合上三级负荷断路器后自动分闸。

③自投自复模式检查:模拟任一路电源失电,该进线断路器失压延时跳闸,并自动切除两段三级负荷开关,母联断路器自动合闸。当该路电源恢复时,分母联断路器,自动合闸该进线断路器,三级负荷断路器自动合闸。当一路电源失电,母联断路器投入后,另一路电源也失电,另一进线断路器和母联断路器分闸。当电源恢复时,所有开关保持分位,不会自动合闸。当一路电源失电,母联断路器投入后,手动合闸三级负荷,断路器合闸后自动分闸。

(6)记录

测试时应作详细记录。记录内容包括:温度、湿度、仪器型号、编号、被试设备铭牌、测试结果。记录本采用专门的原始记录表格。

7.2.4　试验结束

测试完毕后,收理仪器时妥善拆除连接线,恢复400 V低压柜内部结构。工作负责人应对原始记录进行审核,内容包括:记录内容是否漏项、测试数据有效数字、单位是否正确、记录人、试验人签字是否完整,检查无误后,审核人应签字。

7.2.5　填写试验报告

测试完毕后,应及时将原始数据录入电子版试验报告妥善保存。全部检测项目完成后一并打印纸质试验报告按照规定程序审核、签发、发放和保存。

7.3　注意事项

(1)加压过程时一定要确认400 V母排与变压器低压侧断开,防止电压反送到变压器高压侧造成人员和设备损害。

(2)测试前确认400 V母排的零线不允许接地,认真检查母排是否有接触不良或相间短路。400 V加电前一定要在低压柜母排绝缘合格后进行。

(3)断开400 V低压柜抽屉的出线侧,拆除抽屉出线侧的电缆及其他可能馈送电的可能。

(4)测试过程中低压柜周围派专人看护防护好,避免发生人员触电事情发生。

(5)检查完毕,将段临时电源拆除、连接地拆除、恢复母线同变压器的连接。

第 8 章　750 V(1 500 V)直流系统试验

8.1　负极柜调试方法

8.1.1　试验目的

检查各直流装置的各种信号及运行情况是否正常;检查各设备间的保护连锁是否正确;检查各装置间的接线是否正确;检查系统整组功能是否正确。

8.1.2　操作程序

8.1.2.1　试验工序流程图

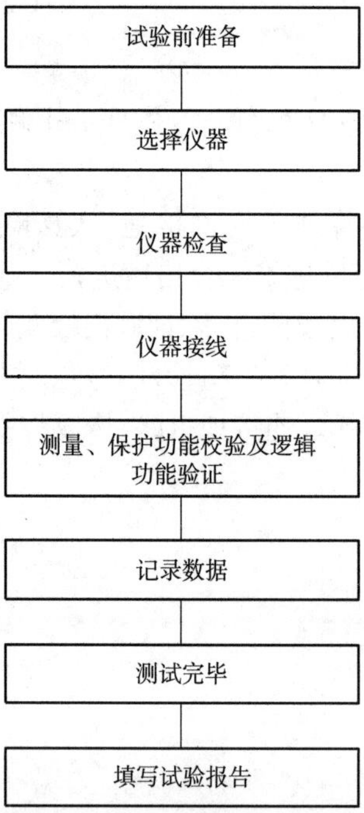

图 2-8-1　负极柜调试工艺流程

8.1.2.2　试验准备

(1)试验组织(表 2-8-1)

表 2-8-1　人员组织

序　号	项　　目	单　　位	数　　量	备　　注
1	工作负责人	人	1	全面负责
2	试验员	人	2	试验

(2)仪器、设备及材料配置(表 2-8-2)

表 2-8-2　设备及材料配置

序　号	名　　称	型　　号	技术规格	单　位	数　量	备　　注
1	干湿温度计			个	1	
2	数字万用表	F187		台	1	
3	毫伏发生器			台	1	
4	继电保护测试仪	AD661		台	1	
5	试验连线			条	5	
6	直流电阻器	ZX92		台	3	
7	出厂试验报告			份	1	
8	原始记录表格			份	1	

8.1.2.3　电气数据测量

(1)试验条件

负极柜安装接好线后，安按照表 2-8-1，表 2-8-2 做好准备。

(2)选择仪器

毫伏发生器、继电保护测试仪、万用表及测试线。

(3)仪器检查

试验前必须对仪器做必要的检查工作，检查外观应完好无损，状态标识在有效期之内，保证仪器设备状态良好。

(4)接线

使用继电保护测试仪，对负极柜保护装置进行采集量核对和定值功能验证，如图 2-8-2 所示。

拆下分流器接线，使用毫伏发生器输入电压模拟信号，对保护装置功能进行验证，如图 2-8-3 所示。

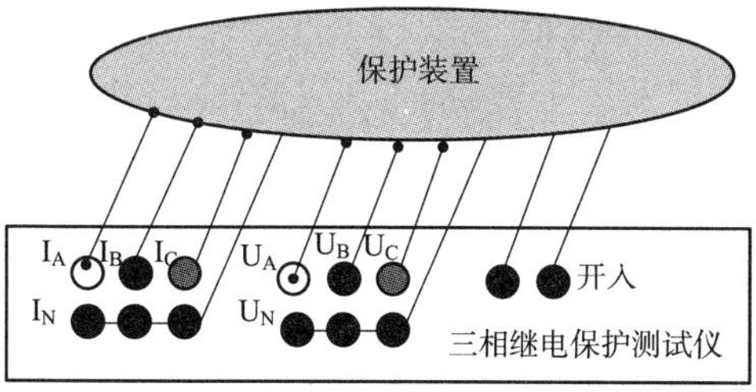

图 2-8-2　负极柜保护装置调试接线

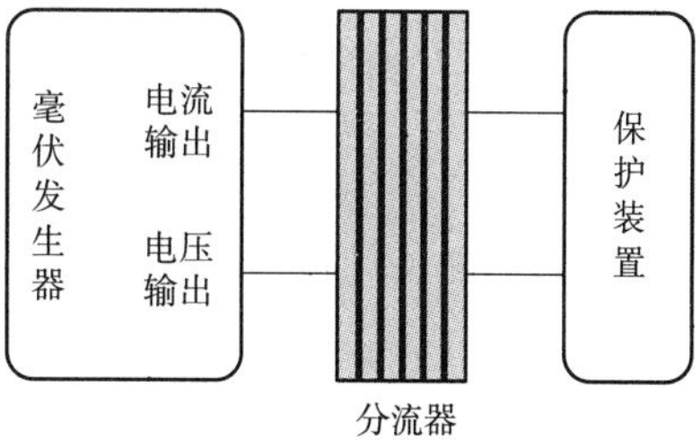

图 2-8-3　负极柜保护装置调试接线

(5)测试

①将 R101 拆下一根，加电流，验证表测量是否正确，用毫伏发生器加 mV 对应电流表显示正常。R102 做法和 R101 相同，做完后恢复 R101 及 R102 线。

②电流型框架故障：将 R110 拆下一根，加电流(设定为 35 A，对应毫伏发生器加 6 mV)或直接用继保仪加直流电流来整定定值，应产生框架故障，所有直流馈出柜及进线柜都报警而且跳闸，并联跳高压开关断路器，负极柜报警。而且馈出柜分闸按钮不可以复位，只能通过负极

柜复位按钮复位。

③电压型框架故障：用三相继保仪在负极框架电压采样线上加直流电压，分别整定电压元件一、二、三段定值，一段只报警不跳闸，二段三段框架故障，所有直流馈出柜及进线柜都报警而且跳闸，并联跳高压开关断路器，负极柜报警。而且馈出柜分闸按钮不可以复位，只能通过负极柜复位按钮复位。

④分、合 Q31，Q32，检查对应 PLC 状态及送 SCADA 信号是否正确。60 合闸闭锁 65 合闸，70 合闸闭锁 75 合闸。

⑤验证报警灯：拉开 MCB，负极柜应报警。

电流型框架故障：只能手动复位。

电压型框架故障：只能手动复位。

⑥通信故障：首先拆下 PLC 上 PLOFIBUS，所有馈出柜及负极柜报警灯亮。再分别拆下各个馈出柜 PLOFIBUS，对应具体柜子的报警灯及负极柜的报警灯亮，同时注意送 SCADA 信号是否对应。

(6)记录

测试时应作详细记录。记录内容包括：试验时间、试验地点、温度、湿度、仪器型号、编号、被试设备铭牌、测试数据。记录本采用专门的原始记录表格。记录测试数据时应复述，操作人确认后方可记录。

8.1.2.4　试验结束

测试完毕后，工作负责人应对原始记录进行审核，内容包括：记录内容是否漏项、测试数据有效数字、单位是否正确、记录人、试验人签字是否完整，检查无误后，审核人应签字。

8.1.2.5　填写试验报告

测试完毕后，应及时将原始数据录入电子版试验报告妥善保存。全部检测项目完成后一并打印纸质试验报告按照规定程序审核、签发、发放和保存。

8.1.3　注意事项

测试时注意电流电压的方向，保护装置显示是否正确，传动时有一人负责加流加压，另一人查看装置的显示情况和动作状态。

8.2　正极及馈线柜调试方法

8.2.1　试验目的

检查各直流装置的各种信号及运行情况是否正常；检查各设备间的保护连锁是否正确；检查各装置间的接线是否正确；检查系统整组功能是否正确。

8.2.2　操作程序

8.2.2.1　试验工序流程图(图 2-8-1)

8.2.2.2　电气数据测量

(1)试验条件

直流柜安装接好线后，按照表 2-8-1，表 2-8-2 做好准备。

(2)选择仪器

毫伏发生器或继电保护测试仪,万用表及测试线。

(3)仪器检查

试验前必须对仪器做必要的检查工作,检查外观应完好无损,状态标识在有效期之内,保证仪器设备状态良好。

(4)接线

按照图 2-8-2 和图 2-8-3 所示接线,接线后应由工作负责人确认。

(5)测试

①保护装置测试:

a. 进线断路器处于分位,才允许分,合,负极闸刀。

b. 拉开 MCB10,检查报警灯及 PLC 中对应的信号。

c. 模拟紧急手柄插入,检查报警灯及 PLC 中对应的信号。

d. 隔离开关故障:按下闸刀限位 S2,检查报警灯及 PLC 中对应的信号。这个就是开关中间的 00 位或 11 位。

e. 将 U12 中 1,9 拆下,用毫伏发生器加 75 mV 对应 4 000 A,检查表测量是否准确,PLC 中模拟量显示是否正确。

f. 逆流跳闸:反向加 300 A 电流,查看装置显示是否正确,联跳本柜及对应 10 kV 高压开关柜。

g. 恢复电流线,加电压于 U11:3,4,检查电压表及 PLC 中的对应模拟信号,查看装置显示是否正确,恢复电压线。

②保护定值验证:

a. U_{min}验证:将 U20 中 25、27、29　拆下,27、29 之间加电压验证合闸所需要的最小电压。最小电压。合上闸后可以调节它的定值,使其报警或跳闸。

b. $\Delta I_{\mathrm{di/dt}}$验证:在 U20 的 25、27 用毫伏发生器加毫伏电压,保护装置显示电流达到 ΔI_{trip}电流,关断并突然打开毫伏发生器电源,让 di/dt 瞬时动作并跳闸,应自动重合闸。也可以用毫伏发生器的毫伏挡快速的加上电压然后恢复即可。

c. di/dt 验证:在 U20 的 25、27 用毫伏发生器加毫伏电压,可以快速加小于 ΔI_{trip}的电流,使 di/dt 动作。

d. I_{max}验证:在 U20 的 25、27 用毫伏发生器加毫伏电压,保护装置显示电流达到 I_{max}动作电流(电流匀速上升),延时 1 ms 保护动作。

UMZ 验证:在 U20 的 25、27 用毫伏发生器加毫伏电压,将电流值匀速生到 UMZ 定值,延时 60 s 保护动作。

③二次传动:

a. 可以挑开 K02 中的 13 或 14 ,看是否跳闸,且应自动重合闸。

b. 短接 X1:181,183,应跳闸,不自动重合闸,可检测与整流变的连锁线路是否正确,并通过 DPU96 看位信号是否正确。

c. 检查操作计数器是否计数。

d. MCB 跳闸:可分别的拉下 F10　F12　F13。F10 跳闸并报警,自动重合闸。F12 没有反应。F13 只报警不跳闸。

e. 做不成功重合闸:可以挑开 K02 线圈线(MA1),分闸按钮不能复位,只能通过 DPU 复位。也可在最小快速合闸加压(可设定)的前提下,拆下 K02 线圈 A2 的线,按合闸按钮。

f. 短路器故障:可以挑开 X1:109(OPEN 时,CLOSE 时挑开 X1:111 跳闸并瞬间报警,不自动重合闸)。这个就是断路器的 00 位,11 位。

g. 小车故障(指的是小车位置的故障):可以同时按下 S01、S02。不自动重合闸。也可以同时不按 S01, S02,失位跳闸。这就是小车的 00 位,11 位。

h. 测试接触器故障:分闸时可以短接 K0 13, 14 (QA1)。具体做法是当 DPU96 不启动线检时,合 K0,可以先强制合上 K03 接触器然后再强制 DPU96 输出 A16,反复动作 K03 几次即可。

i. 紧急停电:在端子柜段子上模拟紧急停电信号,跳对应的馈线断路器。

④直流柜分合闸闭锁测试:

a. 直流快速断路器闭合

断路器小车处于工作位置

直流快速断路器处于打开状态(绿灯常亮)

远方/当地选择开关处于当地位置

按下"闭合"按钮

测试设备动作(红灯闪烁)

测试成功后:直流快速断路器闭合(红灯常亮)

b. 直流快速断路器断开

断路器小车处于工作位置

直流快速断路器处于闭合状态(红灯常亮)

远方/当地选择开关处于当地或远方位置

按下"断开"按钮

直流快速断路器处于断开状态(绿灯常亮)

重复开关操作(使用解锁手柄)

c. 直流快速断路器直接闭合

断路器小车处于工作位置

直流快速断路器处于断开状态(绿灯常亮)

按下"直接闭合"按钮

直流快速断路器直接闭合(红灯常亮)

⑤正极柜和其他设备之间的闭锁、连跳:

正极柜和其他设备之间的闭锁主要包括直流开关柜和交流机组之间的闭锁、连跳关系。主要包括交流机组故障连跳对应的直流进线,直流进线逆流故障和直流框架故障时连跳交流机组。其他如直流柜与牵引变压器、整流器之间的闭锁关系视设计而定。

(6)记录

测试时应作详细记录。记录内容包括:试验时间、试验地点、温度、湿度、仪器型号、编号、被试设备铭牌、测试数据。记录本采用专门的原始记录表格。记录测试数据时应复述,操作人确认后方可记录。

8.2.2.3 试验结束

测试完毕后,工作负责人应对原始记录进行审核,内容包括:记录内容是否漏项、测试数据有效数字、单位是否正确、记录人、试验人签字是否完整,检查无误后,审核人应签字。

8.2.2.4　填写试验报告

测试完毕后,应及时将原始数据录入电子版试验报告妥善保存。全部检测项目完成后一并打印纸质试验报告按照规定程序审核、签发、发放和保存。

8.2.3　注意事项

正极柜的保护也满足设计要求,设备之间的联动和闭锁应根据实际情况与设计的要求考虑,并要求效果统一。

8.3　牵引所联跳调试方法

8.3.1　试验目的

检查直流柜二次接线是否正确,二次接线实现的功能是否满足设计需要,验证不同牵引所之间直流联跳是否满足需要。

8.3.2　操作程序

8.3.2.1　电气数据测量

(1)试验条件

所内牵引所直流柜安装接好线后,断路器能正常分合。

(2)选择仪器

万用表及对讲机

(3)仪器检查

试验前必须对仪器做必要的检查工作,检查外观应完好无损,状态标识在有效期之内,保证仪器设备状态良好。

(4)测试

①直流快速开关、隔离开关、旁路开关、负极柜二次回路调试

检查直流快速开关、隔离开关旁路开关、负极柜及分流器和电量变换器的铭牌参数是否完整,出厂合格证及试验资料是否齐全。检查分流器的变比、电量隔离放大器是否符合设计要求。

从保护屏柜的端子排处将外部引入的回路及电缆全部断开,分别将电压、电流、直流控制、信号回路的所有端子各自连接在一起,用 1 000 V 兆欧表测量各回路对地及各回路间的绝缘电阻均应大于 10 MΩ。

检查所有二次接线的正确性及端子排引线螺钉压接的可靠性。

在其他回路电源均正常工作的情况下拉开电源开关,改变有关开关或接点的状态检查直流回路有无寄生回路出现。

检查直流开关大电流脱扣整定应符合设计要求。

②整组传动试验

对直流开关、隔离开关进行手动、近控和远控分合闸操作,检查其操作功能、闭锁功能、信号显示的正确性。

用毫伏发生器从分流器采样处引线上施加信号,检查指示仪表、微机保护测量显示的正确

性。施加到保护动作值，检查直流开关过电流、逆流保护、电流增量、框架保护跳闸功能。用毫伏发生器从电压测量放大器处施加电压信号，检查保护装置母线电压、线路电压的显示情况。施加到保护的动作值，检查开关的失压保护、线路检测、重合闸功能。

在端子柜内拆开所间联跳二次线，利用本所开关输入、输出回路两两交叉对接，检查双边联跳功能。同时检查备用直流开关的替代功能应能够正确实现。

恢复接线，利用一次电压检查母线电压、线路电压显示回路的正确性。

检查本所与邻所双边联跳功能。

检查本所与下一个邻所大双边联跳功能。

③五个牵引变电所 A、B、C、D、E 布置如图 2-8-4 所示。

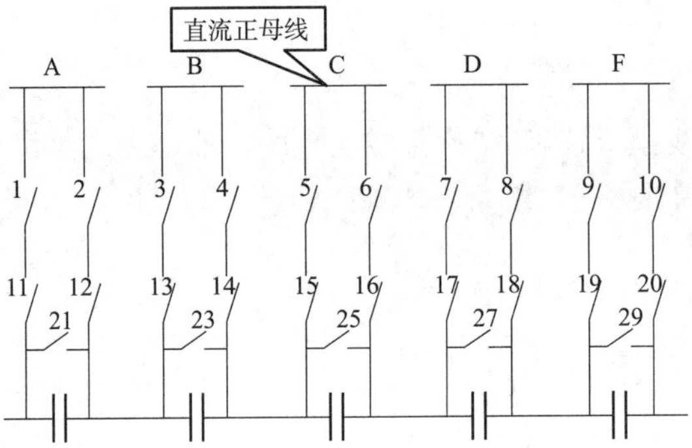

图 2-8-4　所间联跳示意

双边联跳调试方法：

a. 将五所全部带电，馈线直流快速开关 1、2、3、4、5、6、7、8、9、10 均合闸，隔离开关 11、12、13、14、15、16、17、18、19、20 均合闸，检查各信号、灯光显示准确，通信指示良好。

b. 在 C 所模拟故障（如电流型框架保护等），C 所所有馈线快速开关 5、6 均跳闸，同时发事故音响、灯光信号。

c. 相邻两所 B、D 馈线开关 4、7 应相应跳闸，同时发事故音响、灯光信号。A、E 两所馈线开关 1、2、3、8、9、10 不应动作。

越区双边联跳调试方法：

a. 将 B、D 变电所退出，合越区开关 23、27，实现越区双边供电（大双边供电）。

b. 馈线直流快速开关 1、2、5、6、9、10 均合闸，隔离开关 11、12、15、16、19、20、23、27 均合闸，检查各信号、灯光显示准确，通信指示良好。

c. 在 C 所模拟故障（如电流型框架保护等），C 所所有馈线快速开关 5、6 均跳闸，同时发事故音响、灯光信号。

d. 越区两所 A、E 馈线开关 2、9 应相应跳闸，同时发事故音响、灯光信号。A、E 两所馈线开关 1、10 不应动作。

越区隔离开关操作闭锁检查：

检查越区隔离开关操作闭锁条件，当任一条件不满足时开关操作被闭锁。举例说明，当开关 21、12、13、14、15、25 有任一在合位 23 开关操作被闭锁。也就是说再没有特别要求的情况下，只允许大双边供电，不允许大双边外更大的供电模式（两个连续的越区开关不允许同时合闸）。

(5)记录

测试时应作详细记录。记录内容包括:试验时间、试验地点、温度、湿度、仪器型号、编号、被试设备铭牌、测试数据。记录本采用专门的原始记录表格。记录测试数据时应复述,操作人确认后方可记录。

8.3.2.2　试验结束

测试完毕后,工作负责人应对原始记录进行审核,内容包括:记录内容是否漏项、测试数据有效数字、单位是否正确、记录人、试验人签字是否完整,检查无误后,审核人应签字。

8.3.2.3　填写试验报告

测试完毕后,应及时将原始数据录入电子版试验报告妥善保存。全部检测项目完成后一并打印纸质试验报告按照规定程序审核、签发、发放和保存。

8.3.3　注意事项

测试前认真研究图纸,对调试过程中出现的错误经认真考虑思索后方可改线,改线后重新调试直到设备联动满足设计需要为止。

第 9 章　变电站综合监控系统调试

9.1　试验目的

检查后台所有遥测、遥信信号是否正确显示，所有设备处在远方位置，能从后台实现对供电系统所有设备的遥控。

9.2　操作程序

9.2.1　试验工序流程图(图 2-9-1)

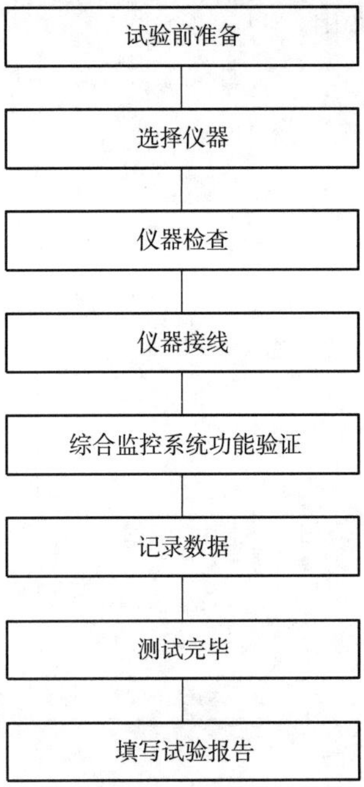

图 2-9-1　监控系统调试工艺流程

9.2.2　试验准备

(1)试验组织(表 2-9-1)

表 2-9-1　人员组织

序　号	项　　目	单　　位	数　　量	备　　注
1	工作负责人	人	1	全面负责
2	试验员	人	2	试验

(2)仪器、设备及材料配置(表 2-9-2)

表 2-9-2　设备及材料配置

序　号	名　　称	型　　号	技术规格	单　位	数　量	备　　注
1	继电器保护测试仪	MP3000		台	1	
2	试验连线			条	6	
3	万用表	F17B		个	1	
4	对讲机			台	2	
5	干湿温度计			个	1	试验环境
6	原始记录表格			份	1	记录数据
7	产品技术说明书			份	1	
8	二次原理图			份	1	

9.2.3　电气数据测量

(1)试验条件

所有设备完成交直流系统联调联试以后,按照上表准备试验,为了增加试验效率,后台监控的遥测调试可以在交直流系统传动试验同时进行。

(2)选择仪器

对所有设备遥测的调试设备可以选择继电保护测试仪。

(3)仪器检查

试验前必须对仪器做必要的检查工作,检查外观应完好无损,状态标识在有效期之内,保证仪器设备状态良好。

(4)接线

做后台遥测监测时,可按图 2-3-2 所示的接线方式接线。

(5)测试

①屏内元件检验

检查屏内装置的配置、型号、额定参数是否与设计相符合。

检查屏内各安装单元的标志应正确清晰并与设计图纸相符。

②UPS 工作的正确性和可靠性检验

检查后台机所用交流电源是否为 UPS 提供,检查 UPS 工作的正确性和可靠性。

③防干扰措施执行情况检查

检查屏柜及装置的接地是否正确连接和可靠连接。检查安装在装置输入回路和电源回路的减缓电磁干扰的器件和措施应符合相关标准和制造厂的技术要求。

④自动化系统安装与调试

连接后台机与保护管理机;连接通信管理机与保护模块;设置模块地址;与所有的网络一样为了实现数据的互传,每个模块必须有一个模块地址,在本系统中我们采用全站编址方式来标志各个模块,全站编址即将系统内所有的保护模块、智能单元统一编址。

⑤外围设备工作正确性和可靠性检查

通过人机界面查看各模块通信状态是否正常;通过人机界面执行打印命令检查打印机的工作状况;通过综控屏上的音响试验按钮和解除按钮,检查预告音响和事故影响的工作状况;检查综控屏上控制方式转换开关检查就地远方控制功能的转换情况。

检查 GPS 天线安装情况应正确良好。

⑥监控软件的版本号、校验码等程序的正确性和完备性检查

检查装置的硬件、软件版本号、检验码，校对时钟。

⑦后台机与间隔层各测量、控制、保护装置的网络通信功能检验

检查监控后台与各测量、控制、保护装置的通信线缆是否已经按照设计图纸要求连接。设置各测量、控制、保护装置的通信地址，从后台机观察各装置的通信状态是否正常。模拟装置通信故障，检查各测量、控制、保护装置的名称与后台显示结果是否一致。检查通信处理装置是否能实现通信管理、规约转换、信息联锁、操作联动、软件智能备自投等复杂系统操作和信息快速传递任务。检查通信切换装置是否能实现双机热备切换、GPS 对时、站内 IED 接口、安全监控和一次在线监测设备接口等任务。

⑧后台机监控系统数据库的 正确性和完备性检验

检查时实数据库和历史数据库的在线监视、管理、统计和维护等工具功能的正确性；检查数据的输入和修改是否能够在线进行；检查数据库管理软件是否可快速访问内存数据和硬盘数据，在并发操作下是否能满足实时响应要求；检查是否允许不同程序对数据库内的同一数据进行并发访问，是否能保证在并发方式下数据库的完整性和一致性；检查数据库是否具有良好的可扩展性和适应性，能否满足数据规模的扩充及应用程序的修改。

⑨各种数字、模拟信号及其计算值的正确性和完备性检验

通过人机界面检查模拟操作开关量输入的内容所采集的数字信号正确性；在测控装置的二次回路施加如下测量量的内容检查模拟信号及其计算值的正确性。

测量及计算结果应包括：单相电流、有功功率、无功功率、有功电度、无功电度；各段母线线电压；高压侧相电流、低压侧电流、有功功率、无功功率、各侧有功电度、各侧无功电度、变压器温度；低压侧各段电压、直流电压、直流电流、控制母线电压、合闸母线电压。

通过人机界面检查采集的测量量内容。所采集的模拟量都必须进行越/复限比较，每点模拟量可设置高高限、高限、低限、低低限和变化梯度限值，并应有一越/复限死区，以避免频繁报警，各种限值和死区值可进行修改。通过人机界面修改模拟量的越/复限值，测量限值的正确性，观察越/复限后的报警情况：越复限事件一览表登录；测点索引表测值变化状态表示；越复限状态表；音响动作和打印机输出情况。模拟量采集周期：电气量小于 1 s；非电气量小于 20 s；系统综合测量精度：电气量不大于 1.5%；非电气量不大于 2.5%；电度量的采集：应具有分时计量功能和电网断电时的信息保存功能。确定模拟量精度应测试自模拟量通道输入信号(CT、PT 的二次侧)到人机界面的显示的总误差。测量量精度测试时采用高精度的数字表在模拟量通道输入端(CT、PT 的二次侧)测量并和人机界面的显示进行比较，计算误差。电度量精度测试时，先在某一时刻记录被测电度量的电能表读数和系统的测量读数。进行精度测试时，应用外加信号进行测试。但对于变化较慢的参数，也可采用运行时的实际信号进行测试。定间隔后(一般不少于 24 h)，再记录被测电度量的电能表读数和系统的测量读数，然后通过计算，确认精度。

⑩遥控操作、防误闭锁、权限设置、信号复归等功能的正确性和完备性检验

通过实际控制操作断路器分合、电动刀闸分合、分接头开关操作、保护的投跳/投信选择，检查遥控功能的正确性。可在保护整定控制字上修改，实现单个保护的投运、投信或退出运行；通过保护压板的投切，实现相应的保护投运、投信或退出运行。定值组切换：具备多组定值的整定和切换功能；保护整定值可由后台计算机进行调用；保护整定值可由后台计算机进行修改。

在主接线图上找到遥控，遥调，信号复归操作所对应的开关，双击开关并选择"遥控操作"子选项，即可根据不同的遥控属性弹出遥控，遥调或信号复归对话框。若返校错误，请检查相应装置上的手动/远动按钮是否打在远动位置。确认手动/远动按钮打在远动位置后可重新设置。对于遥调和信号复归，没有返校直接执行即可 。

程控功能可以对变电所的所有控对象(断路器，刀闸等)按预先设定的若干单控步骤实施一系列的遥控操作。每一程控都包含若干步，每一控制步骤根据控制的动作类型和控制对象执行相应的命令，再根据判断标志检验控制命令的结果。程控过程可以设置程控的执行条件，以免误操作。程控执行前先检查各控制对象是否具备控制条件，不符合条件的提示操作人员进行相应的处理。程控过程中出现不正常情况(如返校错误，遥信变位超时等)系统将提示操作人员做出相应的选择。程控参数可以根据需要实时进行修改。

通过程控过程可以实现全所停电、全所受电、变电所供电臂受电等。采用程控过程大大简化了操作过程，提高了控制安全性，同时也加快了控制执行的速度。

查看和修改保护定值是一项重要且经常使用的功能。修改：双击某一定值，在弹出的如下对话框中输入设置值，点击"确认"，在确认保护定值修改好后，点击[预置]，最后点击[执行]即可完成保护定值的修改。值得注意的是控制字的修改有所不同．每一个控制字由16位组成，每一位对应模块的一项保护功能，具体的含义在对话框中已有详细的解释，我们可以点击第x位前面的小方框来投切对应与第x位的保护功能。控制字修改结束后，点击"确认"即可。

检查防误闭锁功能的正确。各种操作的允许/闭锁；对断路器和刀闸的操作，必须核对操作密码，密码错误时，停止操作过程。就地/远方控制选择：通过远方/就地开关的切换，确认对断路器和刀闸进行操作的权限。断路器和刀闸操作，应有严格的操作返校措施和退出执行功能；应采用安全可靠的闭锁措施；设置和修改闭锁条件通过人机界面模拟密码错误时的进程；模拟退出执行和延时自动退出执行功能；模拟设置和修改闭锁条件。

权限的管理检查：系统应通过用户编码、密码识别并分配操作权限来实现系统的安全管理。所有的用户都必须经过登录过程才能访问系统。必须录入合法的用户名和登录密码后才能进入。检查操作权限的级别是否符合安全运行的要求重要的运行参数和系统配置参数的修改应有相应的权限及口令；参数修改至少包括：断路器、变压器等参数；模拟量整定值(变比、限值等)；继电保护定值；脉冲电度初值；电度分时计费的时段；系统时钟；各种密码；自动化系统参数保护装置在退出远方定值修改功能时，测试不能进行远方定值修改，检查操作互斥和操作授权功能应正确。

保护信号的远方/就地复归：保护信号能在就地保护装置或就地屏(柜)上进行复归；保护信号能在变电站后台机上进行信号复归。

⑪各种实时监控信息的分类、合并及重要程序排序的正确性和完备性检验，通过人机界面检查如下功能

通过模拟断路器事故跳闸(包括偷跳)、继电保护动作等模拟各类故障 检查事故信号；通过模拟电源故障、操作失败、模拟量越限、开关量输入变位、综合自动化系统异常、接口故障、装置异常等故障，检查预告信号；通过断路器变位、继电保护动作/返回、电源故障、自动化系统通信故障、装置故障、操作失败等操作，检查事件顺序记录内容；检查事件顺序记录方式是否循环方式，先进先出；在同一间隔和不同间隔分别将SOE分辨率测试仪的二路输出信号接天二路状态输入端，测试仪设置时间定值可变，多路状态输入端(大于三路)同时模拟接点通断，记录时间，重复5次，检查事件顺序记录分辨率。通过一般开关量输入变位、自动化系统状态异常

及返回、控制操作、参数修改、模拟量越限、自动化系统状态改变(如:投入/退出、远方/就地等),模拟各类状态变位检查记录内容及时间。

⑫监控系统其他各子系统(报表、趋势分析、打印功能、GPS对时等)的正确性和完备性检验

在报表子系统的界面上点击“报表修改”将调出系统原有的报表。在原有报表中选择与现场要求接近的报表模板,在其基础上加以修改,这样可以省去很多重复的劳动,设置自动打印:点击[参数设置]→[报表管理],在弹出的报表子系统界面中点击“自动打印设定”。

手动打印:点击[参数设置]→[报表管理],在弹出的报表子系统界面中点击“显示数据”,在弹出的如上所示的对话框中选择欲打印的报表及日期按“确定”将弹出欲打印的报表,点击“打印预览”在随后弹出的对话框中点即“Print”即可。

在“未定时打印”栏下选中欲设定自动打印的报表,点击“《”,在定时打印日期及定时打印时刻栏中设定在什么时间自动打印报表后点击“存盘”即可。如果我们想取消一个报表的定时打印,在“已定时打印”栏中选中报表,点击“》”即可。按下Ctrl+p,检查屏幕打印情况。

各种打印方式各打印一份。

⑬模拟断路器事故跳闸(包括偷跳)、继电保护动作;模拟各类故障、模拟量越限、开关量输入变位、综合自动化系统异常检查各种告警信号的完好性

⑭监控后台的系统备份和数据备份检验

通过人机界面操作检查系统备份位置、数据备份位置,恢复操作验证。

⑮装置投运

检测负责人应在现场工作结束后检查实验记录有无遗漏项目,核对定值是否与定值通知单相符,试验数据、结论是否完整正确。将一切装置恢复到可以运行状态。

(6)记录

测试时应作详细记录。记录本采用专门的原始记录表格。记录测试数据时应复述,操作人确认后方可记录。

9.2.4 试验结束

测试完毕后,工作负责人应对原始记录进行审核,内容包括:记录内容是否漏项、测试数据有效数字、单位是否正确、记录人、试验人签字是否完整,检查无误后,审核人应签字。

9.2.5 填写试验报告

测试完毕后,应及时将原始数据录入电子版试验报告妥善保存。全部检测项目完成后一并打印纸质试验报告按照规定程序审核、签发、发放和保存。

9.3 注意事项

(1)做后台装置遥测监测时,一定要断开流互、压互二次与流互、压互本身的连接线,防止高电压反送到高压侧造成事故。

(2)遥测遥信遥控监测时,间隔层一定要有人确认信号是否正确。

第三篇　整所启动调试

第1章　受电启动调试

1.1　受电启动准备

1.1.1　人员组织(表3-1-1)

表3-1-1　人员组织

序　号	项　　目	单　　位	数　　量	备　　注
1	工作负责人	人	1	全面负责
2	试验员	人	2	受电检查

1.1.2　仪器、设备及材料配置(表3-1-2)

表3-1-2　设备及材料配置

序　号	名　　称	型　　号	技术规格	单　位	数　量	备　　注
1	继电器保护测试仪	MP3000		台	1	
2	高压核相器			套	1	核相用
3	万用表	F17B		个	1	测试
4	对讲机			台	2	
5	干湿温度计			个	1	试验环境
6	原始记录表格			份	1	记录数据
7	产品技术说明书			份	1	
8	二次原理图			份	1	
9	试验连线			条	2	
10	安全工器具			套	2	安全防护

1.1.3　启动应具备的条件

(1)工程已经竣工,电气设备试验合格,并经过检查验收,启动领导小组确认可以投运。

(2)编制的运行方案已经被上级批准。

(3)主要设备的技术文件和图纸齐全。

(4)所内进线设备编号及相序核对无误。

(5)各种通信联络设施齐全,话路畅通。

(6)所内有可靠的操作电源。

1.1.4 启动前的检查工作

(1)检查施工临时用电源线路已经撤除,电气设备已进行过清扫。
(2)系统模拟盘、临时接地线、验电工具、绝缘工器具、值班用品、抢修工器具材料齐全。
(3)所有隔离开关、断路器在分闸位置。
(4)变压器分接位置在指定位置。
(5)控制方式选择在就地位置。
(6)备自投功能在撤除位。
(7)受电前变压器、线路绝缘经测试状况良好。

1.2 电源受电测试

1.2.1 试验目的

检查进线电缆带电显示指示的正确性,检查高压柜门闭锁的可靠性。对进线电源进行高压核相,保证电源相序连接正确。检查进线线路压互运行是否正常,电压测量指示是否正确,根据图纸检查线路电压送入相应装置的显示情况。

1.2.2 操作程序

1.2.2.1 试验工序流程图(图 3-1-1)

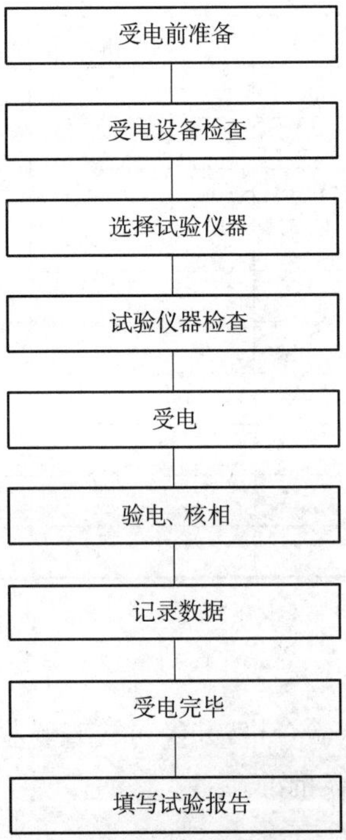

图 3-1-1　电源受电工序流程

1.2.2.2　操作准备

(1)操作组织(表3-1-3)

表3-1-3　人员组织

序　号	项　　目	单　　位	数　　量	备　　注
1	工作负责人	人	1	全面负责
2	试验员	人	2	受电检查

(2)仪器、设备及材料配置(表3-1-4)

表3-1-4　设备及材料配置

序　号	名　　称	型　　号	技术规格	单　位	数　量	备　　注
1	继电器保护测试仪	MP3000		台	1	
2	高压核相器			套	1	核相用
3	万用表	F17B		个	1	测试
4	对讲机			台	2	
5	干湿温度计			个	1	试验环境
6	原始记录表格			本	1	记录数据
7	产品技术说明书			份	1	
8	二次原理图			份	1	
9	试验连线			条	2	
10	安全工器具			套	2	安全防护

1.2.2.3　电气数据测量

(1)试验条件

准备好测试仪器、安全防护用品、记录表格等。

(2)选择仪器

高压核相器、数字万用表。

(3)仪器检查

由于仪器设备到达现场,经过长途运输和装卸,所以试验前必须对仪器做必要的检查工作,保证仪器设备状态良好。将干湿温度计,放置于通风阳光不能直射的地方。

(4)测试

电缆头受电后,检查高压带电显示器的指示是否正确。检查受带电闭锁的柜门、地刀电磁锁动作的可靠性。高压核相时,移走手车后推入核相小车,用核相器对两路电源进行核相。对于GIS,可以使用专用的核相器或万用表在高压带电显示器进行核相。分别记录下A1A2、A1B2、A1C2、B1A2、B1B2、B1C2、C1A2、C1B2、C1C2的电压值后进行分析,判断两路电源相序的一致性。

检查线路电压的显示情况,电压表指示是否正确,检查装置对线路电压的采集数据是否正确。记录显示的电压数值。

(5)记录

测试时应作详细记录。记录本采用专门的原始记录表格。记录测试数据时应复述,操作人确认后方可记录。

1.2.2.4 试验结束

测试完毕后，工作负责人应对原始记录进行审核，内容包括：记录内容是否漏项、测试数据有效数字、单位是否正确、记录人、试验人签字是否完整，检查无误后，审核人应签字。

1.2.3 注意事项

严格按照安全操作规程进行操作，核相时非正常解锁要加强安全防护。核相操作人员要熟练使用核相器。高压接触部位要保证高压的安全带电距离。

1.3 10(35) kV 母线受电测试

1.3.1 试验目的

检查母线带电显示指示的正确性，检查高压柜门闭锁的可靠性。

1.3.2 操作程序

1.3.2.1 试验工序流程图

如图 3-1-1 所示。

1.3.2.2 电气数据测量

(1)试验条件

准备好测试仪器、安全防护用品、记录表格等。

(2)选择仪器

高压核相器、数字万用表。

(3)仪器检查

由于仪器设备到达现场，经过长途运输和装卸，所以试验前必须对仪器做必要的检查工作，保证仪器设备状态良好。将干湿温度计，放置于通风阳光不能直射的地方。

(4)测试

母线受电后，检查高压带电显示器的指示是否正确。检查受带电闭锁的柜门闭锁的可靠性，母线高压核相时，移走母联手车后推入核相小车，用核相器对两段母线进行核相。对于GIS，可以使用专用的核相器或万用表在高压带电显示器进行核相。分别记录下 A1A2、A1B2、A1C2、B1A2、B1B2、B1C2、C1A2、C1B2、C1C2 的电压值后进行分析，判断两路电源相序的一致性。

母线电压互感器受电冲击后，检查电压指示仪表是否正常，检查母线电压送入各测量装置显示的正确性。用同源和异源各进行一次低压核相。记录测量的电压值进行分析。

(5)记录

测试时应作详细记录。记录本采用专门的原始记录表格。记录测试数据时应复述，操作人确认后方可记录。

1.3.2.3 试验结束

测试完毕后，工作负责人应对原始记录进行审核，内容包括：记录内容是否漏项、测试数据有效数字、单位是否正确、记录人、试验人签字是否完整，检查无误后，审核人应签字。

1.3.3 注意事项

严格按照安全操作规程进行操作，核相时非正常解锁要加强安全防护。核相操作人员要熟练使用核相器。高压接触部位要保证高压的安全带电距离。

1.4 动力变压器冲击受电

1.4.1 试验目的

变压器在额定电压下进行 3 次冲击试验，检查变压器在冲击电流、电压下的耐受情况，检查保护的躲励磁涌流的能力。检查 400 V 进线电压的显示情况。

1.4.2 操作程序

(1)试验工序流程图

如图 3-1-1 所示。

(2)电气数据测量

①试验条件

准备好测试仪器、安全防护用品、记录表格等。

②选择仪器

数字万用表。

③仪器检查

由于仪器设备到达现场，经过长途运输和装卸，所以试验前必须对仪器做必要的检查工作，保证仪器设备状态良好。将干湿温度计，放置于通风阳光不能直射的地方。

④测试

检查变压器柜门关闭好，变压器室人员已经撤离，对变压器进行第一次冲击，合闸时观察冲击电流的显示情况，合闸后，多方位聆听变压器的声音应没有其他杂音。观察低压进线电压表显示情况。10imn 后手动分闸。间隔 5 min 后进行第二次冲击，5 min 后模拟保护分闸。间隔 5 min 后进行第三次冲击。

两台变压器冲击可交替进行。

⑤记录

测试时应作详细记录。记录本采用专门的原始记录表格。记录测试数据时应复述，操作人确认后方可记录。

(3)试验结束

测试完毕后，工作负责人应对原始记录进行审核，内容包括：记录内容是否漏项、测试数据有效数字、单位是否正确、记录人、试验人签字是否完整，检查无误后，审核人应签字。

1.4.3 注意事项

严格按照安全操作规程进行操作，冲击时变压器附近不能有人。操作者要掌握紧急分闸的操作方法。

1.5 400 V 母线受电

1.5.1 试验目的

检查 400 V 母线在冲击电压下的耐受情况，对两段母线进行核相。检查 400 V 柜自投自复功能是否正常，检查自投时三级负荷的投退情况。

1.5.2 操作程序

1.5.2.1 试验工序流程图

如图 3-1-1 所示。

1.5.2.2 电气数据测量

(1)试验条件

准备好测试仪器、安全防护用品、记录表格等。

(2)选择仪器

数字万用表。

(3)仪器检查

由于仪器设备到达现场，经过长途运输和装卸，所以试验前必须对仪器做必要的检查工作，保证仪器设备状态良好。将干湿温度计，放置于通风阳光不能直射的地方。

(4)测试

母线受电检查母线电压显示情况，两段母线受电后，对两路电压进行核相。

检查手投手复功能。

检查自投自复功能，分别模拟一段母线失压检查，检查设备自动投切状况。

(5)记录

测试时应作详细记录。记录本采用专门的原始记录表格。记录测试数据时应复述，操作人确认后方可记录。

1.5.2.3 试验结束

测试完毕后，工作负责人应对原始记录进行审核，内容包括：记录内容是否漏项、测试数据有效数字、单位是否正确、记录人、试验人签字是否完整，检查无误后，审核人应签字。

1.5.3 注意事项

严格按照安全操作规程进行操作，冲击时变压器附近不能有人。操作者要掌握紧急分闸的操作方法。

1.6 整流机组冲击受电

1.6.1 试验目的

整流机组在额定电压下 3 次冲击试验，检查变压器在冲击电流、电压下的耐受情况，检查保护的躲励磁涌流的能力。检查整流器在额定冲击电压下的耐受情况，检查整流器柜上的交流电压、直流电压的显示情况。验算整流器的整流系数是否与设计相符合。

1.6.2　操作程序

1.6.2.1　试验工序流程图

如图 3-1-1 所示。

1.6.2.2　电气数据测量

(1)试验条件

准备好测试仪器、安全防护用品、记录表格等。

(2)选择仪器

数字万用表。

(3)仪器检查

由于仪器设备到达现场,经过长途运输和装卸,所以试验前必须对仪器做必要的检查工作,保证仪器设备状态良好。将干湿温度计,放置于通风阳光不能直射的地方。

(4)测试

检查牵引变压器柜门、整流器柜门关闭好,变压器整流器室人员已经撤离,对整流机组进行第一次冲击,合闸时观察冲击电流的显示情况,合闸后,多方位聆听变压器的声音应没有其他杂音。观察整流器柜交流电压表、直流电压表显示情况。10 min 后手动分闸。间隔 5 min 后进行第二次冲击,5 min 后模拟保护分闸。间隔 5 min 后进行第三次冲击。

两台机组冲击可交替进行。

(5)记录

测试时应作详细记录。记录本采用专门的原始记录表格。记录测试数据时应复述,操作人确认后方可记录。

1.6.2.3　试验结束

测试完毕后,工作负责人应对原始记录进行审核,内容包括:记录内容是否漏项、测试数据有效数字、单位是否正确、记录人、试验人签字是否完整,检查无误后,审核人应签字。

1.6.3　注意事项

严格按照安全操作规程进行操作,冲击时变压器附近不能有人。操作者要掌握紧急分闸的操作方法。

1.7　750(1 500) V 母线受电

1.7.1　试验目的

检查 750(1 500) V 母线在冲击电压下的耐受情况。

1.7.2　操作程序

1.7.2.1　试验工序流程图

如图 3-1-1 所示。

1.7.2.2　电气数据测量

(1)试验条件

准备好测试仪器、安全防护用品、记录表格等。

(2)选择仪器

数字万用表。

(3)仪器检查

由于仪器设备到达现场，经过长途运输和装卸，所以试验前必须对仪器做必要的检查工作，保证仪器设备状态良好。将干湿温度计，放置于通风阳光不能直射的地方。

(4)测试

1 号进线给母线受电，检查电压是否正常，再将 1 号退掉，合 2 号进线单送母线，检查电压是否正常。

将两路进线合闸，检查两个机组并列运行情况。

检查母线电压在各个保护装置上的显示情况。

模拟保护跳闸，检查相应开关的动作情况。

(5)记录

测试时应作详细记录。记录本采用专门的原始记录表格。记录测试数据时应复述，操作人确认后方可记录。

1.7.2.3　试验结束

测试完毕后，工作负责人应对原始记录进行审核，内容包括：记录内容是否漏项、测试数据有效数字、单位是否正确、记录人、试验人签字是否完整，检查无误后，审核人应签字。

1.7.3　注意事项

严格按照安全操作规程进行操作，冲击时变压器附近不能有人。操作者要掌握紧急分闸的操作方法。不送电的馈出开关应拉出在试验位置。

第 2 章 接触轨(网)短路试验

2.1 三轨(接触网)、走行轨回路电阻测试

2.1.1 试验目的

回路电阻测试是为直流短路试验提供经验证的回路电阻数据;为校验直流供电系统短路电流提供计算数据;为直流短路试验选择短路点提供依据。

2.1.2 操作程序

2.1.2.1 试验工序流程图(图 3-2-1)

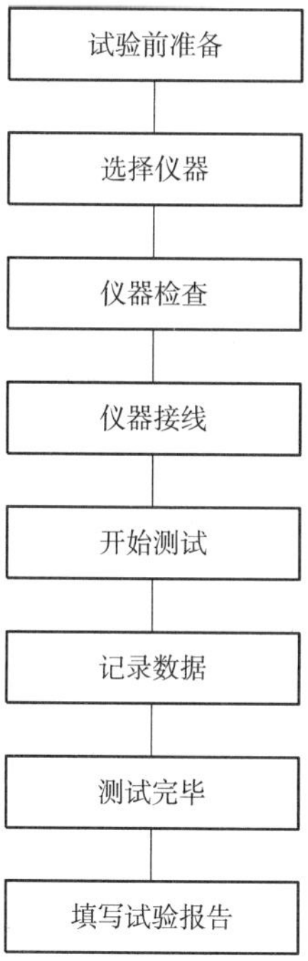

图 3-2-1 三轨(接触网)、走行轨回路电阻测试工艺流程

2.1.2.2 操作准备

(1)操作组织(表 3-2-1)

表 3-2-1 人员组织

序 号	项 目	单 位	数 量	备 注
1	工作负责人	人	1	全面负责
2	试验员	人	2	测试

(2)仪器、设备及材料配置(表 3-2-2)

表 3-2-2 设备及材料配置

序 号	名 称	型 号	技术规格	单 位	数 量	备 注
1	升流器			台	1	
2	整流器		220 V,30 A	台	1	
3	电源刀闸	10 A		只	1	
4	可调电阻器	13 A/20 Ω	0～20 Ω 可调	只	1	
5	直流电压表	C31/1-V		只	1	
6	直流电流表	C4/2		只	1	
7	双臂电桥	QJ-44		台	1	
8	绝缘电阻表	BM11D		台	1	
9	数字万用表			只	1	
10	四线示波器			台	2	
11	电阻测试仪		0～500 mΩ 及 0～250 mΩ	台	1	
12	短路连接线		含过渡线、引线、线夹等	根	1	
13	试验连接线			根	10	
14	验电器		DC 1 500 V	支	1	
15	对讲机			对	1	
16	灭火器			只	5	
17	安全防护用品				1	
18	组合工具			套	1	
19	试验用车			辆	1	

2.1.2.3 电气数据测量

(1)试验条件

该项试验接触轨、走行轨应安装完毕;信号轨道连接线及均回流铜板焊接完成,均回流电缆敷设完毕;变电所开关柜的安装完成,能满足本试验的要求后进行。试验时应按表 3-2-1、表 3-2-2 做准备。

(2)选择仪器

升流器、整流桥、可调电阻器、直流电流表、直流电压表、QJ44 电桥、回路电阻测试仪等。

(3)仪器检查

试验前必须对仪器做必要的检查工作,检查外观应完好无损,状态标识在有效期之内,保证仪器设备状态良好。

(4)接线

走行轨回路电阻测量按照图 3-2-2 之原理进行接线。

(5)测试

①回路直流电阻测量

方法一:将待测贿赂的末端用短接线短连,在始端施加电流,测量回路电流电压值,按公式计算出直流电阻。

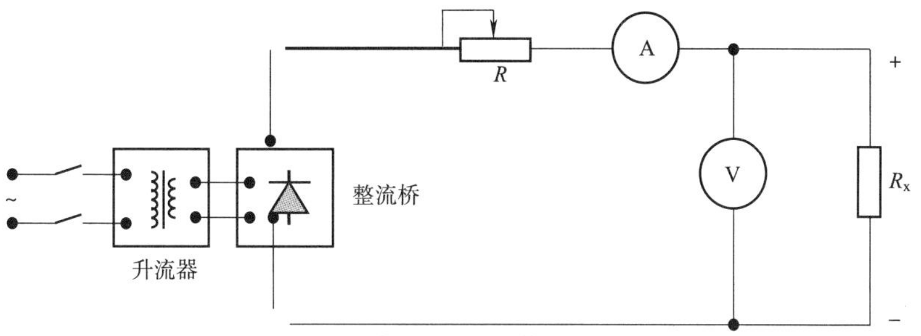

图 3-2-2　走行轨回路电阻测试接线图

$$R_{直}=\frac{U_{直}}{I_{直}} \quad (式 3\text{-}2\text{-}1)$$

方法二：使用回路电阻测试仪直接测量出回路的直流电阻。

②线路阻抗的测量

将待测回路的末端用短接线短连，在始端施加交流电流，测量回路交流电流电压值，按公式计算出回路阻抗。

$$X=\frac{U_{交}}{I_{交}} \quad (式 3\text{-}2\text{-}2)$$

③线路电感量的计算

线路感抗为：

$$L_{电感}=\frac{\sqrt{X^2-R_{直}{}^2}}{2\pi f} \quad (式 3\text{-}2\text{-}3)$$

④时间常数的计算

时间常数：

$$\tau=\frac{L_{电感}}{R_{直}} \quad (式 3\text{-}2\text{-}4)$$

(6)记录

测试时应作详细记录。记录内容包括：温度、湿度、仪器型号、编号、被试设备铭牌、测试数据。记录本采用专门的原始记录表格。记录测试数据时应复述，操作人确认后方可记录。

2.1.2.4　试验结束

测试完毕后，工作负责人应对原始记录进行审核，内容包括：记录内容是否漏项、测试数据有效数字、单位是否正确、记录人、试验人签字是否完整，检查无误后，审核人应签字。

2.1.2.5　填写试验报告

测试完毕后，应及时将原始数据录入电子版试验报告妥善保存。全部检测项目完成后一并打印纸质试验报告按照规定程序审核、签发、发放和保存。

2.1.3　注意事项

(1)为了保证安全及数据的准确性，试验区段应无人作业并且线路绝缘良好。

(2)测试结束后，将短接线拆除，确认有关变电所的馈线开关处于分闸位置，恢复电缆连接；清理试验现场。

(3)钢轨末端采用夹接时，接触面应打磨掉氧化层，以免影响回路测试的准确性。

(4)由于回路电阻值小，试验连接线也会影响测试精度，所以在试验前用直流电桥测出各连接线的阻值，并做好标记，在最终计算时必须予以考虑。

(5)试验时考虑到温度对电阻测量的影响，测试时要对温度进行记录，尽量在不同的时间点进行相同的测试。

2.2 短路试验

2.2.1 试验目的

接触轨短路试验可以检验直流牵引供电系统运行的可靠性和校验直流牵引供电回路的完整性；校验直流牵引供电系统保护装置的准确性；校验直流开关及保护装置整定值的准确性。

2.2.2 操作程序

2.2.2.1 试验工序流程图(图 3-2-3)

图 3-2-3 短路试验工艺流程

2.2.2.2 试验设备接线图

接触轨短路试验接线原理如图 3-2-4 所示。

2.2.2.3 电气数据测量

(1)试验条件

短路试验应具有批准实施的短路试验文件；设计院应提供相关短路试验计算值，并形成文件；保护整定值已按设计提供的定值单整定完毕；试验区段各分段绝缘器绝缘性能经过测试；变电所经过 144 h 连续运行，系统稳定；接触网(轨)已送电且运行稳定后；回流线及均流线应施工完成并经过检查；正式通信设备已交付使用；其他相关专业安全防护工作已完成；消防设施到位。

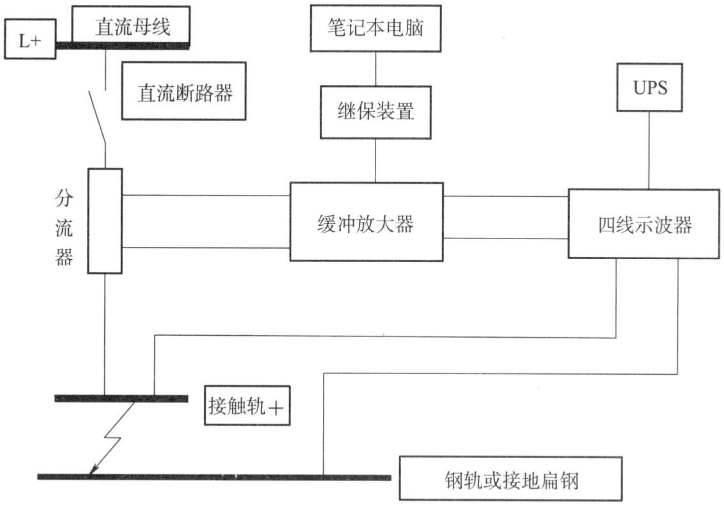

图 3-2-4　短路试验接线示意

(2)选择仪器

示波器。

(3)仪器检查

试验前必须对仪器做必要的检查工作,检查外观应完好无损,状态标识在有效期之内,保证仪器设备状态良好。

(4)接线

按图 3-2-4 进行接线。

(5)测试

①操作人员连接直流断路器分、合闸引线,确认通过连线能远方控制分/直接合断路器的当地操作。

②验明试验区段无电,在试验区段两侧挂临时接地线,在试验区段做好接触轨对钢轨的固定接地,撤除试验区段的临时接地线,人员撤离短路点 20 m 外。

③示波器及调试计算机处于在线等待状态,工作正常。

④牵引变电所合上馈线刀闸;将牵引变电所直流开关小车推入工作位置,就地直接合牵引变电所试验回路开关,观察各开关的动作情况。

⑤向电调汇报跳闸情况及相邻所联跳情况;短路点试验小组向电调报告短路点导线及钢轨短路试验后的烧损情况,短路点火花情况。

⑥试验变电所及相邻两变电所均需检查轨电位、排流柜、框架保护的动作情况,如有动作必须恢复后再进行试验。将试验回路开关拉出在拉出位,检查触头情况。

⑦拉开馈线刀闸,验明试验区段无电,在试验区段短路点来电侧挂临时接地线;拆除接触轨对钢轨固定接地,撤除试验区段临时接地线。

⑧检查、确认测试数据,做好记录并储存打印。

⑨短路试验结束后,对试验区段进行一次检查,确认无悬挂物、无异常情况后向现场调度汇报;由牵引所内值班人员对试验时的设备及各开关、刀闸位置进行确认后向现场调度汇报;试验人员恢复所有相关接线和保护。现场调度经核实确认后向指挥中心报告。

(6)记录

测试时应作详细记录。记录内容包括:温度、湿度、仪器型号、编号、被试设备铭牌、测试数据。记录本采用专门的原始记录表格。记录测试数据时应复述,操作人确认后方可记录。

2.2.2.4　试验结束

测试完毕后,工作负责人应对原始记录进行审核,内容包括:记录内容是否漏项、测试数据有效数字、单位是否正确、记录人、试验人签字是否完整,检查无误后,审核人应签字。

分析短路试验数据,判断保护整定参数的正确性。

2.2.2.5　填写试验报告

测试完毕后,应及时将原始数据录入电子版试验报告妥善保存。全部检测项目完成后一并打印纸质试验报告按照规定程序审核、签发、发放和保存。

2.2.3　注意事项

(1)在试验日期之前,向各相关单位、部门发短路试验通知,停止试验区段桥面、电缆夹层、电缆间的所有施工。

(2)试验前应对所有操作人员进行安全教育,并结合本试验项目布置,讲解有关人员分工、岗位位置、联系程序等注意事项。

(3)试验前 2 h,除配合试验施工人员外,所有施工人员都不准上线路作业;并封闭试验区段,严禁各种轨行车辆进入。

(4)短路点 20 m 内不允许任何人在试验过程中进入此区域,并设置防护网和警示标志。

(5)试验过程中,除试验组人员外,其余人员应远离试验区域;参加试验操作人员不宜多于 5 人。

(6)操作人员防护设备配备齐全。现场人员应当能熟练操作干粉灭火器、气体灭火器等灭火设备。

(7)试验过程中,通信畅通,保持步调一致,严格遵守停送电工作票制度。

第四篇　调试试验资质及组织措施

第1章　试验资质要求

1.1　试验单位资质要求

调试试验单位必须是第三方检验检测机构，应取得国家/省级市场监管总局颁发的计量认证资质证书，检验检测能力应符合所承接试验项目的要求。

1.2　试验人员资格要求

(1)试验负责人应具备丰富的专业知识、技能和经验，能够胜任所承担的调试试验任务，并具有一定的专业技术水平和严肃认真的工作作风。

(2)试验员应具备所承担调试试验项目的类型、范围和工作量等相应的能力要求，同时具备专业判断能力，熟悉城市轨道交通供电设备试验的内容和依据的标准、方法。所有试验人员必须持证上岗。

(3)所有试验人员应熟悉各类试验仪器、仪表的原理、结构、用途和使用方法，并能排除一般故障，使仪器设备经常处于完好状态。

(4)所有试验人员必须持证上岗。

(5)安全员(可设置专职安全员，也可由项目试验负责人兼任)应具备相应的资格条件，应全面熟悉工作内容及安全注意事项和安全防范措施。

1.3　试验用仪器仪表的要求

(1)试验仪器仪表应由专人负责管理，注意维护，使仪器仪表处于完好状态。

(2)所有用于检验检测的仪器设备在投入使用前，必须采用检查、检定或校准等方式，并确认能够满足调试试验要求；设备需有唯一性的状态标识且检定/校准状态应在有效期内。

(3)仪器仪表的存放，应符合干燥、防振、防尘的要求，要远离磁场、电场和腐蚀性气体。

(4)仪器在搬运和运输时，应轻拿轻放、严防强烈振动和撞击，对于长途运输的仪器设备，应做好完善的包装措施。

(5)试验前，应根据试验内容和准确度要求，合理选择仪器仪表，试验时，严格按照操作规程进行操作。

第2章 组织措施

2.1 检测过程组织

一个完整的检测试验活动由三个部分组成:检测准备、检测实施、检测结束。从准备过程的开始到现场检测实施再到检测活动结束,均应遵守国家、行业的相关标准和试验室体系管理的规定和要求,使每一项检测活动均应达到预定的质量目标。

2.1.1 检测准备

(1)委托方根据项目自身情况,填报《电气试验委托书》,项目负责人就《电气试验委托书》的内容进行审核,了解工程概况、试验主体工作内容、工期安排、施工安装进度等,根据试验室检测能力,确定现场检测项目。

(2)《电气试验委托书》经主管领导批准后,下达《检测任务书》,确定人员安排、检测资源配置等内容。人员安排包括确定试验负责人、试验员、安全员、监督员等人员,资源配置根据所开展的检测内容和项目工期进度安排确定。

(3)试验负责人根据委托方提供的图纸、设备说明书、设备出厂报告、设计整定书等技术资料编写《调试大纲》和《安全规程》等文件,并编写《电气试验进度计划表》。

(4)试验组和委托方在试验工作开始前应严格执行技术交底和安全交底工作,就本次试验的整个过程提出配合要求、试验注意事项、试验和施工的衔接、试验发现问题的处理和整改等。试验负责人根据交底情况,组织全体成员学习《调试大纲》和《安全规程》,使小组成员明确本次试验的目的、方法、职责和注意事项。

(5)检测前委托方的各项准备工作应就绪,如现场试验用的稳定电源、试验场地通风照明情况应良好、试验设备的接地应符合要求、交直流屏电源情况、现场配合的技术人员等。

2.1.2 检测实施

(1)参加试验的人员必须严格遵守安全规程,试验负责人由经验丰富的人员担任,试验时需由两个或两个以上的技术熟练的人员共同进行,一人操作一人监护。

(2)电气设备绝缘测试和耐压试验,应在干燥晴朗的天气情况下开展,不得在低温、高湿和阴雨等恶劣天气下进行。

(3)对电气设备及元器件进行单体试验前,必须用绝缘电阻表进行绝缘电阻测试,只有在使用非破坏性的方法确认电气设备的绝缘性能良好的情况下,方可进行诸如介质损耗测试、直流耐压测试、交流耐压测试等其他试验项目。

(4)试验负责人应认真组织好车辆的运输以及试验设备转场和搬运工作,要求车辆平稳驾驶,仪器设备不受损害,使用过程中损坏的仪器应尽快采取隔离措施并粘贴相应标识,报设备管理员,及时安排送修。

(5)试验开始前,对到达现场的检测仪器仪表应做必要的检查,检查外观应完好无损,设备出库前进行了检定/校准并进行了确认，设备状态标识在有效期内，选取设备的量程和准确度能够满足所开展的试验项目的要求。

(6)试验负责人应控制好现场试验过程，尽量避免施工中的交叉影响，及时对试验配合人员进行业务培训和安全教育。

(7)试验过程中的原始记录应按照试验室管理体系中要求的格式进行填写，字迹清晰，不允许补记、追记、重抄，如有错误应采用杠改方式，将改正后的数据填写在杠改处，实施记录改动的人员应在更改处签名或等效标识。

(8)检测人员采集到的原始数据应按照数据修约规则进行修约。

(9)试验过程中发现的问题，无法立即解决的或有共性现场的问题应及时汇总并向委托方项目部发送《试验问题通知单》，通知单应明确整改单位和整改时限，并双方签字确认，对整改后的情况试验组及委托方项目部应设专人进行跟踪验证。

(10)检验报告的出具流程是试验负责人先组织审核员对原始记录和检验报告进行审核，审核员对报告中采用的格式、内容、专业术语、设备信息、测试项目、试验数据的判定、依据的标准等方面进行审核，将审核签字后的报告交授权签字人批准，经批准后的报告由资料管理员负责发送，发送时应对报告进行登记并填写《检验报告发送登记表》。

(11)试验全部结束后应对电气设备和系统进行一次全面的检查工作。检查完成后的电气设备若具备送电条件，由委托方或施工方采取一定的保护措施，防止再有施工人员或其他人员触碰设备、改动接线、改动程序等现象发生，如果施工方或设备厂家需要改动设备、二次接线或处理设备问题，务必在改动前后经试验组人员的检查确认。

(12)审核委托方或施工方的送电及开通方案，参与送电过程，及时配合分析、处理送电过程中出现的问题，采集送电过程中及设备试运行过程中的各项数据及参数，验证电气设备以及子系统的运行状态，积累送电运行的经验和数据。

2.1.3　检测结束

(1)项目检测结束后，试验负责人应组织小组成员认真总结本项目试验过程中的方法、经验和不足，对新技术、新方法的应用予以归纳整理，对发现的问题予以研讨分析，同时编制项目技术总结，报技术负责人和部门负责人审核，使试验检测技术更趋完善。

(2)清查在项目检测过程中使用的仪器设备，同设备管理员做好仪器入库或转场工作，做好相关技术资料的移交工作，将原始记录、检验报告、技术总结等资料一并移交资料员入档保存。

2.2　检测相关表格

2.2.1　委托方提供技术资料

委托方需提供的技术资料见表 4-2-1。

表 4-2-1　委托方提供技术资料汇总

序　号	相关资料	序　号	相关资料
1	电气试验委托书	2	投标技术文件

续上表

序　号	相关资料	序　号	相关资料
3	设计技术交底	9	电缆敷设、编号图
4	现场技术交底书/安全交底书	10	施工安装进度计划表
5	全线供电示意图	11	设备出厂说明书
6	各所亭一、二次图	12	设备出厂检验报告
7	二次回路安装接线示意图	13	继电保护整定定值通知单
8	二次回路展开接线示意图	14	综合自动化系统信息点表

2.2.2　检测实施相关资料

检测实施过程中所需提供的相关资料见表 4-2-2。

表 4-2-2　检测实施过程中技术资料汇总

序　号	相关资料	序　号	相关资料
1	检测机构资质认定证书及附表(复印件)	8	工作日志(含安全交底书)
2	试验人员名单及资格证书	9	试验问题通知单
3	仪器设备台账及检定/校准证书	10	设备出/入库单
4	检测标准和安全规程	11	原始记录
5	作业指导书	12	检验报告
6	调试大纲	13	报告发送登记表
7	电气试验进度计划表	14	工程技术总结

2.3　安全措施

2.3.1　安全基本要求

(1)电气试验人员应严格按照下表 4-2-3 中规程规范要求进行电气试验工作。

表 4-2-3　电气试验人员应执行的安全规范规程

序号	标 准 号	标准名称
1	DHY/SY-B16	试验室安全作业管理程序
2	DL 408	电业安全工作规范(发电厂和变电所电气部分)
3	DL/T 1082	高压试验室技术部分
4	DL 560	电业安全工作规程(高压试验室部分)

(2)试验负责人负责现场与检测安全活动相关的监督管理工作。

(3)凡电气试验工作,均应有两名或两名以上试验人员进行,并分工明确,试验负责人应在现场试验工作开始前进行安全技术交底。

(4)高压试验开始前,应合理布置试验场地,准备好接地线、放电棒、绝缘工具等,在试验现场周围设置围栏并安装标识牌。

(5)高压试验必须引起试验人员的高度重视,并按以下程序进行:

①确认被试设备的额定电压和试验电压。

②试验设备必须可靠接地,高压引线应尽量缩短并用绝缘物支撑牢固,试验区域内禁止与试验无关人员入内。

③接通电源前,试验设备的电源开关应断开,并将调压器置于零位。

④试验操作人员应按规定穿高压绝缘靴和戴绝缘手套。

⑤试验开始应自零电位开始升压,升压速度要均匀;禁止高电位合闸,以防止被试设备因受冲击电压而损坏。

⑥升压过程中应有专人监护并与操作人相互唱和确认。

⑦在对距离较长的电力电缆进行耐压试验时,电缆两端均应有人看守监护,并要有可靠的联络措施。

⑧试验结束时,试验人员应先对被试设备放电后再拆除接线,并检查和清理现场。

2.3.2　危险点分析及主要安全防范措施

危险点分析及主要防范措施见表 4-2-4～表 4-2-5。

表 4-2-4　试验管理危险点分析及主要安全防范措施

序号	危险点分析	主要安全防范措施
1	试验人员资格未确认	确认试验人员资格符合要求。 试验人员不应少于 2 人,并明确安全监护人和试验负责人
2	试验人员(辅助配合人员)未经安全培训、安全交底	对所有试验人员(辅助配合人员)入场前应进行安全教育培训并严格执行现场安全交底并加强对外协辅助人员的监护
3	试验人员(辅助配合人员)身体状况不能满足工作要求	试验负责人在试验工作开始前观察、询问试验人员(辅助配合人员)是否有妨碍工作的疾病,应保持身体健康、精神状态良好。 合理安排工作任务,严禁超负荷工作。 严禁酒后或带酒意参加试验工作
4	未正确着装	按照安规规定着装,满足安全要求
5	未严格执行作业指导书	试验人员应严格按照作业指导书进行试验,保证关键流程和危险点控制措施的落实
6	现场监护不到位	试验负责人、安全员应严格执行安全监护制度,履行试验全过程监护义务。 试验负责人、安全员不得擅自离开试验场所,若临时离开,必须暂停试验工作或人员撤离试验现场。 发现危及人身、设备安全的情况,应责令停止试验工作
7	未对测试设备状态及溯源进行确认	测试设备应在检定/校准有效期内且状态良好
8	未对环境条件进行确认	被试物与环境温度不应低于 5 ℃,空气相对湿度不应大于 80%,遇有雷雨、大雾或 6 级以上大风时应停止高压试验。 高温天气(38 ℃以上)应停止试验,应配备防暑药品。 光线不足、夜间、照明不足的试验环境下应配备足够的现场照明设备,保证现场试验照度要求
9	未正确佩戴安全防护用品	试验负责人及安全员应对全员落实监督安全防护用品佩戴。 对现场使用的安全防护用品及安全工器具应检查确认,符合现场试验要求

续上表

序号	危险点分析	主要安全防范措施
10	高空坠落	高空作业必须系好安全带，安全带的长度及系的位置应符合要求。 严禁上下抛掷物品，防止失手坠落。 按规程要求正确使用梯子。 高空作业时应做好安全防护措施
11	人身触电	作业人员必须明确当天的工作任务，现场安全措施和停电范围。 现场搬运工具、长大物件必须保持与带电设备安全距离并设置专人防护。 高压试验时操作人员应站在绝缘垫上，要征得试验负责人许可后方可加压，加压过程中应有监护人并准确发令。 现场要使用专用的试验电源，使用合格的电线开关，熔丝的规格应符合规定。 大容量设备及直流项目试验后要充分放电，非工作成员不得进入工作围栏内。 电气设备停电后，应做好接地措施并确认后方可接触。 试验设备和被试设备应可靠接地，接地线应符合规范
12	误入带电间隔	未经许可，与试验操作和监护无关人员禁止进入高压设备区。 高压试验不得少于两人，试验负责人应对全体试验人员详细布置试验中的安全注意事项
13	应急救援	作业场所应配备充足且合格的急救药品和救生器具，作业人员应能正确使用。 作业现场应有应急救援方案，作业人员应了解应急救援流程。 作业场所应有完备的消防措施

表 4-2-5　电气试验危险点分析及主要安全防范措施

序号	危险点分析	主要安全防范措施
1	电力电缆试验	高压试验时应装设遮拦或围栏，向外悬挂"止步，高压危险"标识牌，电缆两端应派专人看守，试验前应先行放电，试验过程中操作和防护人员要与被试电缆保持足够的安全距离，试验过程中需要更换接线和结束后应反复对电缆进行放电
2	变压器试验	防止高空坠落，高空作业必须正确系好安全带。 绝缘测试和高压试验时试验仪器和被试变压器应可靠接地。 绝缘试验、直流电阻测试完毕，要充分放电，防止反电势伤人。 试验人员(辅助配合人员)攀登变压器器身时，必须防止异物落入变压器器身内部。 高压试验必须站在绝缘垫上进行操作
3	互感器试验	VA 试验时 PT 一次产生高压，升压前必须清除与试验无关人员并设置临时遮栏。 防止 PT 短路引起人员触电。 防止 CT 开路产生高压危及人员安全
4	电容器	测量前后应将电容器两极对地及极间放电数次。 严防误触碰带电部分。 与升压设备和被试品保持足够的安全距离
5	绝缘测试	绝缘测试时，试验人员需穿绝缘鞋，站在绝缘垫上操作。 测试线应采用绝缘导线，导线端头装设绝缘套，测试至少两人以上进行。 变更接线，操作人员需穿绝缘鞋、戴绝缘手套并将测量引线对地放电并接地。 测试完毕对被试品应充分放电
6	测量微水	室内开启强力通风装置进行通风。 测试前应检查各管路接头是否密封。 作业人员应站在上风口

续上表

序号	危险点分析	主要安全防范措施
7	拆接电源线、二次线	拉开电源开关并在开关上挂“禁止合闸，有人工作”牌，确认无压后方可工作。 二次线拆线前做好标记，接线端头拆开后即采取绝缘包扎，所使用的工具必须与电源部分采取有效绝缘措施
8	系统试验	保护装置绝缘测试应严禁带电插拔插件并防止人身静电损坏芯片。 二次接线应防止 TA 开路，防止 TV 短路，防止交直流二次短路，防止直流回路短路接地，防止互感器极性接反
9	低压临时用电	低压电源应加装有漏电保护器。 设备外壳应可靠接地。 更换熔丝或在负荷侧接线严防误合开关。 拉合低压开关应戴手套和护目镜。 严禁使用不合格的电线电缆和开关
10	高压试验工作过程	被试品试验前后应充分放电。 升压前调压器应确认置于零位。 升压过程中必须设专人监护。 升压过程中应严格执行监护、呼唱制度。 更换接线前应及时断开电源。 试验仪器外壳应可靠接地。 高压试验现场应装设遮栏或围栏，悬挂标识牌。 高压试验人员应规范使用安全防护用品，站在合格的绝缘垫上操作试验设备
11	高压试验场所	必须有良好的接地系统。 保证光线、照度满足试验要求。 场地平整，有标志清晰的通道，场地有油污、青苔时，应及时清除。 按规定配备相应的安全工器具和消防安全设施。 试验设备保持状态良好。 避免交叉试验，不同区域应按各自的安全距离用遮栏隔开。 保证试验电源的稳定，试验间断应及时断开试验电源